PUTAIN DE MORT

Michael Herr est né dans l'Etat de New York, en 1940. Plus écrivain que journaliste, dit-il lui-même, encore qu'il apprécie d'être qualifié de « reporter », il a collaboré à divers magazines, notamment Holiday *pour une série d'articles relatifs au voyage.*
Il a passé un an au Vietnam en tant que correspondant de guerre pour Esquire. *A son retour à New York, il a mis dix-huit mois à écrire les deux tiers de* Putain de mort, *mais finir le livre lui a demandé neuf années, surtout à cause de la recherche des documents et de la difficulté à trouver la juste « perspective ».*
Pour Michael Herr, qui a par ailleurs collaboré aux dialogues du film Apocalypse now, *le Vietnam n'est pas un sujet politique, la guerre est une affaire d'attitudes et de comportements humains.*
Putain de mort *a reçu le prix international de la Presse 1978, décerné dans le cadre du Festival du Livre à Nice.*

En 1967, Michael Herr part pour le Vietnam comme correspondant de guerre du magazine américain *Esquire*. Les extraordinaires « dépêches » qu'il envoie vont servir ensuite de matériau de base à ce livre. *Putain de mort* (titre original : *Dispatches*) connaît en effet outre-Atlantique un succès sans précédent, cependant que la critique, et des écrivains comme John Le Carré, William Burroughs, Irwin Shaw et bien d'autres saluent la qualité exceptionnelle du livre et le talent de son auteur.
Michael Herr, libéré des contraintes journalières du journalisme, parfaitement indifférent aux explications officielles comme aux débats moralisateurs concernant l'action des Américains au Vietnam, nous fait ici réellement *voir* ce que personne, aucun roman ou document sur la guerre ne nous avaient montré : les hommes aux prises avec le destin. Noirs ou Blanc, officiers ou soldats, civils ou même journalistes : voici l'horreur hallucinante et hallucinée de ce qu'on n'ose appeler leur « vie ». Des épisodes, des scènes, des *visions* d'une intensité extraordinaire. Au siège de Khe Sanh... Dans le piège d'un hélicoptère en flammes... Tapis dans une rizière, attendant l'attaque vietcong, tandis que sur le magnétophone d'un soldat la guitare de Jimi Hendrix lance ses éclats et ses rythmes... Dans la bataille, en compagnie de trois jeunes photographes, dont le fils d'Errol Flynn, qui laissera sa peau là-bas... Vivant quotidiennement les imaginations délirantes des films de guerre, sur fond lancinant de rock and roll... A jamais piégés par le cauchemar et la souffrance...
Évoquant cet enfer dans un style puissant et neuf, méditant sur la chose vue et en même temps sur celui qui voit, Michael Herr nous donne avec *Putain de mort* un livre unique, le livre sur le Vietnam, sur l'épouvante sanglante de la guerre – et aussi sur ce que signifie faire partie des survivants.

MICHAEL HERR

Putain de mort

TRADUIT DE L'AMÉRICAIN
PAR PIERRE ALIEN

ALBIN MICHEL

Pour mon père et ma mère

Sommaire

INSPIRATIONS

Il y avait une carte du Vietnam sur le mur de mon appartement à Saigon et certains soirs, quand je rentrais tard dans la ville, je restais sur mon lit à la regarder, trop fatigué pour faire autre chose qu'enlever mes bottes. Cette carte était une merveille, d'autant qu'elle n'avait plus aucune réalité. D'abord elle était très ancienne. Elle avait été laissée là trois ans plus tôt par le locataire précédent, probablement un Français puisque la carte venait de Paris. Au bout de plusieurs années de chaleur humide, le papier s'était gondolé, était sorti du cadre, et il y avait une sorte de voile sur les pays représentés. Le Vietnam avait les frontières de ses anciennes provinces, le Tonkin, l'Annam et la Cochinchine, et à l'ouest, au-delà du Laos et du Cambodge, il y avait le Siam, un royaume. C'est une vieille carte, disais-je aux visiteurs, vraiment très vieille.

Si la terre morte pouvait revivre et nous hanter comme font les morts, on pourrait remettre ma carte EN SERVICE *et brûler celles qu'ils emploient depuis 64, mais comptez là-dessus, rien de tel n'arrivera. On était fin 67 et même les cartes les plus détaillées ne montraient plus grand-chose; essayer de les lire c'était comme de lire les visages des Vietnamiens, comme de vouloir lire le vent. Nous savions que la plupart des informations étaient élastiques, que tel coin de terre ne racontait pas la même histoire à tout le monde. Nous savions aussi que depuis des années il n'y avait plus ici de pays, il n'y avait plus que la guerre.*

La Mission nous parlait sans cesse d'unités VC[1] *anéanties qui reparaissaient intactes un mois plus tard, ce qui n'avait rien de très fantomatique, mais quand on allait en terrain VC on le prenait souvent pour de bon, et même si on ne le gardait pas on pouvait toujours voir que nous y étions passés. A la fin de ma première semaine au Vietnam, j'ai rencontré un officier de renseignements au quartier général de la 25e Division à Cu Chi qui m'a montré sur sa carte et ensuite du haut de son hélico ce qu'ils avaient fait de la forêt Ho Bo, maintenant disparue, arrachée par des Rome*[2]*, des produits chimiques et un incendie interminable, au ralenti, qui avait détruit avec la forêt des centaines d'arpents cultivés, « ôtant à l'ennemi un abri et de précieuses ressources ».*

Raconter cette opération faisait partie de son travail depuis près d'un an : aux journalistes, aux sénateurs en tournée, aux stars de cinéma, aux chefs d'industrie, à des officiers d'état-major venus de presque toutes les armées de la planète, et il n'en revenait toujours pas. On aurait dit que ça l'empêchait de vieillir, son enthousiasme vous faisait penser que même ses lettres à sa femme devaient en être pleines, ça montrait vraiment ce qu'on peut accomplir quand on a le savoir-faire et le matériel. Et si dans les mois suivant cette opération, l'incidence des activités ennemies augmentait de manière « significative » dans l'ensemble de la Zone C, si les pertes américaines doublaient et doublaient encore, rien de tout cela n'arrivait dans cette foutue forêt de Ho Bo, croyez-moi...

1. Vietcong. (*Toutes les notes sont du traducteur.*)
2. Bulldozers géants.

1

Pour les sorties de nuit, les médecins vous donnaient des pilules, la Dexedrine, et son haleine de serpents morts gardés trop longtemps dans un pot. Moi je n'en ai jamais eu besoin, un léger contact[1] ou n'importe quel bruit du même genre m'excitait à haute dose. Quand j'entendais le moindre son hors de notre petit cercle crispé, je flippais en priant Dieu de ne pas être le seul à l'avoir entendu. Deux rafales dans la nuit à un kilomètre de là et j'avais un éléphant à genoux sur la poitrine, il fallait que j'aille chercher l'air jusque dans mes bottes. Une fois, j'ai cru voir une lueur bouger dans la jungle et je me suis surpris à presque murmurer : « Je ne suis pas prêt à ça, je ne suis pas prêt à ça. » C'est là que j'ai décidé de laisser tomber et de faire autre chose de mes nuits. Et je n'allais pas aussi loin que ceux qui tendaient des embuscades ou que les *Lurps*[2], les patrouilles de reconnaissance en profondeur, qui sortaient toutes les nuits pendant des semaines et des mois, allant ramper près des camps de base VC ou le long des colonnes des Nord-Vietnamiens. Déjà, je vivais trop près de mes os, je n'avais plus qu'à l'accepter. En tout cas, je gardais les pilules pour plus tard, pour Saigon et la déprime horrible que j'y trouvais chaque fois.

Je connaissais un *Lurp* de la 4e Division qui prenait

1. Contact avec l'ennemi.
2. Long Range Reconnaissance Patrols (L.R.R.P.).

ses pilules à pleines poignées, les antidépresseurs dans la poche gauche de sa combinaison léopard et le *speed* dans la poche droite, une pour lui frayer un chemin et l'autre pour l'y envoyer. Il me disait que ça lui mettait les choses bien en place, qu'il pouvait voir la nuit dans cette bonne vieille jungle comme s'il avait un viseur infrarouge. « Sûr, ça me donne la distance », disait-il.

C'était son troisième séjour. En 1965, il avait été le seul survivant d'une section de la *Cav*[1] liquidée en entrant dans la vallée de Ia Drang. Il était revenu en 1966 avec les Forces spéciales et un matin après une embuscade il était resté caché sous les cadavres de ses coéquipiers pendant que les VC faisaient le tour avec des couteaux, pour être sûrs. Ils avaient déshabillé les corps, pris même les bérets, et étaient finalement partis en riant. Après ça, dans cette guerre, il ne lui restait plus que les *Lurps*.

« C'est seulement que je ne peux pas m'y retrouver dans le Monde[2] », a-t-il dit. Il m'a dit que la dernière fois qu'il était rentré chez lui il était resté toute la journée assis dans sa chambre en sortant de temps en temps un fusil de chasse par la fenêtre, visant les gens et les voitures qui passaient devant chez lui, jusqu'à ce que toutes ses sensations se soient concentrées au bout de son doigt. « Chez moi, ça les énervait vraiment », dit-il. Mais même ici il énervait les gens, vraiment.

« Non, mec, désolé, il est trop cinglé pour moi, a dit un de ses coéquipiers. Tu n'as qu'à le regarder dans les yeux, on y voit toute cette putain de guerre. »

« Ouais, mais tu ferais mieux de faire vite, a dit un autre. Je veux dire, vaudrait mieux pas qu'il s'en aperçoive. »

Mais il avait toujours l'air d'être aux aguets justement, je crois qu'il dormait les yeux ouverts et, de toute façon, j'avais peur de lui. J'ai quand même réussi à jeter un bref coup d'œil dedans, et c'était comme le

1. Cavalerie aéroportée (héliportée).
2. Le reste du monde. Tout sauf le Vietnam.

fond d'un océan. Il avait une boucle d'oreille en or et un serre-tête taillé dans un morceau de parachute camouflé, et comme personne n'allait lui dire de se couper les cheveux ils lui tombaient plus bas que les épaules, recouvrant une large cicatrice rougeâtre. Même à la division il n'allait jamais nulle part sans prendre au moins un 45 et un poignard, et il trouvait que j'étais un fou parce que je n'avais pas d'arme.

« Tu n'as jamais rencontré de journaliste ?

– Des cheveux sur la soupe, a-t-il dit. Le prends pas pour toi. »

Mais quelle histoire il m'a racontée ! Aussi partiale et aussi vibrante que toutes les histoires de guerre, il m'a fallu un an pour la comprendre :

« Une patrouille est partie dans la montagne. Un homme est revenu. Il est mort avant de nous dire ce qui s'était passé. »

J'ai attendu la suite, mais ce n'était pas ce genre d'histoire. Quand je lui ai demandé ce qui s'était passé, il m'a juste regardé avec l'air de me plaindre, de dire que, putain, il n'allait pas perdre son temps à raconter des histoires à un con comme moi.

Pour sortir de nuit, il se peignait le visage, une vision de terreur, pas comme les visages maquillés que j'avais vus quelques semaines avant à San Francisco, l'autre extrême du même théâtre. Il passait des heures debout dans la jungle aussi calme et anonyme qu'un arbre mort et que Dieu aide ses adversaires s'il n'y en avait pas au moins une demi-section – c'était un bon tueur, un de nos meilleurs.

Le reste de son équipe était réuni hors de la tente, un peu à part des autres unités de la division, avec leurs propres latrines, inventées par eux, et leurs propres rations congelées, de la bouffe trois étoiles, la même qu'on vend chez Abercrombie & Fitch. Les soldats normaux faisaient presque un détour quand ils devaient passer dans le coin en allant ou en revenant de la tente qui servait de mess. Si durs qu'ils soient devenus avec la guerre, c'étaient encore des innocents comparés aux *Lurps*. Quand l'équipe s'est regroupée, ils se sont mis en file pour descendre la pente, traverser la piste jusqu'à l'enceinte et passer dans les bois.

Je ne lui ai jamais reparlé, mais je l'ai revu. Quand ils sont revenus le lendemain matin il avait avec lui un prisonnier, les yeux bandés et les coudes étroitement liés dans le dos. La zone *Lurp* était catégoriquement interdite pendant l'interrogatoire et de toute façon j'étais déjà descendu sur la piste pour attendre l'hélicoptère qui viendrait m'enlever de là.

« Hé! les gars, vous êtes quoi, avec l'USO[1]? Oh! on a cru que tu étais avec l'USO à cause de tes cheveux longs. » Page a pris la photo du gosse, j'ai noté ses paroles, Flynn a rigolé et lui a dit qu'on était les Rolling Stones. Cet été-là, on s'est baladés tous les trois pendant presque un mois. Sur une piste l'hélico de la brigade est arrivé avec une vraie queue de renard accrochée à l'antenne et quand le commandant nous a croisés il a presque eu un infarctus.

« Alors, les hommes ne saluent plus les officiers?

— Nous ne sommes pas des hommes, dit Page. Nous sommes des journalistes. »

Quand on lui eut dit ça, le commandant a voulu lancer une opération spontanée rien que pour nous, mettre en action toute la brigade, en faire tuer quelques-uns. On a dû partir par le prochain hélico pour l'empêcher de s'y mettre, étonnant ce que certains de ces gens-là feraient pour un peu d'encre. Page aimait compléter son équipement avec toute une quincaillerie bidon, des foulards et des graines, en plus il était anglais, les types le regardaient comme s'il venait de descendre d'un mur sur la planète Mars. Sean Flynn pouvait être encore plus incroyablement beau que son père, Errol, en Captain Blood trente ans plus tôt; mais parfois il ressemblait plus à Artaud sortant d'une sorte de voyage au cœur de la nuit, lourd, surchargé d'informations, branché! Branché! Il avait une mauvaise sueur et restait assis des heures en peignant sa moustache avec son

1. *United Services Organisation.* (Loisirs et spectacles organisés par l'armée US.)

couteau de l'armée suisse. On emballait l'herbe et les bandes : *Have You Seen Your Mother Baby Standing in the Shadows, Best of the Animals, Strange Days, Purple Haze, Archie Bell and the Drells*[1], « Allez v'nez tout le monde, s'agit de se les agiter... » De temps en temps, on prenait un hélico qui allait droit dans un des enfers subalternes, mais la guerre était plutôt calme, c'étaient surtout des pistes et des camps, les troufions qui traînaient, des visages, des histoires.

« Le mieux c'est de jamais s'arrêter, nous dit l'un d'entre eux. De jamais s'arrêter, de bouger tout le temps, vous voyez ce que je veux dire ? »

On voyait. C'était un survivant de l'école de la cible mobile, un vrai fils de la guerre, parce que, sauf les rares fois où on était bloqué ou laissé en plan, le système était fait pour vous maintenir en mouvement, si vous en aviez envie. Comme technique pour rester vivant ce n'était pas plus bête qu'autre chose, étant donné, naturellement, que vous vous trouviez là et que vous vouliez y voir de près. Ça commençait bien et ça marchait droit mais ça se rétrécissait au fur et à mesure, plus tu bouges plus tu en vois, plus tu en vois plus tu prends des risques en plus de la mort et de la mutilation, et plus tu risques, plus vite il te faudra un jour abandonner cet état de « survivant ». Certains d'entre nous couraient comme des fous dans la guerre jusqu'à ne plus voir où menait cette course, mais seulement la guerre dans toute son étendue, avec parfois une plongée surprenante. Tant qu'on pouvait prendre des hélicos comme des taxis il fallait être vraiment épuisé ou déprimé au bord du choc ou sous le coup d'une douzaine de pipes d'opium pour garder son calme, ne fût-ce qu'en surface, et on courait en rond à l'intérieur de nous-mêmes comme si on était poursuivis, ha ha, *La Vida Loca.*

Dans les mois suivant mon retour, les centaines d'hélicoptères que j'avais pris se sont amalgamés jusqu'à

1. *As-tu vu ta mère, baby, debout dans l'ombre, Le Meilleur des animaux, Jours étranges, Brouillard pourpre, Archie Bell et les Drells.*

former une sorte de métacoptère collectif, c'est ce que j'avais alors de plus sexy dans le crâne : ce qui venait détruire ou sauver, fournir ou ruiner, la main droite et la main gauche, quelque chose d'agile, de facile, de malin, d'humain; l'acier brûlant, la graisse, les sangles en toile saturée de jungle, la sueur qui refroidit et se réchauffe encore, une cassette de *rock and roll* dans l'oreille et la main sur la mitrailleuse de la porte, l'essence, la chaleur, la vitalité et la mort, la mort elle-même à peine une intruse. Les hommes d'équipage disaient qu'une fois qu'on avait transporté un mort il restait toujours là, il volait avec vous. Comme tous les combattants ils étaient incroyablement superstitieux, ils dramatisaient tout, mais (je le savais) c'est horriblement vrai : s'exposer de près aux morts vous rend sensible à la force de leur présence et fait naître en vous de longs échos, très longs. Il y a des gens si délicats qu'un regard suffit pour les balayer, mais même les troufions abrutis jusqu'à l'os avaient l'air de sentir qu'il leur arrivait quelque chose de plus, quelque chose de fatal.

Des hélicoptères et des gens qui sautent en bas d'hélicoptères, des gens à ce point amoureux qu'ils courent pour rester ensemble même quand il n'y a pas urgence. Des hélicos jaillissent à la verticale des petites clairières taillées dans la jungle, s'abattent en tournoyant sur les toits des villes, déversent des cartons de rations et de munitions, chargent les morts et les blessés. Quelquefois, il y en avait tellement, c'était si facile qu'on pouvait se poser à cinq ou six endroits par jour, jeter un œil, écouter ce qui se disait et sauter dans le suivant. Il y avait des installations grandes comme des villes de trente mille habitants, et une fois on s'est posés pour ravitailler un seul homme. Dieu sait le genre de numéro à la Lord Jim[1] qu'il faisait par là, tout ce qu'il m'a dit c'est : « Tu n'as rien vu, d'accord, chef ? Tu n'es même pas venu là. » Il y avait des camps riches et gras avec l'air conditionné comme une vision de confort bourgeois avec une violence tacite, « lointaine », des camps

1. Mission secrète de la C.I.A.

appelés du nom de la femme du commandant, LZ Thelma, LZ Betty Lou, des pitons numérotés et dangereux où je ne voulais pas rester; les pistes, les rizières, les marais, les fourrés épais et touffus, les broussailles, les bas-fonds, les villages, même les villes, le sol ne pouvait pas boire tout ce que répandaient les combats, on faisait attention où on posait les pieds.

Quelquefois, l'hélico où on était dépassait une colline et tout le sol en face jusqu'à la prochaine hauteur était brûlé, troué, fumait encore, et quelque chose se retournait entre le cœur et l'estomac. Une légère fumée grise là où ils avaient brûlé les champs de riz autour d'une zone de tir à volonté, une fumée blanche et brillante de phosphore *(Willy Peter / Make you a buh liever*[1]), la fumée noire et lourde du 'palm, ils disent que quand on se trouve au bas d'une colonne de fumée de napalm ça vous arrache l'air des poumons. Une fois on s'est baladés au-dessus d'une petite ville qui venait de se faire bombarder et les paroles d'une chanson de Wingy Malone que j'avais entendue quand j'étais tout petit me sont brusquement revenues en tête : *« Stop the War, These Cats are Killing Themselves*[2]. » Alors on est descendus, on a fait du sur-place, descendus encore dans la fumée rougeâtre de la piste, des douzaines d'enfants sont sortis de leurs cabanes en courant vers l'endroit de notre atterrissage et le pilote riait en disant : « Mec, le Vietnam. On les bombarde et on les nourrit, on les bombarde et on les nourrit. »

Survoler la jungle était un plaisir presque sans mélange, la traverser à pied n'était que souffrance. Je n'ai jamais pu m'y faire. Peut-être est-ce vraiment ce que ses habitants l'ont toujours appelée, l'Au-delà — en tout cas c'est sérieux, j'y ai laissé des choses que je ne retrouverai probablement jamais. (« *Aw,* la jungle est okay ! Quand on la connaît on y a vraiment la bonne vie, sinon elle te descend en une heure. Enterré. » Un jour, avec des soldats dans un coin au plus épais de la

1. *Willy Peter/ Fait de toi un croyant.*
2. *Arrêtez la guerre, ces types sont en train de se tuer.*

jungle, un journaliste a dit : « *Gee,* vous devez avoir de magnifiques couchers de soleil par ici », et ils se sont presque pissé dessus à force de rire. Mais on pouvait s'envoler et s'enfoncer dans des couchers de soleil brûlants et tropicaux qui transformaient à jamais l'idée qu'on avait de la lumière. On pouvait aussi décoller d'endroits sinistres au point qu'ils viraient au noir et blanc dans nos têtes cinq minutes plus tard.

Ça pouvait être le coin le plus froid de la planète, quand vous étiez debout au bord de la clairière à regarder partir l'hélico qui venait de vous déposer, vous laissant penser à ce qui vous attendait : si c'était un sale endroit, un mauvais endroit, peut-être même le dernier, et si cette fois vous n'aviez pas fait une terrible erreur.

Il y avait un camp à Soc Trang où un homme nous a dit sur la piste : « Si vous venez chercher un article c'est votre jour de chance, ici c'est l'Alerte rouge », et, avant que le bruit de l'hélicoptère eût disparu, je savais que j'étais en plein dedans.

« Affirmatif, nous a dit le commandant du camp, il est *sûr* qu'il va pleuvoir. Content de vous voir. » C'était un jeune capitaine qui riait en cognant cul à cul deux chargeurs de seize pour les recharger plus vite, l'« huile de coude ». Tout le monde s'affairait, ouvrait des caisses, amassait des grenades dans les coins, vérifiait les mortiers, empilait les munitions, enfilait des chargeurs bananes dans des armes automatiques comme je n'en avais encore jamais vu. Ils étaient reliés aux postes d'écoute tout autour du camp, reliés entre eux, branchés sur eux-mêmes, et la nuit c'était pire. La lune s'est levée, pleine et mauvaise, une grosse tranche humide d'un fruit décadent, molle et couleur de safran quand on la regardait, alors qu'elle jetait sur la jungle et sur les sacs de sable une lumière dure et crue. On se frottait tous le dessous des yeux avec de la crème antinuit de l'armée pour en amoindrir l'éclat et les terreurs que la lumière faisait naître. (Vers minuit, juste pour faire quelque chose, j'ai traversé l'enceinte pour regarder la route tracée par les ingénieurs, elle partait droit vers la Route 4 comme un ruban jaune et glacé à perte de vue et je l'ai vue bouger, la route tout entière. Il y en avait qui discutaient ferme pour savoir à qui la lumière donnait l'avantage, aux assaillants ou aux défenseurs, les hommes étaient assis avec des yeux en cinémascope, la mâchoire tendue comme si elle allait cracher des balles, ils remuaient comme des fourmis dans leurs treillis, changeaient de place sans arrêt. « Faut pas trop se détendre, Charlie ne se détend jamais, c'est quand on est bien confortable qu'il nous tombe dessus avec toute la merde. » Comme ça jusqu'au matin, j'ai fumé un paquet à l'heure toute la nuit et il ne s'est rien passé. Dix minutes après le lever du jour, je suis descendu demander un hélico sur la piste.

Quelques jours plus tard, Sean Flynn et moi sommes allés dans une grande base d'artillerie des TAOR[1] qui allait à fond vers l'autre extrême, genre week-end de la garde nationale. Le colonel qui commandait la base était soûl au point de pouvoir à peine parler et quand il y arrivait c'était pour dire : « On est là pour être foutrement bien sûrs que si *ces mecs* essaient de faire les malins ils ne nous trouveront pas le cul à l'air. » Leur mission principale était d'envoyer des tirs H & I[2], mais un type nous a dit qu'ils avaient les plus mauvais états de service de toute la division, probablement de tout le pays, qu'ils avaient envoyé des tirs de barrage sur pas mal de civils endormis, sur des Marines coréens, même sur une ou deux patrouilles US, mais presque jamais sur les Viets. (Le colonel disait toujours « artillerarie ». La première fois qu'il l'a dit, Sean et moi avons chacun regardé ailleurs, la seconde fois, on a recraché notre bière par le nez mais le colonel a éclaté de rire, on était largement couverts.) Pas de sacs de sable, des obus à l'air libre, des canons crasseux, des types qui passaient et nous regardaient du genre : « On est *cool*, nous, pourquoi pas vous ? » Sur la piste, Sean en a parlé avec le

1. *Tactical Army Operations.*
2. Tirs de harcèlement et de barrage, sans cible précise.

pilote qui s'est mis en colère. « Ah! *ouais?* Ben va te faire mettre, tu veux vraiment que ce soit dur? Il n'y a pas eu de VC par ici depuis trois mois.

– Tant mieux si ça dure, dit Sean. Du nouveau sur cet hélico? »

Mais parfois tout se figeait, rien ne volait plus, on ne pouvait même pas savoir pourquoi. Une fois, je suis resté bloqué sans hélico avec une patrouille dans un poste perdu au fond du Delta où le sergent bouffait des bonbons à la chaîne et passait des bandes *country and western* douze heures par jour, je les entendais même en dormant, et quel sommeil, *Up on Wolverton Mountain* et *Lonesome as the bats and the bears in Miller's Cave* et *I fell into a burning ring of fire,*[1] avec une file de pauvres Blancs qui ne dormaient pas beaucoup non plus parce qu'ils ne pouvaient se fier à un seul de leurs quatre cents mercenaires ni aux sentinelles qu'ils avaient eux-mêmes choisies ni à personne sauf peut-être Baby Ruth et Johnny Cash, ils attendaient maintenant depuis si longtemps qu'ils avaient peur de ne pas s'en rendre compte quand ça arriverait vraiment, *et ça brûle, ça brûle, ça brûle...* Finalement, le quatrième jour un hélicoptère est venu apporter de la viande et des films au camp et je suis reparti avec, si content de rentrer à Saigon que j'ai mis deux jours à m'effondrer.

Mobilité aérienne, vous pigez, mais on n'allait jamais nulle part. On se sentait en sécurité, on se croyait *Omni,* mais c'était de la frime, la technologie. La mobilité n'était que la mobilité, elle sauvait des vies ou les perdait (sauvé la mienne je ne sais pas combien de fois, peut-être des douzaines de fois, peut-être jamais); ce qu'il aurait vraiment fallu c'était une flexibilité plus grande que tout ce que pouvait donner la technologie, une sorte de don spontané, généreux, pour accepter les surprises, et je ne l'avais pas. Je me suis mis à haïr les

1. *Là-haut sur le mont Wolverton, Seul comme les chauves-souris et les ours de la grotte de Miller, Je suis tombé dans un anneau de feu.*

surprises, les contrôles volants aux carrefours – si vous êtes de ceux qui pensent avoir toujours besoin de savoir ce qui va se passer, la guerre peut vous liquéfier. C'est la même chose si vous essayez de vous habituer à la jungle ou au climat qui vous vide ou aux endroits saturés d'une étrangeté qui ne disparaît pas avec le temps, au contraire elle noircit et se gonfle de votre aliénation qui s'accumule. Ce serait chouette de s'adapter, on est obligé d'essayer, mais ce n'est pas pareil que de se forger une discipline, de puiser dans tes réserves et d'acquérir un vrai métabolisme de guerre, de te forcer à ralentir quand ton cœur veut jaillir de ta poitrine, d'accélérer quand tout se fige autour de toi et que tu ne sens plus de toute ton existence que l'entropie qui la cingle au passage. Des conditions peu engageantes.

Le sol était toujours en scène, sans arrêt balayé. Dessous, c'est à *Lui*, dessus c'est à *nous*. On avait l'air pour nous, on pouvait y voler mais pas disparaître *dedans*, on pouvait courir mais on ne pouvait pas se cacher alors qu'Il faisait les deux si bien que parfois on aurait dit qu'Il faisait les deux à la fois et que nos détecteurs débandaient. De toute façon, ça continuait toujours à un endroit ou à un autre, la danse nuit et jour, on avait les jours et Il avait les nuits. On pouvait être à l'endroit le mieux protégé du Vietnam en sachant que la sécurité n'était que provisoire, qu'on pouvait trouver une mort subite, devenir aveugle, perdre les jambes, les bras ou les couilles, se faire défigurer à vie – toute la vacherie – d'une manière prétendument normale ou d'une manière complètement tordue, on entendait tellement de ces histoires qu'on se demandait comment il en restait pour crever au combat ou sous un tir de mortiers. Au bout de quelques semaines, quand mes yeux se sont dessillés, quand le *nickel* est tombé de mon front et que j'ai vu que tout le monde autour de moi portait un revolver j'ai vu aussi que n'importe qui pouvait tirer d'un instant à l'autre et vous la mettre là où ça ne comptait plus de savoir si ç'avait été un accident ou pas. Les routes étaient minées, les pistes piégées, des bombes et des grenades faisaient sauter les jeeps et les cinémas, les VC trouvaient du travail dans toutes les bases comme cireurs, blanchisseuses et tapineuses, ils repassaient votre uniforme, brûlaient votre chemise et rentraient chez eux pour vous pilonner au mortier. Saigon, Cholon et Danang avaient des vibrations si hostiles qu'on se sentait visé par une arme chaque fois qu'un regard se posait sur vous, et tous les jours des centaines d'hélicos tombaient du ciel comme de gros oiseaux empoisonnés. Au bout d'un temps, chaque fois que j'en prenais un, je me disais que je devais être foutrement cinglé.

La peur et bouger, la peur et rester là, pas possible de choisir, pas possible de bien voir ce qui était pire, l'attente ou la chose elle-même. Au combat, il en réchappait beaucoup plus qu'il n'en tombait, mais entre les combats tout le monde souffrait de l'attente, surtout ceux qui sortaient tous les jours les chercher – c'était mauvais à pied, terrible en camion ou en APC[1], horrible en hélicoptère, le pire, aller si vite vers ce qui fait si peur. Je me souviens de jours où j'étais à moitié mort de peur, tout était déjà décidé, la vitesse et la direction, et tout allait dans le même sens. C'était déjà assez dur de faire des sauts « tranquilles » entre les pistes et les bases de combat; si vous êtes jamais monté dans un hélico touché par les tirs d'en bas vous avez chaque fois devant l'appareil une angoisse féroce et garantie. Au moins le contact, quand ça se passe, vous arrache de longues giclées inégales d'énergie, c'est juteux, rapide, purifiant, alors que le trajet c'est creux, sec, froid et régulier, ça ne vous laisse pas tranquille. Tout ce qu'on peut faire, c'est regarder les autres pour voir s'ils sont aussi assommés par la peur que vous. S'ils n'en ont pas l'air vous pensez qu'ils sont fous, s'ils en ont l'air vous vous sentez encore plus mal.

Je suis passé par là plusieurs fois et je n'ai reçu qu'une fois la monnaie de ma trouille, un atterrissage trop classique sous le feu qui venait des arbres à 300 mètres, un balayage de mitrailleuse qui a jeté les

1. Armored Personal Courriers (camions blindés).

hommes la tête la première dans l'eau croupie pour courir ensuite à plat ventre vers l'herbe, là où elle n'était pas aplatie par le souffle des pales, pas grand-chose comme abri mais mieux que rien. L'hélicoptère est remonté avant qu'on soit tous sortis, les derniers soldats ont dû sauter de six mètres, pris entre le feu venu de la rizière et la mitrailleuse de l'hélicoptère. Quand nous avons tous atteint l'abri d'un mur et que le capitaine nous a comptés, on a été stupéfaits de voir qu'il n'y avait pas un seul blessé, sauf un homme qui s'était tordu les deux chevilles en sautant. Après je me suis souvenu d'avoir eu peur des sangsues quand j'étais allongé dans la boue. Je pense que vous pourriez appeler ça un certain refus de la réalité.

« Mec, on nous a vraiment tendu des bâtons merdeux », m'a dit une fois un Marine, et je n'ai pas pu m'empêcher de comprendre ce qu'il voulait dire, qu'on ne vous donnait jamais le choix. Là, en particulier, il ne parlait que d'une paire de rations C, le « dîner », mais étant donné sa jeunesse on ne pouvait pas le blâmer de penser que s'il était sûr d'une chose, c'est qu'il n'y avait nulle part personne se souciant le moins du monde de ce qu'il voulait, *lui.* Il n'y avait personne qu'il aurait eu envie de remercier pour son dîner, mais il était reconnaissant d'être encore en vie pour le manger, content que l'autre enculé ne l'ait pas éventré le premier. Cela faisait six mois qu'il ne sentait plus rien que la fatigue et la peur, il avait beaucoup perdu, surtout des gens, il en avait beaucoup trop vu, mais il pouvait encore inspirer puis expirer et même ça c'était un choix.

Il avait un de ces visages – j'en ai vu mille comme lui à des centaines de bases et de camps –, les yeux vidés de toute leur jeunesse, la peau décolorée, des lèvres blêmes et froides, et je savais qu'il ne s'attendait pas à ce que cela revienne. La vie l'avait fait vieux, il la vivrait comme ça. Tous ces visages, quelquefois c'était comme de regarder les visages pendant un concert de rock, fermés, pris par l'événement, ou comme des étudiants très avancés, vous pourriez dire trop sérieux pour leur âge si vous ne saviez par expérience de quoi sont faites les minutes et les heures qu'ils ont vécues. Pas seulement comme tous ceux que vous avez déjà vus avec l'air de ne pas pouvoir traîner leur cul un jour de plus. (Qu'est-ce que vous ressentez quand un gosse de dix-neuf ans vous dit du plus profond de son cœur qu'il est trop vieux pour ce genre de merde?) Pas non plus comme les visages des morts et des blessés, ils peuvent sembler libérés plutôt que vaincus. C'étaient des visages de mômes à qui tout leur passé était retombé dessus, ils étaient à quelques mètres mais ils vous regardaient d'une distance que vous ne pourriez jamais vraiment franchir. On parlait ensemble, des fois on volait ensemble, des types qui allaient en R & R[1], des types qui convoyaient des cadavres, des types qui se jetaient dans des extrêmes de violence ou de paix. Un jour, j'ai pris l'avion avec un de ces gosses qui rentrait chez lui, il a regardé une dernière fois la terre où il avait passé un an de sa vie et il a versé toutes les larmes de son corps. Quelquefois même, on volait avec les morts.

Une fois, j'ai sauté dans un hélico qui en était plein. Le gosse du QG local avait dit qu'il y aurait un cadavre à bord mais on l'avait mal informé. « Vous avez salement envie d'aller à Danang? » m'avait-il demandé, et j'avais répondu : « Salement. »

Quand j'ai vu ce qui se passait, je n'ai plus voulu monter mais ils avaient fait un détour et atterri spécialement pour moi; il fallait prendre ce que le sort m'avait donné, j'avais peur d'avoir l'air difficile. (Je me souviens aussi d'avoir pensé qu'un hélico plein de morts avait beaucoup moins de chances de se faire descendre que s'il était plein de soldats vivants). Ils n'étaient même pas dans des sacs. Ils étaient dans un camion près d'une des bases de la DMZ[2] dont l'artillerie appuyait Khe Sanh, le camion avait sauté sur une mine commandée à distance et ils avaient reçu des roquettes. Les Marines manquaient toujours de tout, même de nourriture, de munitions ou de médicaments, il n'était

1. *Rest and Recreation.* (Dix jours de repos tous les six mois.)
2. *Demilitarised Zone.* (No man's land à l'extrême-nord du Vietnam du Sud.)

pas si étonnant qu'ils aient manqué de sacs. Les corps avaient été enroulés dans des ponchos[1] dont certains étaient plus ou moins bien fermés avec des bandes de plastique, et chargés à bord. On m'a fait une petite place entre un cadavre et le mitrailleur qui avait l'air pâle et furieux à tel point que je l'ai cru furieux contre moi et que je n'ai pas pu le regarder pendant un bout de temps. Quand on a décollé, le vent s'est engouffré dans l'appareil, les ponchos se sont mis à frémir et à trembler et celui à côté de moi s'est ouvert brusquement comme une gifle, découvrant un visage. Ils ne lui avaient même pas fermé les yeux.

Le mitrailleur s'est mis à hurler de toutes ses forces : « Ferme-le ! Ferme-le ! » Peut-être croyait-il que les yeux le regardaient, mais je ne pouvais rien faire. Ma main y est allée par deux fois mais je n'ai pas pu, et puis je l'ai fait. Pendant tout le vol, le mitrailleur a essayé de me sourire et quand on est arrivés à Don Ha il m'a remercié avant de courir vers une autre affectation. Les pilotes ont sauté à terre et sont partis sans regarder en arrière, comme s'ils n'avaient jamais vu cet hélicoptère de leur vie. J'ai fait le reste du trajet jusqu'à Danang dans l'avion d'un général.

2

Vous savez ce que c'est, vous voulez regarder et vous ne voulez pas. Je me souviens des sensations étranges quand j'étais môme et que je regardais les photos de guerre dans *Life*, celles qui montraient un mort ou un tas de morts les uns à côté des autres dans un champ ou dans une rue, qui souvent se touchaient et semblaient se tenir agrippés. Même quand l'image était claire et nette, quelque chose n'était pas clair du tout, quelque chose de réprimé qui censurait les images et

1. Sorte de cape imperméable.

retenait les informations essentielles. Cela justifiait peut-être ma fascination en me permettant de regarder autant que je voulais; je n'avais pas encore de mots pour ça mais maintenant je me souviens de ma honte à regarder mes premiers pornos, toute la porno du monde. J'aurais pu regarder jusqu'à ce que la lumière s'éteigne sans pouvoir accepter le rapport entre une jambe séparée et le reste du corps, ni les positions, les poses que prenaient toujours les corps (un jour j'ai entendu appeler ça « réponse à l'impact ») violemment tordus et projetés dans des cambrures incroyables. Ou le côté totalement impersonnel d'un groupe de morts jetés n'importe où et n'importe comment, accrochés à des barbelés ou entassés dans la promiscuité ou lancés dans les arbres comme d'ultimes acrobates. « *Voyez ce que je peux faire !* »

On suppose qu'on n'aura pas ce genre de nuages dans les yeux, mais quand on les a devant soi, finalement, par terre, pour de vrai, on a quand même tendance à le recréer. Ce qu'on voit, si souvent, on a tellement besoin de s'en défendre, et on a fait 30000 milles pour le voir. Une fois je les ai regardés, alignés de l'enceinte jusqu'aux arbres, la plupart en tas près des barbelés, puis en plus petits groupes plus compacts à mi-chemin et enfin plusieurs points dispersés en éventail vers la forêt, dont un était à moitié dehors, à moitié dans les fourrés. « Tout près mais pas le pompon », a dit le capitaine, et quelques-uns de ses hommes sont allés dehors leur donner un coup de pied dans le crâne à chacun des trente-sept. J'ai entendu un M-16 en automatique lâcher ses rafales, une seconde de tir, trois pour mettre un chargeur, et j'ai vu un peu plus loin celui qui faisait ça. Chaque rafale était comme un ouragan minuscule et concentré qui faisait frémir et sursauter les cadavres. Quand il a eu fini, il est passé près de nous en allant vers sa cabane et j'ai su que je n'avais rien vu avant d'avoir vu son visage. Il était rouge, marbré, tordu comme s'il avait la peau retournée comme un gant avec une tache d'un vert trop sombre, un filet rougeâtre qui se fondait dans le pourpre d'une meurtrissure et une blancheur grise et maladive dans l'intervalle, on aurait cru qu'il venait d'avoir une attaque. Il avait les yeux à moitié révulsés, la bouche ouverte, la langue pendante, et il souriait. Vraiment un mec qui avait tiré son coup. Le capitaine n'était pas trop content que j'aie vu ça.

Il ne se passait pas de jour sans qu'on ne me demande ce que je faisais là. Quelquefois, un troufion particulièrement malin ou un autre correspondant me demandait même ce que je faisais *vraiment*, comme si honnêtement je pouvais dire autre chose que « Blah blah blah couvrir la guerre » ou « Blah blah blah écrire un livre ». Peut-être qu'on prenait tous au pied de la lettre les raisons pour lesquelles on était là : les soldats qui y étaient *obligés*, les barbouzes de la C.I.A. et les civils amenés là par leur esprit de corps, les journalistes par l'ambition ou la curiosité. Mais toutes ces pistes mythiques se croisaient quelque part, du plus bas fantasme à la John Wayne à la pire des rêveries poético-militaires, et à cet endroit je crois que tout le monde savait tout sur tout le monde, tous des volontaires, en vérité. On entendait bien sûr quelques vieilles saloperies : De Cœur et d'Esprit, Peuples de la République, théorie des dominos, maintenir l'équilibre du Dingdong en contenant l'expansionnisme du Doodah; on entendait aussi le reste, un jeune soldat qui disait avec une innocence meurtrière : « Tout ça c'est de la *tripe*, mec. On est là pour tuer des nyaquoués. Point. » Ce qui n'était pas du tout vrai pour moi. J'étais là pour voir.

Parlons donc de prendre une autre identité, de se tenir à un rôle, parlons de l'ironie : je suis venu couvrir la guerre et la guerre m'a recouvert, une vieille histoire, sauf bien sûr si vous n'en avez jamais entendu parler. Je suis venu là en raison d'une croyance primaire mais sérieuse, comme quoi il faut être capable de tout regarder, sérieuse parce que je suis passé à l'acte et je suis venu, primaire parce que j'étais ignorant, il a fallu la guerre pour m'apprendre qu'on est tout autant responsable de ce qu'on voit que de ce qu'on fait. Le problème était qu'on ne savait pas toujours ce qu'on avait vu, pas avant longtemps, parfois des années, et qu'il y en avait une bonne part qu'on ne comprenait jamais, qui restait comme en réserve derrière les yeux. Le temps et l'information, le *rock and roll*, la vie elle-même, ce n'est pas l'information qui est gelée, c'est vous.

Quelquefois, je ne savais pas si l'action durait une seconde ou une heure ou si je rêvais ou quoi. Dans la guerre plus encore que dans la vie on ne sait pas vraiment ce qu'on fait la plupart du temps, on agit, c'est tout, et après on raconte là-dessus toute la merde qu'on veut, on dit qu'on se sentait bien ou mal, qu'on aimait ou qu'on détestait, qu'on a fait ceci ou cela, juste ou faux, mais ce qui s'est passé s'est vraiment passé.

Revenir, raconter des histoires, je dirais : « Oh! mec, j'ai eu peur » et « Oh! Dieu, j'ai cru que c'était fini », longtemps avant que je sache combien j'aurais dû avoir peur et quel degré de clarté définitive et hors de contrôle la « fin » pouvait atteindre. Je n'étais pas bête mais j'étais sûrement naïf; il est difficile de relier certaines choses quand on vient d'un endroit où on se promène tout le temps avec la guerre dans la tête.

« Si vous êtes touché, m'a dit un toubib, l'hélico peut vous ramener à l'hôpital du camp de base en vingt minutes à peu près. »

« Si t'es vraiment salement touché, m'a dit un soldat, ils amènent ta boîte au Japon en douze heures. »

« Si vous vous faites tuer, m'a promis un sergot 4 des Sépultures[1], on vous ramène chez vous dans la semaine. »

LE TEMPS EST DE MON CÔTÉ, déjà écrit sur le premier casque que j'ai mis. Et en dessous, en lettres plus petites, plutôt un murmure de prière qu'une affirmation, *GI, ne tombe pas.* Le mitrailleur arrière d'un Chinook[2] me l'a lancé dès mon premier matin sur la piste de Kontum, quelques heures après la fin des combats de Dak To,

1. *Graves Registration Unit.* (Division des Sépultures.)
2. Hélicoptère géant.

hurlant après moi dans le vent des rotors : « *Garde* ça, on en a *plein*, bonne *chance!* » avant de s'envoler. J'étais si content d'avoir ce casque que je ne me suis pas demandé d'où il venait. Le ruban intérieur était noir et graisseux, plus vivant désormais que l'homme qui l'avait porté. Quand je m'en suis débarrassé dix minutes après, je ne l'ai pas laissé simplement par terre, je m'en suis éloigné furtivement, honteux, craignant qu'on me voie et qu'on m'appelle : « Hé! connard, t'as oublié un truc... »

Ce matin-là, quand j'ai voulu sortir, ils m'ont fait descendre toute la ligne depuis le colonel jusqu'au major et au capitaine et au sergent qui m'a jeté un coup d'œil, m'a traité de viande fraîche et m'a dit d'aller me faire tuer dans une autre unité. Je ne savais pas ce qui se passait, j'étais si nerveux que je me suis mis à rire. Je lui ai dit qu'il ne m'arriverait rien et il m'a donné une tape sur l'épaule, tendre et menaçante, en disant : « On n'est pas dans un foutu film ici, tu sais. » J'ai ri encore, j'ai dit que je le savais, mais lui savait que c'était faux.

Jour un, si quoi que ce soit avait pu entamer cette innocence première je serais reparti par le premier avion. Définitivement. C'était comme de traverser une colonie de cardiaques après une attaque, un millier d'hommes sur un aérodrome sous une pluie froide après avoir trop subi ce que je ne connaîtrais jamais vraiment, « tu ne seras jamais comme ça », la crasse, le sang, les treillis déchirés, les yeux qui déversaient continuellement leur chargement d'horreur et de ruine. Je venais de manquer la plus grande bataille de la guerre[1]; à ce moment-là, je me suis dit que c'était dommage, j'ai eu des regrets, alors que c'était là, tout autour de moi, et que je ne m'en rendais pas compte. Je ne pouvais regarder personne plus d'une seconde, je ne voulais pas qu'on me surprenne à écouter, encore un de ces correspondants de guerre, je ne savais que dire ni que faire, déjà je n'aimais pas ça. Quand la pluie s'est arrêtée et qu'ils ont enlevé leurs ponchos, il est venu une odeur,

1. Dak To, en novembre 1967.

j'ai cru que j'allais être malade : du pourri, du moignon, une tannerie, une tombe ouverte, un feu d'ordure – horrible, et on passait dans des bouffées d'Old Spice qui la rendaient encore pire. Il fallait que je trouve un endroit pour m'asseoir seul et fumer une cigarette, que je trouve un visage pour couvrir le mien comme le poncho cachait mon uniforme neuf. Je l'avais porté une fois, hier matin à Saigon, je l'avais acheté au marché noir et ramené à l'hôtel pour l'essayer devant la glace en faisant des mines et des poses que je ne ferais plus jamais. Et avec plaisir. Maintenant, pas loin, il y avait un homme qui dormait par terre avec un poncho sur la tête et une radio dans les bras, j'entendais chanter Sam the Sham, « *Lil Red Riding Hood, I don't think little big girls should, Go walking in these spooky old woods alone*[1]... »

Je me suis retourné pour aller ailleurs et il y avait un homme debout en face de moi. Il ne me barrait pas vraiment le passage mais il ne bougeait pas non plus. Il a chancelé un peu, cligné des yeux, il m'a regardé, à travers moi, personne ne m'avait jamais regardé comme ça. J'ai senti une grosse goutte de sueur froide me descendre dans le milieu du dos comme une araignée, elle a dû mettre une heure pour arriver en bas. L'homme a allumé une cigarette mais elle s'est noyée dans sa bave, je n'en croyais pas mes yeux. Il a recommencé avec une autre cigarette, je lui ai donné du feu, il y a eu un éclair de reconnaissance, mais après quelques bouffées elle s'est éteinte aussi et il l'a laissé tomber par terre. « Je n'ai pas pu cracher pendant une semaine là-haut, dit-il, et maintenant je ne peux foutre plus m'arrêter. »

Quand la 173e[2] a célébré un office pour ses morts à Dak To, on a mis les bottes des morts en rang sur le terrain. C'était une vieille tradition des parachutistes,

1. *P'tit Chaperon Rouge, je crois que les grandes petites filles ne devraient pas se promener seules dans cette vieille forêt hantée...*
2. La 173e Brigade parachutée, décimée à Dak To.

mais ça n'était pas pour autant moins énorme ou moins macabre, toute une compagnie de bottes de saut vides debout dans la poussière pour recevoir une bénédiction alors que la vraie substance de la cérémonie était mise en sac, étiquetée et renvoyée au pays par ce qu'on appelait l'Agence de Voyages des KIA[1]. Beaucoup de ceux qui étaient là acceptaient le symbolisme solennel des bottes et priaient sincèrement. D'autres regardaient avec un respect involontaire, d'autres encore prenaient des photos et quelques-uns pensaient que c'était un beau tas de saloperies. Ils ne voyaient devant eux qu'un assortiment de pièces détachées et ils n'auraient pas plus cru voir des âmes du paradis si les bottes s'étaient remplies et s'étaient mises à marcher.

Dak To elle-même n'avait été que le lieu d'où on avait dirigé une bataille éparpillée sur une courbe de 50 kilomètres qui avait déchiré les collines du nord-est au sud-ouest de la petite base et de sa piste depuis début novembre jusqu'à Thanksgiving[2] 1967, des combats célèbres de plus en plus violents jusqu'à devenir féroces et hors de contrôle. En octobre, les installations réduites des Forces spéciales de Dak To ont subi des attaques de mortiers et de roquettes, des patrouilles sont sorties, des patrouilles se sont heurtées, des compagnies ont fait éclater les combats et les ont éparpillés sur les collines dans une suite de brèves escarmouches séparées qu'on a décrites ensuite comme une stratégie; on y a englouti des régiments, puis des divisions, puis des divisions renforcées. En tout cas, on était sûrs d'y avoir une division renforcée, la 4e plus, et on disait qu'ils en avaient une eux aussi, même si beaucoup de gens pensaient que deux régiments légers et souples auraient pu faire ce qu'avait fait la NVA[3] du haut en bas de ces collines pendant trois semaines. Nous avons affirmé qu'on les avait repoussés, sur la Cote 1338, et 943, et 875 et 876, alors que les prétentions adverses sont restées muettes et probablement inutiles. Et puis, au lieu de

1. *Killed In Action.* (Tués au combat.)
2. Quatrième jeudi de novembre.
3. *North Vietnamese Army.* (Armée du Vietnam du Nord.)

vraiment finir, la bataille a disparu. Les Nord-Vietnamiens ont rassemblé leur équipement et la plupart de leurs morts et se sont évaporés pendant la nuit en abandonnant quelques cadavres pour que nos soldats puissent leur donner des coups de pied et les compter.

« C'est exactement comme avec les Japs », a dit un gosse – les combats les plus durs au Vietnam depuis la vallée de Ia Drang deux ans plus tôt et une des rares fois après Ia Drang où le feu venu du sol était si nourri que les medevacs[1] *ne pouvaient pas atterrir. Les blessés attendaient pendant des heures et parfois des jours et beaucoup sont morts qui auraient pu être sauvés. Le ravitaillement ne passait pas non plus et les inquiétudes du début sur le manque de munitions ont tourné à la panique et plus encore, c'est devenu vrai. Au pire moment, le régiment d'assaut aéroporté 875 a été pris à revers dans une embuscade, là où on n'avait signalé aucun NVA, ses trois compagnies ont été coincées et prises au piège sous un feu d'enfer pendant deux jours. Après, quand un journaliste a demandé à un des survivants ce qui s'était passé, on lui a répondu : « Et merde, qu'est-ce que vous croyez? On s'est fait foutre en morceaux. » Le journaliste a voulu noter ça et le parachutiste lui a dit : « Mettez en petits morceaux. On secouait encore les arbres pour cueillir les plaques*[2] *quand on nous a sortis de là. »*

Même après que le Nord fut parti, les transports et la logistique restaient problématiques. Une grande bataille doit se démonter morceau par morceau, homme à homme. Tous les jours maintenant il pleuvait dur, la petite piste de Dak To était surchargée, inutilisable, il a fallu une navette pour amener une bonne part des troupes à la grande piste de Kontum. Il y en a même qui ont fait le détour jusqu'à Pleiku, à 80 kilomètres au sud, pour être triés et ramenés dans leurs unités autour de la IIe *Région. Les vivants, les blessés et les morts voyageaient ensemble dans des Chinook surchar-*

1. Hélicoptères de ramassage des blessés.
2. Colliers d'identification.

gés et pour eux ce n'était rien de marcher sur les cadavres à moitié couverts entassés dans la cabine pour se chercher une place, ou de faire des blagues sur la drôle de gueule qu'ils faisaient, ces pauvres cons de morts.

Il y avait des hommes assis par groupes informes tout autour de la piste de Kontum, des centaines de soldats groupés par unités qui attendaient qu'on les reprenne et qu'on les embarque une fois de plus. Sauf quelques baraques d'état-major bardées de sacs de sable et une tente sanitaire, il n'y avait aucun moyen de s'abriter de la pluie. Quelques-uns avaient monté des tentes presque inutiles avec leurs ponchos, beaucoup restaient allongés sous la pluie avec un casque ou un sac pour oreiller, la plupart se contentaient d'attendre, assis ou debout. Ils avaient le visage caché au fond de la capuche de leur poncho, les yeux blancs qui remuaient et le silence – en passant parmi eux on se sentait surveillé par des centaines de cavernes isolées les unes des autres. Un hélicoptère atterrissait à peu près toutes les vingt minutes, des hommes en sortaient ou étaient transportés, d'autres embarquaient, l'appareil faisait marche arrière sur la piste et décollait, certains vers Pleiku et l'hôpital, d'autres retournaient à la zone de Dak To et aux opérations de nettoyage. Les rotors des Chinook découpaient dans la pluie des espaces jumeaux et projetaient des jets obliques dans un rayon de 50 mètres. Savoir ce qu'il y avait dans les hélicos suffisait à donner mauvais goût à la pluie, un goût saumâtre. On n'avait pas envie d'attendre qu'elle vous sèche sur le visage.

Revenu de la piste, un gros homme d'âge mûr hurlait après les soldats qui pissaient par terre. Son poncho découvrait suffisamment son casque pour montrer des galons de capitaine mais aucun ne s'est même retourné pour le regarder. Il a fouillé dans ses vêtements et sorti un 45, il l'a pointé en l'air et tiré dans la pluie une balle qui a fait un bruit vide et lointain, comme recouvert par du sable humide. Les soldats ont fini, se sont reboutonnés et sont partis en riant pendant que le capitaine restait seul à hurler des ordres pour qu'on nettoie la *merde – des milliers de rations vides ou à moitié vides, des tas boueux du journal* Stars and Stripes, *un M-16 qu'un type avait simplement abandonné, et surtout – témoignage d'une négligence impensable pour le capitaine – ça puait même sous la pluie froide, mais ça s'arrangerait tout seul en une heure ou deux si la pluie continuait.*

Les opérations au sol étaient maintenant terminées depuis presque vingt-quatre heures mais elles continuaient à être rejouées compulsivement par ceux qui en avaient fait partie :

« Un copain mort c'est vraiment dur, mais tirer ton cul de là sans crever ça aide à le supporter. »

« On avait ce lieutenant, sur le Christ c'était le connard le plus merdeux de tous les temps, de tous les temps. On l'appelait Lieutenant L'heureux parce qu'il parlait toujours comme ça : " Soldats... Soldats, je ne vous demanderai jamais de faire ce que je ne serais pas moi-même heureux de faire. " Quel trou du cul ! On était sur la 1338 et il vient me voir : " Fais une petite course jusqu'à la crête et viens au rapport ", et je dis comme ça : " Jamais de la vie, capitaine. *" Alors il le fait, il monte là-haut lui-même et merde si ce connard se fait pas descendre. Il avait dit aussi qu'on aurait à parler sérieusement quand il reviendrait. Alors tant pis. »*

« Ce gosse-là (pas vraiment là, *c'est une figure de style) se fait sauter à trois mètres derrière. Je jure devant Dieu, quand je me suis retourné j'ai cru qu'ils en avaient eu dix... »*

« Vous, les mecs, vous êtes si pleins de merde qu'elle vous sort par les oreilles ! *» disait un autre. Il y avait* PRIEZ POUR LA GUERRE *sur son casque et il s'adressait surtout à un autre dont le casque s'appelait* SWINGING DICK[1]. *« Tu pissais partout sauf sur tes putains de doigts de pieds,* Scudo, *ne me raconte pas que t'avais pas la trouille, mec, essaie foutre pas, 'sque putain j'étais là, mec, et je crevais de trouille ! J'avais la trouille à chaque putain de minute et je suis comme tout le monde ! »*

1. Dick le danseur – le branleur.

« La belle affaire, cul mignon ! a répondu Swinging Dick. T'avais la trouille.

– Salement vrai ! Salement vrai ! T'as foutrement raison, j'avais la trouille ! T'es le plus sale con d'enculé que j'aie jamais vu, Scudo, mais t'es pas si con. Même les Marines ne sont pas si cons, mec, je m'en fous, toute la merde qu'on leur fait bouffer comme quoi les Marines n'ont jamais la trouille, oh ! bof, putain je fais le pari... Je parie que les Marines ont autant la trouille ! »

Il a voulu se lever mais ses genoux l'ont trahi. Il a eu un bref spasme incontrôlé pour se retenir, comme un raté du système nerveux, et en retombant il a fait tomber un faisceau de M-16. Des claquements secs, tout le monde a sursauté, s'est jeté de côté en se regardant comme s'ils avaient oublié pendant une minute s'ils devaient ou non se mettre à l'abri.

« Hé ! baby, *regarde un peu où tu vas », dit un parachutiste, mais il riait, ils riaient tous, et Priez Pour La Guerre riait plus fort que les autres, si fort qu'il s'est trouvé soudain plein d'air et qu'il a explosé en gloussements suraigus. Quand il a relevé la tête, il avait le visage sillonné de larmes.*

« Tu vas rester debout comme ça, trou du cul ? a-t-il dit à Swinging Dick. Ou tu vas m'aider à me remettre sur mes putains de pieds ? »

Swinging Dick s'est penché, l'a pris par les poignets, a serré et tiré lentement jusqu'à ce qu'ils soient face à face, leurs visages tout proches. Un instant, on aurait cru qu'ils allaient s'embrasser.

« T'as l'air bien, a dit Priez Pour La Guerre. Mmmm, Scudo, *t'as vraiment l'air bien, mec. Pour moi on dirait jamais que t'as eu la trouille là-haut. T'as juste l'air d'avoir fait vingt mille bornes de mauvaise route. »*

Ce qu'ils disent est totalement vrai, c'est drôle les choses dont on se souvient. Comme un para noir du 101e qui est passé par là en disant : « Mec, je me suis fait écailler, maintenant je suis tout lisse », et qui est reparti en planant dans mon passé et vers son avenir, j'espère, me laissant me demander non ce qu'il voulait dire (c'était facile), mais où il avait récolté sa façon de parler. Un jour humide et froid à Hué, notre jeep est entrée dans le stade de football où on avait rassemblé des centaines de cadavres nord-vietnamiens; je les ai vus, mais leur souvenir n'a pas la même force dans mon esprit qu'un chien et un canard qui avaient sauté ensemble sur une petite bombe terroriste à Saigon. Une fois je suis tombé sur un soldat tout seul debout au milieu d'une petite clairière dans la jungle où j'allais pisser. On a dit salut mais il avait l'air très gêné de ma présence. Il me dit que tous les mecs en avaient marre de rester assis à attendre et qu'il était venu voir s'il pourrait attirer quelques coups de feu. Quel regard nous nous sommes lancé! Je suis sorti de là en vitesse, je ne voulais pas le gêner dans son travail.

Il y a déjà si longtemps, je me souviens de mes émotions mais je ne peux plus les ressentir. Prière collective pour tous ceux qui se cramponnent : vous lâcherez tôt ou tard, pourquoi pas maintenant? L'empreinte du souvenir, des voix et des visages, des histoires comme des filaments à travers une plage du temps, cela si lié à l'expérience que rien ne bouge, rien ne s'en va.

« La première lettre que j'ai eue de mon vieux c'était pour dire comme il était fier que je sois là et le *devoir* que nous avons, tu sais, moi je ne sais foutrement pas, ce que ça peut... et ça a été vraiment bien. Merde, mon père il me disait à peine bonjour avant. Ben ça fait maintenant huit mois que je suis là et, quand je rentrerai, faudra vraiment que je me retienne pour pas tuer ce bouffeur de bite... »

Partout où on allait, des gens disaient : « Eh bien, j'espère que vous trouverez une histoire! » et partout on en trouvait.

« Oh! ce n'est pas si mal. Mais la fois d'avant c'était mieux, moins *mickeymouse.* L'état-major se met dans nos pattes, on ne peut même plus faire son boulot. Merde, les trois dernières patrouilles où j'étais on avait le putain *d'ordre* de ne pas répondre aux tirs en passant dans les villages, voilà la putain de guerre que ça devient maintenant. Avant quand j'étais là, on fonçait dans le tas et puis voilà, on rasait les haies, on brûlait les paillotes, on faisait sauter les puits et on tuait tous les poulets, les cochons et les vaches de cette putain de *ville.* Je veux dire, si on peut pas tuer ces gens, merde alors, qu'est-ce qu'on fout là ? »

Des journalistes parlaient d'opérations sans histoires mais je n'en ai jamais vu. Même quand une opération ne décollait pas, il y avait toujours la piste. C'étaient les mêmes journalistes qui nous demandaient ce qu'on pouvait foutrement bien trouver à dire sur les troufions, qui n'avaient jamais entendu un soldat parler d'autre chose que de bagnoles, de football et de cul. Mais tous ils avaient une histoire, et la guerre les poussait à la raconter.

« On se faisait tuer, les *Dinks*[1] se mettaient à paniquer, et quand les hélicos sont venus il n'y avait pas de place pour tout le monde. Les *Dinks* gueulaient, ils faisaient du foin, ils s'accrochaient aux pneus, ils nous tiraient les jambes, et les bécanes ne pouvaient pas décoller. Alors on a dit merde, ces cons-là n'ont qu'à se trouver des zincs et on s'est mis à tirer dans le tas. Et ils continuaient à venir, mec, c'était vraiment fou. Tu vois, ils pigeaient vite quand Charlie leur tirait dessus, mais quand on s'y est mis ils pouvaient pas y croire... »

C'était une histoire de la vallée d'A Shau, des années avant que je sois là, une vieille histoire qui avait encore toutes ses dents. Quelquefois, les histoires étaient si récentes que le conteur était en état de choc, quelquefois elles étaient longues et compliquées, quelquefois tout tenait en trois ou quatre mots sur un casque ou sur un mur et quelquefois c'étaient à peine des histoires, juste des sons et des gestes chargés d'une telle urgence qu'ils en devenaient plus dramatiques qu'un roman, des hommes qui parlaient par brèves rafales comme s'ils avaient peur de ne pas pouvoir finir, ou qui les disaient d'un ton innocent, comme dans un rêve, négligemment et avec une franchise absolue : « Oh!

1. Soldats sud-vietnamiens (péjoratif).

vous savez, c'était juste une fusillade, on en a tué quelques-uns et eux aussi. » Beaucoup de ce qu'on entendait revenait tout le temps, des types comme des magnétos flous et trompeurs, il y avait des trucs assez bas, des types qui n'allaient pas plus loin que « Tues-en, tues-en, harharhar ! » Mais de temps en temps il y avait une histoire fraîche, et une ou deux fois quelque chose d'énorme, comme le deuxième classe de Khe Sanh qui a dit : « C'est la putain de merde qui nous tombe dessus ou c'est la putain de merde qu'on leur envoie ? La seule différence c'est qui bouffe la merde, et putain ça n'est pas une vraie différence. »

Un mélange stupéfiant – des saints en herbe et des tueurs confirmés, des poètes lyriques qui s'ignoraient et des salopards bêtes et méchants qui avaient le cerveau dans les bottes; et même si en partant je savais d'où venaient toutes les histoires et où elles allaient, je ne me suis jamais ennuyé, même je ne me suis jamais senti blasé. Naturellement, ce qu'ils voulaient vraiment vous dire c'est à quel point ils étaient fatigués, à quel point ils en étaient malades, comme ils avaient été secoués et comme ils avaient eu peur. Mais peut-être que c'était moi, mon rôle était maintenant foutu : « journaliste ». (« Ça doit être plutôt dur de ne pas être concerné », m'a dit quelqu'un dans l'avion de San Francisco. « Impossible », ai-je répondu.) Au bout d'un an j'étais si bien branché sur les histoires, les images et la peur que même les morts se sont mis à me raconter des histoires, on les entendait parler d'un lieu lointain et pourtant accessible où il n'y avait plus d'idées, d'émotions, de faits, plus de langage véritable, seulement des informations à l'état pur. Quel que soit le nombre de fois où ça s'est passé, si je les avais connus ou pas, peu importe ce que je ressentais ou la façon dont ils étaient morts, leur histoire était toujours là et c'était toujours la même. Ça disait : « Mettez-vous à ma place. »

Un après-midi, j'ai pris un saignement de nez pour une blessure à la tête et je n'ai plus eu besoin de me demander comment je me conduirais si j'étais blessé. On allait donner un coup de balai au nord de la ville de Tay Ninh, vers la frontière cambodgienne, quand une salve de mortier est tombée à 30 mètres. A cette époque, je n'avais pas le sens des distances, même après six ou sept semaines au Vietnam je pensais encore que ce genre de renseignement était un détail journalistique qu'on pouvait trouver plus tard, pas quelque chose qu'il fallait connaître pour survivre. Quand nous sommes tombés par terre, le gosse devant moi m'a flanqué sa botte en pleine figure. Je ne l'ai pas sentie, ça s'est perdu dans la violence du choc mais j'ai senti une vive douleur au-dessus des yeux. Le gosse s'est retourné et s'est lancé tout de suite dans un truc fou : « *Aw* je suis désolé, merde, je suis désolé, oh! non, mec, désolé. » J'avais du métal brûlant et puant dans la bouche, j'avais l'impression de sentir un goût de cervelle rôtie sur ma langue et le gosse essayait d'attraper sa gourde en ayant l'air d'avoir vraiment peur, pâle, près des larmes, la voix tremblante : « Merde, je suis un foutu con, un foutu maladroit, tu es okay, tu es vraiment okay », et avec tout ça j'ai eu l'impression que c'était lui, qu'en un sens il venait de me tuer. Je ne crois pas avoir rien dit mais j'ai fait un son dont je me souviens seulement maintenant, un couinement suraigu qui exprimait une terreur que je n'aurais pas crue possible, comme les sons qu'on a enregistrés en brûlant des plantes, comme une vieille femme à son dernier instant. Mes mains se sont mises à battre l'air tout autour de ma tête, il fallait que je la trouve et que je la touche. Le sang n'avait pas l'air de couler d'en haut, rien sur le front, il n'en sortait pas des yeux, mes *yeux!* Ça s'est un peu calmé un instant et la douleur est devenue précise, j'ai cru qu'on m'avait arraché le nez, ou enfoncé ou déchiré, et le gosse continuait à parler tout seul : « Oh! mec, je suis vraiment foutrement désolé. »

Devant à vingt mètres, des soldats couraient en rond comme des fous. Un homme était mort (ils m'ont dit plus tard que c'est parce qu'il marchait devant, la vareuse ouverte, encore un détail vrai à noter, ne pas déconner avec), un autre était à quatre pattes en train de vomir une espèce de saleté rosâtre et un autre, tout près, était appuyé contre un arbre le dos tourné vers les explosions, se forçant à regarder la chose incroyable qui venait d'arriver à sa jambe, complètement tordue un peu au-dessous du genou comme celle d'un épouvantail grotesque. Il regardait ailleurs, revenait à la jambe, un peu plus longtemps chaque fois, puis une bonne minute en secouant la tête et en souriant, jusqu'à ce qu'il redevienne sérieux et qu'il tombe dans les pommes.

Là j'avais retrouvé mon nez et compris ce qui s'était passé, tout ce qui s'était passé, rien de cassé, même pas mes lunettes. J'ai pris la gourde du gosse pour mouiller mon foulard et j'ai lavé le sang qui séchait sur ma bouche et mon menton. Il ne s'excusait plus et il n'avait plus aucune pitié sur son visage. Quand je lui ai rendu sa gourde, il m'a ri au nez.

Je n'ai jamais raconté cette histoire et je ne suis jamais revenu non plus dans cette unité.

3

A Saigon je me couchais toujours défoncé et je ne me souvenais presque pas de mes rêves, probablement tant mieux; s'enfoncer dans toutes ces histoires un bon coup dans le brouillard et se reposer autant que possible, se réveiller vidé de toutes les images sauf celles du jour ou de la semaine d'avant avec seulement le goût d'un mauvais rêve dans la bouche comme si j'avais mâché en dormant un rouleau de pièces de monnaie crasseuses. J'ai vu des soldats dormir, ils faisaient plein de *Rem's*[1] comme s'ils tiraient dans le noir, je suis sûr que c'était pareil pour moi. Ils disaient (je leur demandais) ne pas se souvenir de leurs rêves quand ils étaient en opéra-

1. *Rapid Eye Movements.* (Stade du sommeil paradoxal.)

tions mais à l'hôpital ou en R & R ils rêvaient constamment des rêves violents, clairs et nets, comme celui de l'hôpital de Pleiku la nuit où j'y suis allé. Il était trois heures du matin, c'était inquiétant et terrifiant comme d'entendre une langue pour la première fois et de comprendre quand même le moindre mot, une voix petite et forte en même temps, insistante, qui appelait : « *Qui? Qui?* Qui est dans la pièce à côté? » Il y avait juste une lampe tamisée au bout de la salle où j'étais assis avec le planton. Je ne voyais que les lits les plus proches, j'avais l'impression qu'il y en avait des milliers à l'infini dans le noir, mais il n'y en avait que vingt par rangée. Après l'avoir dit plusieurs fois ça a changé comme si la fièvre avait baissé, on aurait cru un enfant qui suppliait. Je voyais des cigarettes qui s'allumaient au bout de la salle, des gémissements, des marmonnements, des blessés qui revenaient à la conscience, à la souffrance, mais l'homme qui rêvait ne se réveillait pas... Quant à mes rêves, ceux que j'avais perdus là-bas me reviendraient plus tard, j'aurais dû le savoir, il y a des trucs qui insistent jusqu'à ce qu'ils vous rattrapent. La nuit viendrait où ils seraient nets et impitoyables, la nuit qui serait la première d'une longue série, je me souviendrais et je me réveillerais en croyant presque n'être jamais allé à aucun de ces endroits.

Garce de Saigon, le cafard, rien à faire qu'à fumer un peu, à s'allonger, à s'éveiller en fin d'après-midi sur des coussins humides, sentir le vide du lit, derrière, en allant vers les fenêtres qui donnent sur Tu Do. Ou simplement rester couché en suivant les ronds du ventilateur au plafond ou en écrasant l'énorme cafard installé sur mon Zippo pour faire une tache de goudron jaune et gras. Il y avait des jours où je le faisais avant même de mettre les pieds par terre. Chère Mom, encore défoncé.

Dans les montagnes, là où les *Montagnards* vous échangeaient une livre d'herbe légendaire contre un carton de Salem, je me suis défoncé avec des fantassins de la 4e [1]. Il y en a un qui avait travaillé sa pipe pendant des mois, magnifiquement peinte et ciselée avec des fleurs et des symboles de paix. Dans le cercle, il y avait un type petit et maigre qui souriait tout le temps et ne parlait presque jamais. Il a sorti de son paquetage un gros sac en plastique et me l'a passé. Il était plein de ce qui ressemblait à des gros morceaux de fruits secs. J'étais défoncé, j'avais faim et j'ai failli y mettre la main, mais ça avait un poids déplaisant. Les autres se jetaient des regards amusés ou gênés ou même en colère. Une fois quelqu'un m'avait dit qu'au Vietnam il y avait plus d'oreilles que de têtes, une simple information. Quand je lui ai rendu le sac, il souriait toujours mais il avait l'air plus triste qu'un singe.

A Saigon et à Danang, on se défonçait ensemble et on entretenait notre bouillon de culture. C'était sans fond, ça grouillait, des *Lurps*, des phoques [2], des recondos, des serpents de brousse à bérets verts, des mutilateurs, des violeurs à répétition, ceux qui tiraient dans les yeux, qui faisaient des veuves, prenaient des noms, tout ça d'un classique américain parfait; des hommes de pointe [3], des *isolatos* et des cavaliers solitaires comme si leurs gènes étaient programmés comme ça, ils y goûtaient, ils en devenaient fous et ils le savaient d'avance. On croyait être différent, protégé, on pouvait traverser cette guerre pendant un siècle et une plongée dans ce bouillon vous coûtait encore un peu de votre équilibre.

On avait tous entendu parler de l'homme dans les Montagnes qui « se construisait un nyaquoué », il n'avait pas de problème pour les pièces détachées. A Chu Lai, des Marines m'ont désigné un type en jurant devant Dieu qu'ils l'avaient vu plonger sa baïonnette dans un NVA blessé et la lécher ensuite. Il y a une histoire célèbre où des journalistes demandent à un mitrailleur d'hélico : « Comment pouvez-vous tirer sur des femmes et des enfants ? » et où il répond : « C'est facile, il y a moins besoin de les farcir de plomb. » Oui,

1. 4e Division d'Infanterie.
2. Commandos de la Marine.
3. Hommes en tête dans une patrouille.

ils disaient qu'il fallait garder son sens de l'humour, et, allons-y, même les VC en avaient. Une fois après une embuscade où ils avaient tué un grand nombre d'Américains, ils ont couvert l'endroit avec des photos d'un Américain mort, un jeune, une légende imprimée au verso : « Vos radios viennent de revenir du labo et nous pensons connaître la nature de votre problème. »

« J'étais assis dans un Chinook et ce mec en face de moi avait son 16 chargé ha-ha droit sur mon cœur. Je lui ai fait signe d'enlever ça et il s'est mis à rire. Il a dit quelque chose à ses voisins et ils ont ri aussi...

« Il a probablement dit : « Le trou du cul en face veut « que j'écarte mon fusil, a dit Dana.

« – Ouais, eh ben tu sais... quelquefois je crois qu'il « y en a un qui va le faire, vider son chargeur comme « ça bbbdddrrrpp, ya ha ! *J'ai eu un journaliste !*

« – Il y a un colonel du 7ᵉ Marine qui a promis une « permission de trois jours à celui de ses hommes qui « lui descendrait un correspondant, a dit Flynn. Une « semaine si c'était Dana.

« – Bof c'est des conneries, a dit Dana. Putain, ils « croient que je suis Dieu.

« – Ouais, c'est vrai, a dit Sean. C'est vrai, petit « enculé, tu es tout à fait comme eux. »

Dana Stone venait d'arriver de Danang pour chercher du matériel, il avait encore donné tous ses appareils en pâture à la guerre, tous abîmés ou détruits. Flynn était revenu la nuit d'avant de six semaines avec les Forces Spéciales de la IIIᵉ Région et il n'avait pas dit un mot de ce qui s'était passé là-bas. « Sur orbite » : il était assis par terre le dos au mur près de l'air conditionné en essayant de voir la sueur qui coulait de son crâne.

Nous étions tous à l'hôtel Continental dans la chambre de Keith Kay, le cameraman de CBS. C'était au début de mai et il y avait de nombreux combats acharnés tout autour de la ville, une grande offensive, des amis en venaient et y retournaient sans arrêt toute la semaine. En face, sur le porche grillagé de l'annexe de l'hôtel, on voyait les Indiens aller et venir en sous-vêtements, abrutis par une dure journée de plus passée à vendre et acheter de l'argent. (On appelait leur mosquée, près du restaurant Amiral, la Banque des Indes. Quand la police de Saigon, les Souris Blanches, a fait une descente, ils ont trouvé deux millions de dollars en billets verts.) Des camions, des jeeps et des milliers de motos passaient dans la rue, une petite fille avec une jambe atrophiée courait dans tous les sens comme une libellule sur ses béquilles en bois pour vendre des cigarettes. Elle avait le visage d'une petite dakini, *si belle que ceux qui avaient besoin de ne pas s'attendrir avaient du mal à la regarder. Les gosses des rues lui faisaient concurrence; « Changer argent », « Photos Boom-boom », « Cigarettes Dinkydao ». L'arnaque et la combine descendaient sur Tu Do comme un torrent, de la cathédrale au fleuve. Toute une troupe de journalistes remontait Le Loi*[1] *en revenant de l'exposé quotidien standard, le circorama de l'information, les Folies de Cinq heures, Rock à Cinq, les histoires de la guerre; arrivés au coin, ils se sont séparés et sont rentrés à leurs bureaux écrire leurs articles; on les regardait : gâchis, pointage et regâchis.*

Un nouveau correspondant est entré dire salut, il venait d'arriver de New York, et il s'est mis tout de suite à poser plein de questions à Dana, des questions connes, comme le rayon mortel de divers mortiers, la pénétration des roquettes, la portée des AK et des 16, ce que fait un obus en touchant les arbres, les rizières ou la terre ferme. Il avait près de quarante ans; il portait un de ces costumes de jungle de luxe que les tailleurs de Tu Do s'enrichissaient à retoucher en y mettant assez de poches, de rabats et de fentes pour pouvoir ravitailler un bataillon. Dana faisait une réponse pour deux questions, ce qui avait un sens puisque l'autre n'était jamais sorti et que Dana était presque toujours dehors. Transmission orale, ceux qui savent et ceux qui ne savent pas, il arrivait sans cesse des nouveaux avec

1. Rue principale de Saigon.

leur paquet de questions fondamentales, affamés et pleins d'énergie; quelqu'un vous avait déjà rendu ce service, c'était presque une bénédiction de pouvoir répondre à certaines questions même si c'était pour dire qu'elles n'avaient pas de réponse. Ses questions à lui c'était autre chose, elles semblaient se charger d'hystérie au fur et à mesure.

« C'est excitant ? Mon gars, je parie que c'est excitant.

— Aw, c'est à ne pas croire », a répondu Dana.

Tim Page est entré. Il avait passé toute la journée au pont Y à prendre des photos des combats et il avait reçu du CS[1] dans les yeux. Il se frottait les paupières en pleurant et en râlant.

« Oh! vous êtes anglais, a dit le nouveau. J'en viens. C'est quoi le CS ?

— Un gaz gaz gaz, a dit Page. Gaaaaaa. Arrrrgggh ! » et il a fait semblant de se griffer le visage du bout des doigts, ce qui a tout de même laissé des traînées rouges. « Lemon Page aveugle », a dit Flynn en riant pendant que Page enlevait le disque du pick-up sans rien demander à personne et mettait Jimi Hendrix : un long solo de guitare tendu, organique, qui l'a fait trembler comme si une folle extase électrique jaillissait du tapis dans sa colonne vertébrale droit jusqu'au centre de plaisir de son cerveau en fromage blanc, secouant la tête avec ses cheveux qui fouettaient l'air, Have You Ever Been Experienced[2] ?

« A quoi ça ressemble quand un mec est touché aux couilles ? » a demandé le nouveau comme si c'était la question qu'il voulait vraiment poser depuis le début, et c'était aussi proche d'une faute de goût que c'était possible dans cette chambre; il y a eu une gêne tangible à la ronde, Flynn a suivi des yeux un papillon imaginaire, Page s'est renfrogné d'un air offensé, mais amusé aussi, Dana a essayé de figer tout le monde sur place, le regard fixe, clignant des yeux ! « Oh! j'sais pas, a-t-il dit. Tout se barre un peu en couilles. »

1. Gaz paralysant.
2. *Avez-vous déjà fait cette expérience?*

On s'est tous mis à rire, tous sauf Dana, parce que lui l'avait vu arriver, il était en train de le dire au nouveau. Je ne sais pas ce que l'autre a demandé mais Dana l'a fait taire : « La seule chose que je peux te dire qui pourrait te faire un peu de bien c'est de rentrer dans ta chambre et de t'entraîner à tomber pendant un bout de temps. »

Pour une fois très beau, une seule fois, en vol juste après l'aube vers le centre de la ville dans un *Loach*[1], une bulle à 500 mètres de haut. De là, à cette heure-ci, on voyait ce que c'était quarante ans plus tôt, le Paris asiatique, la Perle de l'Orient, de longues avenues bordées et ombragées d'arbres donnant sur de vastes jardins dessinés avec précision sous le cocon moelleux d'un millier de feux allumés pour le petit déjeuner, une fumée de camphre qui montait et se répandait, couvrant Saigon et les veines argentées du fleuve d'une chaleur qui semblait le retour des temps meilleurs. Ce n'était qu'un rêve, c'est ça les hélicos, à un moment il faut redescendre, dans l'instant, dans la rue, et si en bas vous trouvez une perle il faut la garder.

Dès sept heures trente c'était plus que frénétique, les motos, l'air comme à L.A.[2] avec les égouts bouchés, la subtile guerre urbaine à l'intérieur de la guerre venait de renaître une fois de plus avec une violence relativement faible mais un malaise intense : le désespoir, la rage concentrée, la rancune impuissante qui ronge — des milliers de Vietnamiens au service d'une pyramide qui ne tiendrait pas cinq ans s'enfonçaient le tube nourricier dans le cœur et se gorgeaient avidement — des jeunes Américains venus en TDY[3] de leur cambrousse chargés de haine et alourdis par leur peur des Vietnamiens; des milliers d'Américains assis dans leurs bureaux qui s'ennuyaient et pleuraient en chœur : « On peut foutrement rien leur faire faire à ces gens-là, on

1. Minuscule hélicoptère de reconnaissance à deux places.
2. Los Angeles.
3. Temporary Duty. (Service temporaire.)

peut pas leur faire faire le moindre foutu truc. » Et tous les autres, les leurs et les nôtres, qui ne voulaient pas jouer ce jeu-là, ça les rendait malades. En ce mois de décembre le ministère du Travail du GVN[1] avait annoncé que le problème des réfugiés était réglé, « tous les réfugiés (étaient) assimilés par l'économie », alors qu'ils avaient surtout l'air de s'être assimilés eux-mêmes dans les recoins les plus durs de la ville, les ruelles, les fossés de boue, sous les voitures en stationnement. Des cartons qui avaient emballé des conditionneurs et des réfrigérateurs abritaient jusqu'à dix enfants; la plupart des Américains et beaucoup de Vietnamiens changeaient de trottoir pour éviter les tas d'ordures où mangeaient des familles entières. Et c'était encore plusieurs mois avant le Têt, « les réfugiés accrochés aux balcons », l'inondation. J'avais entendu dire que le ministère du Travail du GVN avait neuf conseillers américains par employé vietnamien.

Chez Broddard[2], à La Pagode et dans les pizzerias du coin, les Cowboys et les « étudiants » vietnamiens traînaient toute la journée, criaient, avaient des querelles obscures, mendiaient auprès des Américains, volaient les pourboires sur les tables et lisaient Proust, Malraux et Camus dans l'édition de la Pléiade. J'ai parlé plusieurs fois avec l'un d'entre eux mais on ne communiquait pas vraiment, j'ai seulement compris qu'il était obsédé par la comparaison entre Rome et Washington et qu'il devait croire que Poe était un écrivain français. En fin d'après-midi, les Cows boys quittaient les cafés et les milk-bars et s'abattaient en moto sur la place Lam Son pour rançonner les Alliés. Ils pouvaient vous piquer une Rolex au poignet comme un faucon plonge sur une souris des champs, les portefeuilles, les stylos, les appareils photo, les lunettes, n'importe quoi — si la guerre avait duré plus longtemps ils auraient appris à vous arracher les bottes des pieds. Ils quittaient rarement leur selle et ne regardaient jamais en arrière. Un soldat venu de la

1. Gouvernement du Vietnam (Sud).
2. Café célèbre.

1re Division prenait des photos de ses amis avec des filles de bar en face de l'Assemblée nationale vietnamienne. Il avait cadré, mis au point, mais avant qu'il ait pu appuyer sur le bouton son appareil était à 300 mètres et lui au milieu des gaz d'échappement de la moto, une marque rouge sur la gorge laissée par le cordon arraché, impuissant et stupéfait : « Ça alors, je me bouffe les couilles ! »; et un môme a traversé la place en courant, lui a enfilé un bout de carton sur sa chemise, accroché son stylo-bille et disparu au coin de la rue. Les Souris Blanches[1] regardaient en rigolant, nous étions assez nombreux à la terrasse du Continental, les tables ont eu comme un hoquet et plus tard, quand il est venu prendre une bière il a dit : « Je retourne à la guerre, mec, cette putain de Saigon c'est trop pour moi. » Il y avait là pas mal d'ingénieurs civils, les mêmes qu'on voyait se lancer de la nourriture à la tête dans les restaurants, et l'un d'entre eux, un vieux gros garçon, lui a répondu : « Si jamais tu attrapes un de ces petits *nyaqs*, pince-le. Pince-le dur. Mec, ils ont horreur de ça. »

De cinq à sept à Saigon c'est l'heure la plus trouble, l'énergie tombe avec le crépuscule jusqu'à la nuit où le mouvement est remplacé par l'angoisse. Saigon la nuit c'était encore le Vietnam, la guerre était dans son élément; c'était le moment où ça devenait vraiment intéressant dans les villages, les équipes de TV ne pouvaient pas filmer, le Phoenix[2] était un oiseau de nuit, il entrait et sortait sans arrêt de la ville.

Peut-être fallait-il être morbide pour être fasciné par Saigon, peut-être fallait-il se contenter de très peu, mais cette ville me fascinait et le danger en rajoutait. Les jours de grande terreur continuelle étaient finis mais chacun savait qu'ils pouvaient revenir n'importe quand, aussi fort qu'en 1963-1965, quand ils avaient touché les anciens BOQ[3] de Brinks la veille de Noël, qu'ils avaient fait sauter le restaurant flottant My Canh, avaient

1. Surnom de la police civile vietnamienne.
2. C.I.A.
3. *Bachelors Officers Quarters.* (Logements des officiers célibataires.)

attendu qu'il soit reconstruit à un autre endroit du fleuve et l'avaient refait sauter, qu'ils avaient plastiqué la première ambassade US et liquidé une fois pour toutes le côté intime de la guerre. On connaissait quatre bataillons de sapeurs VC dans la zone de Saigon-Cholon, des sapeurs terrifiants, des superstars de la guérilla, ils n'avaient besoin de rien faire pour inspirer la terreur. Des ambulances stationnaient jour et nuit autour de l'ambassade, des gardes passaient des miroirs et des « instruments » sous toutes les voitures qui entraient, les BOQ avaient une façade en sacs de sable, des postes de contrôle et des barbelés, nos fenêtres étaient munies de grilles en acier renforcé, et ils passaient tout de même de temps à autre – terreur aveugle mais réelle – même les endroits qu'on disait sûrs, négociés entre la meute des Corses et les VC, étaient bien angoissants. Saigon juste avant le Têt, pensez donc au lendemain, pensez-y !

Ces nuits-là, une tigresse très sérieuse se promenait en Honda dans la rue et descendait les officiers américains avec un 45. Je crois qu'elle en a tué plus d'une douzaine en trois mois; les journaux de Saigon disaient qu'elle était « très belle » mais je me demande comment ils auraient pu le savoir. Le commandant d'un des bataillons de MP de Saigon dit qu'il pensait que c'était un homme déguisé en *ao dai* parce qu'un 45 était « un sacré morceau pour un p'tit bout de Vietnamienne ».

Saigon, le centre, là où la moindre escarmouche à des centaines de kilomètres dans la brousse était répercutée en ville par un fil du destin si tendu que lorsqu'on l'effleurait au petit matin il vibrait tout le jour et toute la nuit. Rien n'arrivait dans le pays d'assez horrible qui échappât aux étiquettes et aux rapports de presse et un petit coup sur les ordinateurs faisait sauter et danser les chiffres les plus pesants. Ou bien on rencontrait un optimisme qu'aucune violence ne pouvait entamer, ou bien un cynisme qui se dévorait lui-même chaque jour pour se retourner ensuite, affamé et féroce, contre tout ce qu'il pouvait mordre, ami ou ennemi, peu importait. Ceux-là appelaient les morts vietnamiens des

« convertis », une patrouille américaine perdue était un « œil au beurre noir », ils parlaient comme si tuer un homme n'était que lui ôter sa force.

La moindre des contradictions de cette guerre était peut-être que pour avoir un peu moins honte d'être américain il vous fallait quitter les coince-la-bulle de Saigon, les centaines de quartiers généraux qui ne parlaient que de bonnes œuvres et ne tuaient jamais personne, pour aller vers ceux de la jungle qui, eux, n'avaient que le meurtre à la bouche et passaient leur temps à massacrer. C'est vrai que les soldats enlevaient à leurs ennemis ceintures, paquetages et armement, Saigon n'était pas un mauvais marché, ces marchandises s'y mêlaient aux autres dépouilles : Rolex, appareils photo, chaussures en croco de Taïwan, portraits superléchés de Vietnamiennes nues avec des seins vernis comme des ballons de plage, énormes sculptures en bois qu'ils posaient sur leurs bureaux pour se foutre de vous quand vous alliez les voir. A Saigon, ce qu'ils vous disaient n'avait jamais d'importance, encore moins s'ils avaient l'air d'y croire. Les cartes, les listes, les chiffres, les projections, les vols imaginaires, les noms de lieux, d'opérations, de commandants, d'armes; les souvenirs, soupçons, suppositions, expériences (récentes, anciennes, vraies, imaginaires, plagiées); les histoires, les attitudes – vous pouviez tout laisser passer, laisser courir. A Saigon si vous vouliez des nouvelles de la guerre, vous les trouviez dans les récits des amis qui étaient allés sur le terrain, dans les yeux attentifs et perdus des Saigonnais, ou alors vous faisiez comme un fouille-merde, vous lisiez dans les fentes des trottoirs.

Etre à Saigon c'était comme d'être assis au cœur d'une fleur venimeuse, le poison de l'histoire, baisée jusqu'à l'os depuis toujours, aussi loin qu'on pouvait remonter. Saïgon restait le seul endroit qui avait encore une continuité reconnaissable par quelqu'un d'aussi extérieur que moi. Hué et Danang étaient des civilisations lointaines et fermées, muettes et intraitables. Les villages, même les grands, étaient fragiles, un village pouvait disparaître dans l'après-midi et la campagne pouvait être rasée, morte et refroidie, ou bien déjà retombée aux mains de Charlie. Saigon durait, entrepôt et arène, aspirant l'histoire, la recrachant comme des toxines, Merde, Pisse et Corruption. Un marais pavé, un vent chaud et visqueux qui ne balayait jamais rien, une lourde odeur de phoque par-dessus le gasoil, du moisi, des ordures, des excréments : l'atmosphère. Un kilomètre à pied et on était vidé, on se retrouvait à l'hôtel avec la tête comme une de ces pommes en chocolat (donnez un coup sec au bon endroit et elle tombe en morceaux). Saigon, novembre 1967 : « Les animaux sont malades d'amour. » Plus guère de chances pour que l'histoire se perpétue sans qu'on le sache.

Parfois, on restait cloué sur place, plus de repères et personne en vue, en pensant, *Bordel où suis-je ?*, tombé dans un point de contact contre nature entre l'Est et l'Ouest, un couloir californien taillé, acheté, brûlé profondément dans l'Asie, et après on ne savait plus pourquoi on y était allé. Par définition c'était une question d'espace idéologique, on était là pour leur donner le choix, le leur apporter comme Sherman a porté la bonne parole dans toute la Georgie, avec, d'un bout à l'autre, les indigènes pacifiés et la terre brûlée. (Dans les scieries vietnamiennes, ils devaient changer de lames toutes les cinq minutes, un peu de notre bois s'était mélangé au leur.) Il y avait une telle concentration, une telle densité d'énergie, américaine et surtout adolescente, que si on avait pu en faire autre chose que du bruit, de la souffrance et des ravages, on aurait pu illuminer l'Indochine pendant mille ans.

La Mission et le mouvement : les branches civiles et militaires se battaient plus entre eux qu'ensemble contre le Cong. Branche canon, branche couteau, branche crayon, branche tête et ventre, branche cœur et esprit, branche volante, branche qui rampe et qui monte, branche information aussi vicieuse que les bras de l'Homme Caoutchouc[1]. En bas il y avait le bidasse à gueule de raie, au sommet la trinité du

1. Héros de bande dessinée américaine.

Commandement : un général aux yeux bleus, au visage de héros, un Ambassadeur faisant les urgences en gériatrie et un exécutant solide et sans cœur de la C.I.A. (Robert « Lance-Flammes » Komer, chef de CORDS[1], anagramme déguisé pour l'Autre Guerre, la Pacification, un autre mot pour la guerre.) Si William Blake lui avait « rapporté » avoir vu des anges sur les arbres, Komer aurait essayé de le détromper. (En cas d'échec, il aurait ordonné la défoliation.) Au milieu il y avait la guerre du Vietnam et les Vietnamiens, pas toujours des passants innocents, on ne s'était vraiment pas rencontrés par hasard. Si les couleuvres pouvaient tuer, on aurait pu comparer la Mission et ses branches à un grand nœud de bébés couleuvres entrelacés. La plupart étaient aussi innocents et à peu près aussi conscients. Et beaucoup, d'une manière ou d'une autre, en tiraient quelque satisfaction. Ils croyaient que Dieu allait les remercier.

Innocents; pour les non-combattants postés à Saigon ou dans une des bases géantes, la guerre n'était pas beaucoup plus réelle que s'ils l'avaient vue là-bas sur la TV à Leonard Wood[2] ou à Andrews[2]. Il y avait chez eux une absence totale d'émotion et d'imagination alliée à un ennui écrasant, une aliénation intolérable et l'angoisse terrible, continuelle, que ça pourrait un jour, n'importe quand, se rapprocher. Et dans cette peur il y avait à l'œuvre la jalousie à demi cachée, à demi affichée envers chaque troufion qui avait fait une sortie et s'était tué un *nyaq,* une soif de sang honteuse et dissimulée derrière dix mille bureaux, une vie fantasmatique pleine d'aventures de guerre bariolées comme des bandes dessinées, des traces d'égorgement sur tous les rapports du matin, les fiches de réquisition, les bulletins de paie, les dossiers médicaux, les conférences de presse et les sermons du système tout entier.

1. *Civil Operations and Rural Development Support.* (Opérations civiles, Aide au développement rural.)
2. Bases de l'armée US aux Etats-Unis.

Des prières dans le Delta, des prières dans les Montagnes, des prières dans les bunkers des Marines aux frontières en face de la DMZ, et pour chaque prière une prière adverse – c'était difficile de voir qui avait l'avantage. A Dalat, la mère de l'empereur jetait du riz sur ses cheveux pour que les oiseaux volent autour d'elle et picorent pendant qu'elle faisait ses prières du matin. A Saigon, dans des chapelles lambrissées à air conditionné, des *padres* du MACV[1] en allumaient une à un Jésus doux et musclé pour bénir les dépôts de munitions, les 105 et les clubs d'officiers. Les patrouilles les mieux armées de l'histoire sortaient après le service pour aller enfumer des gens dont les prêtres pouvaient se laisser réduire en cendres consacrées au coin des rues. Au fond des ruelles, on entendait les clochettes bouddhistes sonner pour la paix, *hoa bien,* un parfum d'encens au milieu de la plus épaisse puanteur d'une rue asiatique, on voyait des groupes d'ARVN[2] avec leurs familles, tassés en attendant un bus autour d'une bande de prière qui se consumait. Des petits sermons passaient toutes les deux heures à la radio des armées. Une fois j'ai entendu un aumônier de la 9e Division commencer : « Oh ! Dieuhh, aide-nous, apprends-nous à vivre avec Toi de manière plus dynamique en ces temps périlleux, que nous puissions mieux Te servir dans la lutte contre Tes ennemis... » Guerre sainte, *jihad* des visages pâles, comme le face à face entre un dieu qui tendrait la peau du rat sur le mur pendant qu'on lui plante les clous et un autre assez détaché pour laisser saigner à blanc dix générations s'il le faut pour que la roue tourne.

Et tourne. Alors que les derniers combats n'étaient pas terminés et qu'on époussetait les victimes, le Commandement a ajouté Dak To à la liste de nos victoires, un geste réflexe appuyé par la presse de Saigon mais pas une fois, pas une minute par les journalistes qui

1. Military Assistance Command Vietnam. (Direction de l'aide militaire au Vietnam.)

2. *Army of the Republic of Vietnam (Sud).*

avaient vu les choses à quelques mètres ou même quelques centimètres de distance, et cette ultime désertion des média rendit plus amer encore un bouillon déjà faisandé, laissant le général commandant la 4e se demander à haute voix et devant moi si oui ou non nous étions tous des Américains là-dedans. J'ai dit que oui, à mon avis. Nous l'étions sûrement.

« ... *Wow j'adore ça dans les films quand ils disent : Okay Jim, tu veux ça où?*

– *C'est ça! C'est ça! Ouais, très beau, je n'en veux pas du tout! Ah! merde... où tu veux ce putain de truc?* » Instant mythopathétique : *Fort Apache,* quand Henry Fonda qui joue le nouveau colonel dit à John Wayne, le vieux de la vieille : « Nous avons vu quelques Apaches en approchant du fort », et John Wayne répond : « Si vous les avez vus, Colonel, ce n'étaient pas des Apaches. » Mais ce colonel est un obsédé, un maniaque du courage, pas très malin, un aristo de West Point blessé dans sa carrière et dans son orgueil, envoyé dans un trou merdeux de l'Arizona avec une seule consolation marginale : c'est un professionnel et il y a une guerre, la seule guerre que nous ayons. Alors il méprise les renseignements de John Wayne et se fait liquider avec la moitié de ses troupes. Plus un film de guerre qu'un western, le paradigme de Nam, Vietnam, pas un film, pas non plus un dessin animé bidon où les personnages se font cogner, électrocuter, jeter dans des gouffres, aplatir et frire et noircir et se fracasser comme des assiettes pour se relever entiers et recommencer à jouer. « Personne ne meurt », comme a dit quelqu'un dans un autre film de guerre.

Dans la première semaine de décembre 1967 j'ai ouvert la radio et j'ai entendu ça sur l'AFVN[1] : « Le Pentagone a déclaré aujourd'hui que comparée à la Corée la guerre du Vietnam serait une guerre économique, à condition qu'elle ne dure pas plus longtemps que

1. *Armed Forces Radio in Vietnam.*

la guerre de Corée, ce qui signifie qu'il faut qu'elle se termine *un jour ou l'autre* en 1968. »

A l'automne, quand Westmoreland était rentré au pays pour leur remonter le moral et demander-mendier encore un quart de million d'hommes en disant la-lumière-est-au-bout-du-tunnel, il y avait des gens qui allaient si loin pour entendre de bonnes nouvelles qu'un bon nombre ont passé la ligne et ont dit qu'ils la voyaient eux aussi. (Près de la ville de Tay Ninh, un homme qui travaillait dans les tunnels, « au fond de la merde », qui allait y jeter des grenades, y décharger son fusil et les remplir de gaz CS avant d'y descendre en rampant pour en ressortir les méchants morts ou vivants, a presque souri en entendant ça et a dit : « Qu'est-ce que ce trou du cul connaît aux tunnels ? »)

Quelques mois plus tôt, il y avait eu Là-Haut une tentative de relancer la rumeur « Noël au Foyer » mais ça n'avait pas pris, les soldats étaient tous d'accord pour dire : « Ça n'arrivera jamais. » Quand un commandant vous disait qu'il pensait avoir les choses bien en main, c'était comme si on écoutait un pessimiste. La plupart disaient qu'ou bien *Ils* se cachaient ou bien *Ils* s'essoufflaient : « Il est complètement foutu, Charlie est foutu, c't'enculé a jeté tout son jus. » On m'a promis ça un jour, tandis qu'à Saigon, transposé pour les conférences de presse, ça donnait : « A notre avis Il n'a plus les capacités de monter, d'exécuter ni de soutenir une offensive sérieuse », et un journaliste derrière moi, du *New York Times* – rien que ça – a dit en riant : « Montez là-dessus, Colonel. » Mais dans les popotes, où ils n'avaient d'autres informations que celles qu'ils allaient chercher en lisière de la forêt, ils regardaient autour d'eux comme s'ils se sentaient surveillés et disaient : « J'sais pas, Charlie est sur un coup. Il est malin, malin, cet enculé est *trop* malin. Faites gaffe ! »

L'été d'avant, des milliers de Marines étaient allés rouler leur bosse dans le Nord, des rafles avec plusieurs divisions : « Otez-moi ce D de la DMZ », mais le Nord ne s'était pas vraiment découvert pour autant, difficile de croire que quelqu'un ait jamais pensé qu'il le ferait.

C'était une invasion, un millier d'opérations, des kilomètres de saison sèche au plus fort de l'été, un temps apoplectique, des patrouilles du désert qui revenaient bredouilles ou bien décimées par des embuscades ou des attaques éclair au mortier ou aux roquettes, des fois par d'autres unités de Marines. En septembre, ils « contenaient » l'ennemi à Con Thien, coincés là et se faisant tuer par l'artillerie des NVA. Dans la IIe Région un mois de contacts hasardeux avec l'ennemi près de la frontière laotienne et c'était devenu la vraie guerre autour de Dak To. Dans la IIIe Région, autour de Saigon, c'était encore plus problématique. Les VC lançaient ce qu'on a décrit dans les bulletins comme « des séries d'attaques au sol sans conviction et sans ambition », de Tay Ninh à Bu Dop et Loc Ninh, des escarmouches périphériques que certains journalistes trouvaient plutôt volontairement limitées que sans conviction, extrêmement bien coordonnées d'après un plan comme s'ils s'entraînaient avant une offensive majeure. La IVe Région offrait ce qu'elle avait toujours offert, une guerre de delta obscure et isolée, de vraies actions de guérilla où autant que les fusils, la trahison était une arme. Les gens proches des Forces spéciales avaient entendu des histoires inquiétantes sur les camps A de cette région qui s'écroulaient de l'intérieur, des mutineries de mercenaires, le triple jeu, il en restait très peu en état d'agir.

Cet automne, la Mission ne parlait plus que de contrôle : contrôle des armements, contrôle de l'information, contrôle des ressources, contrôle d'une inflation quasiment surnaturelle, contrôle du terrain grâce à la stratégie périphérique. Mais après les bavardages, la seule chose qui restait vraie c'était à quel point les choses semblaient hors de contrôle. Année après année, saison après saison, saison sèche, saison des pluies, les choix s'épuisaient plus vite que les balles d'une mitrailleuse, on disait que c'était juste et justifié, viable et même bientôt gagné, et ça durait de la même manière. Quand toutes vos intentions et vos détours stratégiques se retournent contre vous, comme une meute assoiffée de sang, les excuses ne cachent plus rien. Il n'y a rien de plus embarrassant qu'une guerre où les choses tournent mal.

On ne pouvait pas trouver deux personnes d'accord sur le moment où ça avait commencé, comment dire le jour où tout s'était mis à foutre le camp? Les intellectuels de la Mission aimaient bien 1954 comme date de référence, et si vous remontiez à la Seconde Guerre mondiale et à l'occupation japonaise vous étiez pratiquement un visionnaire de l'histoire. Les « réalistes » disaient que pour nous ça avait commencé en 1961, le tout-venant de la Mission insistait sur la résolution de 1965, après l'affaire du Tonkin, comme si tous les massacres précédents n'étaient pas vraiment une guerre. En tout cas, les méthodes habituelles ne servaient à rien pour localiser la catastrophe; on pouvait aussi bien dire que le Vietnam en était là où le menait depuis toujours son « chemin des larmes[1] », un serpent qui en était à se mordre la queue en cercle fermé; on pouvait aussi bien en rendre responsables les *proto-gringos* qui avaient trouvé les forêts de la Nouvelle-Angleterre trop nues et trop vides à leur goût et les avaient peuplées de leurs propres démons importés. Peut-être était-ce déjà foutu pour nous en Indochine quand le corps d'Alden Pyle s'est échoué sous le pont de Dakao, les poumons pleins de boue, peut-être tout s'était-il écroulé à Dien Bien Phu. Mais la première histoire sort d'un roman, et si la seconde est vraie elle est arrivée aux Français; pour Washington, c'était aussi peu réel qu'un roman de Graham Greene. L'histoire sans fioritures, l'histoire revue et corrigée, l'histoire sans aucune prise malgré les livres et les articles et les tracts, les discours et les kilomètres de film, il y manquait une réponse, la question n'était pas même posée. On avait le décor, les origines, mais quand tout ce passé basculait vers l'avant, cela ne sau-

1. *The Trail of Tears.* (Longue marche vers l'ouest des Indiens cherokee, bannis en 1832 par le président Jackson.)

vait pas la vie d'un seul homme. Il y avait eu trop d'énergie transmise, c'était devenu trop chaud; sous le feu croisé des faits et des chiffres se cachait une histoire secrète et peu de gens avaient envie de se précipiter pour la déterrer.

Un jour, en 1963, Henry Cabot Lodge[1] a visité le zoo de Saigon avec des journalistes et un tigre lui a pissé dessus à travers les barreaux de sa cage. Lodge a fait une blague, quelque chose comme : « Qui reçoit la pisse du tigre est sûr du succès dans l'année qui vient. » Rien n'est moins drôle, peut-être, qu'un présage compris de travers.

Il y a des gens pour qui 1963 est très loin, une époque où la mort d'un Américain dans la jungle était un événement, une nouvelle sinistre et excitante. C'était une guerre fantôme, une aventure, ce n'étaient pas vraiment des soldats, pas même encore des conseillers, mais des irréguliers qui travaillaient dans des coins perdus sans guère de chefs directs, agissant selon leur fantaisie, plus libres que la plupart des hommes ne sont jamais — des années plus tard, les rescapés de cette période la décrivaient en citant des noms comme Gordon, Burton et Lawrence, sortis d'aventures anciennes, des dingues de grand style qui jaillissaient de leurs tentes et de leurs bungalows pour se frotter aux indigènes et suivre en haletant la piste du sexe et de la mort, « perdus pour les états-majors ». Il y avait eu les espions des universités les plus cotées partis traîner et merder en jeeps et en Citroën déglinguées, des K suédoises sur les genoux, des vrais pique-niques le long de la frontière cambodgienne en achetant des chemises, des sandales et des ombrelles fabriquées en Chine. Il y avait eu des espions ethnologues avec plein d'amour dans leur tête, une passion qu'ils infligeaient aux indigènes qu'ils imitaient, en s'habillant de pyjamas noirs et en baragouinant le vietnamien. Il y avait eu un homme qui avait « possédé » la province de Long An, un duc de Nha Trang, des centaines d'autres qui avaient un pouvoir absolu sur des hameaux ou des

1. Ambassadeur US.

ensembles de villages où ils menaient leurs propres opérations jusqu'à ce que le vent tourne et que ces opérations leur courent après. Il y avait eu des dieux fantômes comme Lou Conein, « Luigi le Noir », qui (disait-on) tenait le milieu entre le VC, la GVN, la Mission et la mafia corse; ou Edward Landsdale lui-même, toujours là en 1967, sa villa de Saigon un centre où il versait le thé et le whisky aux espions de la nouvelle génération qui l'adoraient, même s'il était débranché. Il y avait des espions hommes d'affaires qui débarquaient sur les pistes ou dans les clairières comme de gros fromages dégoulinant dans des costumes blancs avec cravate; des espions bureaucrates qui restaient assis comme des morts à Dalat et à Qui Nhon ou qui allaient se branler dans un de ces villages de la Vie nouvelle[1]; des espions d'Air Amérique[2] qui pouvaient prendre des armes ou de la ferraille ou n'importe quelle forme de mort et les envoyer en l'air; des espions des Forces spéciales qui couraient en rond avec un talent furieux pour refroidir les VC.

Le poids de l'histoire, l'usure de la guerre, tic et toc avec les dents, les plus malins l'ont vu leur tomber dessus le premier jour de Lodge à Saigon quand il s'est réservé la villa du chef de la C.I.A. de l'époque — un moment historique encore plus savoureux pour qui savait que la villa était autrefois le quartier général du Deuxième Bureau. Officiellement le problème avait changé d'allure (trop de gens se faisaient tuer, d'une part) et la romance des barbouzes se mettait à s'écrouler comme une chair morte qui se détache des os. Aussi sûr que le soleil se lève, leur époque était révolue. La guerre passait cette fois dans les mains dures des tordus de la puissance de tir partis pour dévorer le pays tout entier sans la moindre délicatesse, les barbouzes restaient sur le sable.

Ils n'étaient jamais devenus aussi dangereux qu'ils l'auraient voulu, ils n'avaient jamais su à quel point ils

1. Villages « regroupés » avec des cadres politiques du Sud-Vietnam, singeant l'organisation adverse du Vietcong.

2. Compagnie aérienne entièrement gérée par la C.I.A.

étaient vraiment dangereux. Leur aventure est devenue notre guerre, puis une guerre enlisée dans la durée, une durée si longue et si mal comprise qu'elle a fini par s'enterrer comme une institution car on ne lui a jamais donné le moyen d'aller nulle part ailleurs. Les irréguliers sont partis ou sont devenus réguliers en vitesse. En 1967, il n'y avait plus que des réflexes déglingués, des aventuriers compassés ayant trop longtemps vécu sur les bords exsangues de l'action, le cœur brisé et la mémoire pleine de trous, œuvrant en solitaires pour un univers bien ordonné. Ils avaient l'air d'être les victimes les plus lamentables des années soixante : tous les espoirs de services fructueux sur la Nouvelle Frontière s'étaient évanouis, ou n'étaient plus que les restes les plus flous d'un rêve. Ils étaient toujours amoureux de leur chef mort, balayé dans la fleur de son âge et du leur, il ne leur restait plus que le don solitaire qu'ils avaient de ne se fier à personne, les glaçons qui se formaient sans cesse devant leurs yeux, et un flot de jargon qui s'épuisait jusqu'à se tarir : *bouclage des frontières, abus du recensement, opérations noires* (pas mal, pour du jargon), *évolution révolutionnaire, propagande armée.* J'ai demandé à une barbouze ce que signifiait ce dernier mot et il m'a répondu d'un sourire. La surveillance, le ramassage et le rapport, tout cela n'était plus qu'un ours de foire abruti et brisé, un monstre du Renseignement, le nôtre. Et à la fin de 1967, quand le monstre s'est mis en chasse dans tous les coins du Vietnam, l'offensive du Têt approchait à grands pas.

4

La nuit, il y avait des moments où tous les bruits de la jungle s'arrêtaient en même temps. Ils ne s'éloignaient pas, ne baissaient pas graduellement, tout se taisait instantanément comme si les êtres vivants avaient reçu un signal : chauves-souris, oiseaux, serpents, singes, insectes, tous branchés sur une fréquence qu'un millier d'années dans la jungle pourrait peut-être vous apprendre à capter et qui vous laissait pour ainsi dire stupéfaits de ce que vous n'entendiez plus, tendant l'oreille au moindre son, à la moindre information. Je l'avais déjà entendu dans d'autres jungles, en Amazonie et aux Philippines, mais ces jungles étaient « sûres », il y avait peu de chances pour qu'il y ait des centaines de Vietcong allant et venant tout autour, en train de remuer, d'attendre, de rester en vie dans la seule idée de vous nuire. Cette idée pouvait faire de n'importe quel silence inattendu un espace à remplir avec tout le calme que vous aviez en vous, elle pouvait même vous faire approcher la clairvoyance auditive. On se mettait à entendre des choses impossibles : le souffle humide des racines, la sueur des fruits, l'activité passionnée des insectes, les battements de cœur d'animaux minuscules.

On pouvait conserver longtemps cette sensibilité, jusqu'à ce que les jacassements, les pépiements et les cris de la jungle recommencent ou qu'un bruit familier vous en sorte, un hélicoptère au-dessus de la tente ou plus près de vous le bruit étrangement rassurant d'un voisin allant se soulager. Une fois, on a entendu quelque chose de vraiment effrayant qui nous hurlait dessus depuis une sono volante des Psyops[1], un cri de bébé en train de pleurer. Même en plein jour on n'aurait pas voulu entendre un bruit pareil, encore moins la nuit, et ce beuglement déformé par l'épaisseur du feuillage nous figeait tous sur place. L'hystérie soutenue du message qui suivait ne nous soulageait guère, c'était hyper-vietnamien comme un poinçon dans l'oreille, quelque chose du genre : « Bébé Ami, Bébé GVN, Ne Laisse Pas Faire Ça à *Ton* Bébé, Résiste au Viet Cong Maintenant ! »

Parfois on était si fatigués qu'on oubliait où on était et qu'on s'endormait comme cela ne nous était pas arrivé depuis l'enfance. Beaucoup de gens ne se sont

1. *Psychological Warfare Operations.* (Hélicoptère équipé de haut-parleurs pour la « guerre psychologique ».)

jamais réveillés de ce genre de sommeil; certains disaient qu'ils avaient eu de la chance (n'a jamais su ce qui l'a tué); d'autres trouvaient qu'ils s'étaient fait baiser (s'il avait monté la garde...) mais c'était plus qu'académique, on discutait de tous les genres de mort, c'était pour influencer le hasard, renverser la chance, et un vrai sommeil en était la récompense. (J'ai rencontré un éclaireur-*recondo* qui pouvait s'endormir à volonté, il disait : « Je crois que je vais en écraser »; il fermait les yeux, qu'il fît jour ou nuit, qu'il fût assis ou couché, et certaines choses le réveillaient et pas d'autres : la radio à fond ou un 105 tirant à côté de la tente ne le gênait pas, mais un frémissement des buissons à 50 mètres, ou une dynamo qui s'arrêtait.) Ce qu'on trouvait comme sommeil était plutôt du genre agité, on croyait dormir alors qu'en fait on était en attente. Les sueurs nocturnes, les fonctions brutales de la conscience entraient et sortaient de votre tête épinglée quelque part sur un lit en toile, les yeux sur un plafond inconnu ou le regard fixé hors de la tente sur le ciel nocturne et miroitant d'une zone de combat. Sommeiller dans une mare de sueur visqueuse, s'éveiller sous la moustiquaire en voulant aspirer un air qui ne soit pas à 99 p. 100 d'humidité, une bouffée d'air frais pour sécher l'angoisse et l'odeur d'eau croupie de votre propre corps. Mais tous ce que vous obtenez, et il n'y a rien d'autre, ce sont des caillots de brouillard qui vous rongent l'appétit, vous brûlent les yeux et donnent aux cigarettes un goût d'insectes gonflés, roulés et fumés vivants, humides et crépitants. Dans la jungle, il y avait des endroits où il fallait tout le temps garder une cigarette allumée, qu'on fume ou pas, pour empêcher les moustiques de s'engouffrer dans votre bouche. La guerre sous l'eau, la fièvre des marais, maigrir instantanément et sans le vouloir, la malaria qui vous brûle et vous dévore, vingt-trois heures de sommeil sans une minute de repos, ça vous permet d'entendre la transe musicale qui vient, dit-on, quand le cerveau est définitivement ramolli. (« Prends tes pilules, *baby*, m'a dit un médecin de Can Tho. Une grosse orange chaque semaine, une petite blanche tous les jours et, quoi que tu fasses, n'en manque pas une. Il y a ici des souches qui peuvent lessiver un costaud comme toi en huit jours. ») Quelquefois on ne supportait plus et on se précipitait vers l'air conditionné de Danang ou de Saigon. Et parfois la seule raison qui vous empêchait de paniquer c'était qu'on n'en avait plus la force.

Chaque jour des gens mouraient à cause d'un détail minuscule auquel ils n'avaient pas voulu faire attention. Imaginez que vous êtes trop fatigué pour tirer la fermeture d'un blouson, pour nettoyer votre fusil, pour surveiller une lampe, trop fatigué pour maintenir le centimètre de marge de sécurité nécessaire pour traverser la guerre, au point de dire merde et de crever au bout de l'épuisement. Il y avait des fois où la guerre elle-même semblait vidée de toute vitalité : un énervement épique, une machine déprimée, sans conviction, tournant au ralenti sur les restes dilués de l'énergie guerrière de l'an passé. Des divisions entières fonctionnaient comme dans un mauvais rêve, faisaient des séries de gestes étranges sans rapport avec leur origine. Une fois, j'ai bavardé peut-être cinq minutes avec un sergent qui venait de ramener son escouade d'une longue patrouille avant de comprendre que le voile devant ses yeux de mannequin drogué et ses propos abstraits et de haut vol venaient du plus profond sommeil. Il était au bar du club des NCO, debout, les yeux ouverts et une bière à la main, poursuivant une conversation de rêve qui se passait dans sa tête, très loin. Ça m'a vraiment donné le frisson – c'était le deuxième jour de l'offensive du Têt, notre installation était plus ou moins encerclée, la seule route sûre pour en sortir était jonchée de Vietnamiens morts, les informations étaient rares, j'étais moi-même susceptible et fatigué – et j'ai cru une seconde parler à un mort. Plus tard, quand je le lui ai dit, il s'est contenté de rire en disant : « Merde, ce n'est rien. Je fais ça tout le temps. »

Une nuit je me suis réveillé en entendant le bruit d'une fusillade à plusieurs kilomètres, une « escarmouche » en dehors de notre périmètre; les sons étouffés par la distance ressemblaient aux bruits que nous faisions autrefois en jouant à la guerre, KSSSHH KSSSHH — nous savions que c'était plus authentique que BANG BANG, le jeu en était plus riche et ce jeu-ci était le même, sinon qu'enfin il était allé trop loin, était devenu trop riche pour tout le monde sauf pour quelques joueurs sérieux. Maintenant les règles étaient strictes, absolues, on ne discutait plus sur un coup manqué, ou sur qui était vraiment mort. *Pas juste* ne valait rien, *Pourquoi moi ?* était la question la plus triste du monde.

Eh bien, bonne chance, le tic verbal du Vietnam, même *Ocean Eyes,* le *Lurp* trois fois engagé, s'était finalement souvenu de me le dire cette nuit-là avant d'aller à son travail. Une voix sèche et lointaine, je savais que dans un sens ou dans l'autre il s'en fichait, j'admirais peut-être son détachement. C'était comme si les gens ne voulaient pas s'arrêter de le dire alors même qu'ils voulaient en fait dire le contraire, comme : « Crève, enculé. » D'habitude, ce n'était qu'un fragment désert de langage mort, parfois cela venait cinq fois par phrase, comme une ponctuation, d'autres fois c'était dit d'une voix plate comme pour indiquer qu'il n'y avait pas moyen de s'en sortir : sale merde, *sin loi,* ça pue, bonne chance. Mais quelquefois c'était dit avec une émotion, avec une tendresse qui pouvait faire craquer votre masque, tant d'amour au milieu de tant de guerre. Moi aussi, tous les jours, compulsivement, bonne chance : à des amis journalistes qui partaient en opération, à des soldats rencontrés dans des camps de base ou sur des pistes, à des blessés, à des morts, à tous les Vietnamiens que j'ai vus se faire baiser par nous ou par eux-mêmes, moins souvent à moi-même mais avec plus de passion, et c'était toujours sincère et cela n'avait jamais aucun sens. C'était comme de dire à celui qui sort dans la tempête de ne pas se faire mouiller, comme de dire : « *Gee,* j'espère que tu ne seras pas tué ou blessé, que rien de ce que tu verras ne te rendra fou. » On pouvait accomplir tous les rites, garder un porte-bonheur, porter un chapeau de jungle magique, sucer son pouce jusqu'à ce qu'il soit lisse comme les galets d'un torrent, l'Insondable, l'Inchangeable était toujours dehors, impitoyable, et nous étions à sa discrétion. Sans être complètement débile, on ne pouvait plus dire que : « Qui se fait mordre aujourd'hui sera tranquille, demain », et c'était justement ce que personne ne voulait entendre.

Une fois le temps passé, les souvenirs éloignés, calmés, le nom lui-même est devenu une prière, codée comme toutes les prières pour dépasser les extrêmes de la supplication et de la gratitude : Vietnam Vietnam Vietnam, répétez-le, jusqu'à ce que le mot perde son ancien poids de souffrance, de plaisir, d'horreur, de culpabilité et de nostalgie. Aujourd'hui comme alors, tout le monde essayait seulement de passer à travers, un craquement existentiel, pas d'athées dans les tranchées individuelles, à ne pas croire. Même une foi amère et reniée valait mieux que rien, comme le Marine noir à Con Thien sous un déluge d'obus qui disait : « Ne t'en fais pas, *baby,* Dieu trouvera quelque chose. »

La religion du flip, c'était tellement fou qu'on ne pouvait blâmer personne de croire à n'importe quoi. Des types costumés en Batman, avec les accessoires, j'en ai vu toute une escouade, ça leur donnait une sorte d'esprit débile. D'autres flanquaient un as de pique dans le ruban de leur casque, prenaient des reliques aux ennemis qu'ils avaient tués, léger transfert de puissance, ils avaient apporté de chez eux des bibles pesant trois kilos, des croix, des Saint-Christophe, des mezuzahs, des boucles de cheveux, des sous-vêtements de petites amies, des photos de famille, de leurs femmes, leurs chiens, leurs vaches, leurs voitures, John Kennedy, Lyndon Johnson, Martin Luther King, Huey Newton, le pape, Che Guevara, les Beatles, Jimi Hendrix, encore plus cinglés que des membres du cargo-culte. Un type trimbalait partout un biscuit d'avoine enveloppé d'aluminium, de plastique et de trois paires de chaussettes. Il se faisait pas mal charrier (« Quand tu dormiras, on va bouffer ton foutu gâteau »), mais sa femme l'avait fait cuire et le lui avait envoyé, il était très sérieux.

En opérations, on voyait des hommes s'agglutiner autour du troufion invulnérable que se fabriquaient bon nombre d'unités, celui qui était protégé par un charme, où qu'il aille, ainsi que ceux qui restaient assez près, en tout cas jusqu'à ce qu'il ait fini son temps ou qu'il soit déplacé – alors l'unité attribuait le charme à un autre. Si une balle vous rasait la tête, si vous mettiez le pied sur une mine foireuse ou si une grenade vous arrivait entre les jambes sans exploser, c'était de la magie. Si vous aviez quelque sixième sens, si vous pouviez sentir les VC ou le danger comme les chasseurs sentent les changements de temps, si vous pouviez voir la nuit, si vous aviez l'oreille fine, c'était aussi de la magie et si vous aviez un coup dur, ça pouvait déprimer toute l'escouade. J'ai rencontré un soldat des *Cav* qui peignait la girafe un après-midi, en plein sommeil dans une énorme tente avec trente lits autour de lui, tous vides sauf le sien, quelques obus de mortier sont tombés, ont mis la tente en charpie avec des éclats dans tous les lits sauf le sien – il n'en était pas revenu, excité comme un fou, croyant à sa chance, à la sécurité. La prière du Soldat avait deux versions : la Standard, imprimée sur un carton plastifié par le ministère de la Défense, et la Standard Améliorée, impossible à rendre parce qu'elle avait été traduite hors du langage, dans le chaos – cris, prières, promesses, menaces, sanglots, saints noms répétés jusqu'à en avoir la gorge desséchée, crevassée, jusqu'à ce que certains aient rongé leurs cols, leurs bandoulières et même leurs colliers d'identité.

Diverses expériences religieuses, bonnes et mauvaises nouvelles; beaucoup découvraient la compassion dans cette guerre, certains la trouvaient sans pouvoir vivre avec elle, blocage émotionnel provoqué par la guerre, du genre « tout le monde s'en fout ». Les gens se réfugiaient dans l'ironie la plus dure, le cynisme, le désespoir, certains voyaient ce qui se passait et en redemandaient, il n'y avait que les massacres pour les faire vivre avec intensité. D'autres devenaient fous, suivaient la flèche de lumière noire assez loin pour entrer en possession de la folie qui les attendait fidèlement depuis dix-huit ou vingt-cinq ou cinquante ans. Chaque combat vous autorisait à vous transformer en maniaque, tout le monde passait la ligne au moins une fois et personne ne s'en occupait, tout juste s'ils se rendaient compte quand vous n'en sortiez plus.

Un après-midi, à Khe Sanh, un Marine a ouvert la porte d'une latrine et a été tué par une grenade fixée au verrou. Le Commandement a voulu rejeter la faute sur une infiltration de Nord-Vietnamiens mais les soldats savaient ce qui s'était passé : « Comme si un *nyaq* allait faire un tunnel jusqu'ici pour piéger des chiottes hein ? Un mec qui a flippé, c'est tout. » Encore une de ces histoires qui se sont répandues dans la DMZ, les gens riaient, ils hochaient la tête et se regardaient d'un air entendu, personne n'était choqué. On parlait de blessures physiques d'un côté, psychiques de l'autre, dans chaque section un homme vous disait à quel point les autres étaient cinglés, tout le monde connaissait des soldats devenus fous au milieu d'une fusillade, en patrouille, de retour au camp, devenus fous en R & R ou moins d'un mois après être rentrés chez eux. Devenir fou faisait partie du circuit, on pouvait seulement espérer que ça n'arriverait pas trop près, ce genre de crise où des bidasses vident leur chargeur sur des inconnus ou fixent des grenades à la porte des latrines. Ça c'était *vraiment* fou; tout ce qui n'allait pas si loin était presque normal, aussi normal que les regards vagues, prolongés, que les sourires involontaires, aussi courants que les ponchos ou les M-16 ou n'importe quel accessoire de la guerre. Si vous vouliez que quelqu'un sache que vous étiez devenu fou il fallait vraiment hurler comme un écorché vif : « Gueule très fort, et ne t'arrête pas. »

Il y en avait qui voulaient tout faire sauter, animaux, végétaux et minéraux. Ils voulaient un Vietnam à mettre dans le cendrier de leur voiture; il y avait une blague : « Voilà ce qu'on fait, on charge tous les petits amis sur des bateaux qu'on envoie au sud de la mer de

Chine. Ensuite on aplatit le pays sous les bombes. Et enfin on coule les bateaux. » Beaucoup savaient que le pays ne serait jamais regagné, seulement détruit, et ils se braquaient là-dessus avec une concentration à vous couper le souffle, pas de quartier, semant les graines de l'infection, de la fièvre aux yeux exorbités, jusqu'à ce que cela devienne une épidémie – un par famille, une famille par village, un village par province, jusqu'à ce qu'il y ait un million de morts et plusieurs millions d'êtres déracinés et pris dans une fuite éperdue.

Sur le toit du Rex BOQ à Saigon je suis tombé sur une scène plus guerrière qu'une fusillade, au moins cinq cents officiers cloués au bar sous une pluie de jetons, des visages brillants lumineux qui parlaient de la guerre, ils buvaient comme s'ils devaient monter au front, et certains devaient peut-être y aller. Les autres y étaient déjà, sur le front de Saigon : pour passer un an là-dedans sans être complètement lessivé, il fallait autant de courage que pour prendre un nid de mitrailleuses à mains nues – pour ça une grande gueule ne suffisait pas. On regardait un film (*Nevada Smith,* Steve McQueen dans une histoire de vengeance, violente; à la fin il s'en va sur son cheval brûlé purifié mais aussi vidé et vieilli, comme si la violence lui avait enlevé sa marge de récupération); puis des attractions, Tito et ses Playgirls, *« Très haut très loin dans mon beau ballon »,* un de ces *combas* [1] philippins dont même l'USO n'aurait pas voulu, un rythme creux, un rock morbide comme une vapeur grasse dans l'air marécageux.

Le toit du Rex, altitude zéro, des hommes qu'on aurait dits grandis au sein d'une louve, si on les avait tués ils auraient encore pu mordre pendant une heure. C'est là qu'on vous demandait : « Etes-vous colombe ou faucon ? » et « Vous préférez les combattre ici ou à Pasadena ? » *Peut-être pourrions-nous les vaincre à Pasadena,* pensais-je, mais sans le dire, surtout pas ici où ils savaient que je savais qu'en fait ils ne se battaient nulle part contre personne, ça les rendait plutôt suscep-

1. Groupe de trois (ou quatre) musiciens.

tibles. Cette nuit-là j'écoutais un colonel expliquer la guerre en termes de protéines. Nous étions une nation à haut niveau de protéines, des chasseurs mangeurs de viande, alors que les autres ne mangeaient que du riz avec quelques méchantes têtes de poisson. On allait les ratatiner grâce à notre viande. Que lui dire? sauf : « Colonel, vous êtes fou! » C'était comme d'atterrir au milieu d'un dessin animé sinistre où Donald aurait toutes les répliques. Une fois seulement je suis intervenu spontanément, comme si j'avais reçu un choc, pendant le Têt, quand j'ai entendu un médecin se vanter d'avoir refusé l'entrée de son service à des blessés vietnamiens. « Quoi, Jésus-Christ! ai-je crié. N'avez-vous pas prêté le serment d'Hippocrate? » Mais il était prêt à ça. « Ouais, a-t-il dit, mais c'était en Amérique. » Célébrités du jugement dernier, projectionnistes technomaniaques, produits chimiques, gaz, laser, engins de mort électro-soniques encore sur la planche à dessin, et pour se rassurer, au plus profond de leur cœur, il y avait toujours, en dernière ressource, les bombes; ils aimaient beaucoup nous rappeler que nous en avions quelques-unes « ici même dans le pays ». Une fois, j'ai rencontré un colonel qui voulait abréger la guerre en lançant des piranhas dans les rizières du Nord. Il parlait de poissons et il avait les yeux pleins d'un immense rêve de mort.

« Venez, dit le capitaine, on va vous emmener jouer aux cowboys et aux Indiens. » Nous sommes sortis de Song Be, une longue file d'une centaine d'hommes avec des fusils, des mitrailleuses, des mortiers, des lance-roquettes portables à un coup, des radios, des médecins, nous nous sommes plus ou moins déployés, en cinq rangées avec chacune sa petite équipe de spécialistes. Un hélico en rase-mottes nous a couverts jusqu'à des collines peu élevées, puis deux autres sont venus arroser les collines jusqu'à ce que nous les ayons traversées sans accroc. Une opération magnifique. Nous avons joué toute la matinée et vu des hommes de pointe descendre quelque chose – ils ont d'abord cru que c'était un « éclaireur », ensuite ils ne savaient plus. Ils ne pouvaient même pas être sûrs s'il venait ou non d'une tribu amie, pas de marques sur ses flèches, son carquois était vide comme ses poches et ses mains. Le capitaine a réfléchi pendant le retour et une fois au camp, il a écrit dans son rapport : « Un VC tué. » C'est bon pour l'équipe, a-t-il dit, et pas mauvais pour le capitaine.

Recherche-et-Destruction, plus un gestalt qu'une tactique, sortie vivante et fumante de la psyché du Commandement. Pas seulement une marche et une fusillade, sur le tas il aurait fallu dire l'inverse – Ramassez les morceaux et voyez si vous pouvez arranger un bilan, les annonceurs refusent les cadavres de civils. Les VC avaient une tactique visiblement semblable appelée Trouve et Tue. De toute façon, c'était comme ça, on le cherche et il nous cherche pendant qu'on le cherche, la guerre sur une boîte de Vache qui rit, répétée jusqu'à l'infiniment petit.

Beaucoup disaient que c'était devenu pourri à partir du moment où c'est devenu aussi facile de tirer que de ne pas tirer. Dans les Régions I et II, les hélicos avaient « loisir » de tirer si les sujets s'immobilisaient, dans le Delta ils pouvaient tirer si les sujets couraient ou « s'évadaient ». Quel affreux dilemme dans les deux cas, que feriez-vous ? « Du sport aérien », disait un pilote, et il en parlait avec ferveur. « Rien de mieux, t'es là-haut à six cents, t'es Dieu, tu ouvres les tubes et tu les regardes pisser, épingler ces limaces aux murets des rizières, rien de mieux, tu fais demi-tour et tu descends un caribou. »

« Chez moi, je faisais mes cartouches pour aller chasser, m'a dit un chef de patrouille. Mon père, mes frères et moi, on en faisait peut-être une centaine par an à nous tous. Je le jure devant Dieu, je n'ai jamais rien vu de tel. »

Et qui donc ? Jamais rien de tel, quand on en trouvait plusieurs à découvert et près les uns des autres, on mettait vraiment la gomme, giclée volatile, affolante décharge, Godzilla n'en avait jamais eu autant. Nous avions même un argot privé : « tir discret », « sondage », « premier choix », « charge constructive », mais je n'ai jamais trouvé ça varié, c'était juste une éruption compulsive, une minute de folie qui durait une heure. En fait c'est Charlie qui faisait autorité sur la mitraille, il pouvait envoyer un chargeur dans le mille pendant qu'on en lâchait cinquante sans rien toucher. Quelquefois on déversait un tel déluge de balles qu'on ne pouvait plus voir si on nous tirait dessus, et quand c'était le cas, on en avait la tête et les oreilles si pleines qu'on croyait entendre avec son ventre. Un journaliste anglais que j'ai connu a fait une cassette pendant une de ces fusillades, il m'a dit que ça lui servait à séduire les filles américaines.

Parfois on se sentait si léger, on ne voulait aller nulle part et ça vous tombait dessus comme votre avant-dernier soupir. Parfois le désir d'action l'emportait sur la terreur, on allait en chercher partout sans rien trouver, sauf une fourmilière qui vous sautait sous le nez ou alors il vous poussait des champignons sur l'entrejambe ou bien vous restiez éveillé toute la nuit en attendant le matin pour pouvoir vous lever et attendre debout. De toute façon, vous étiez en train de couvrir la guerre, le choix de vos articles en disait long et au Vietnam un tel engouement pour la violence ne restait pas longtemps sans récompense : elle venait bientôt vous couvrir tout entier de sa bouche sauvage.

« Secousses et Tremblements » ils appelaient ça, de grands nuages de feu, Contact. Puis ça se passe entre le sol et toi : tu l'embrasses, tu le manges, tu le baises, tu le laboures de tout ton corps, tu t'y colles autant que possible sans t'y enfouir encore, sans t'y mêler, devine ce qui vole à trois centimètres au-dessus de ta tête? Grimace, incline-toi, c'est le sol. La fusillade peut t'expulser de ta tête et de ton corps, l'espace entrevu une seconde plus tôt entre sujet et objet n'est plus là, il a claqué la porte dans une bouffée d'adrénaline. Stupéfiant, incroyable, des types qui ont pratiqué les sports les plus violents disent n'avoir jamais rien senti de pareil, la chute brutale et la poussée en fusée du choc, les réserves d'adrénaline qu'on découvre à sa disposition, qu'on aspire et qu'on extrait jusqu'à flotter dedans et s'y perdre, sans peur, presque ouvert à une mort claire, quasi orgasmique, noyé dans l'adrénaline, vraiment détendu. A moins bien sûr de chier dans son froc, de hurler ou de prier ou de laisser aller n'importe quoi dans la panique sur toutes les longueurs d'ondes qui faisaient gicler une salade de mots autour de vous, à travers vous. Peut-être ne peut-on pas aimer la guerre et la haïr au même moment, mais parfois ces émotions alternent si vite qu'elles se mêlent en un disque stroboscopique qui monte si haut que la guerre devient un vrai trip, comme c'est marqué sur tous les couvre-casques. Faire une foire pareille, à la fin, ça peut vraiment vous démolir.

Début décembre, je suis rentré de ma première opération avec les Marines. J'étais resté écroulé des heures dans un bunker en carton-pâte qui s'écroulait encore plus vite que moi, à écouter sans arrêt les gémissements, les miaulements, les bruits sourds et répétés, *whump whump whump* et *dit dit dit*, à écouter un jeune soldat qui s'était cassé le pouce s'étouffer de sanglots et je pensais : « Oh! mon Dieu, ce putain de truc est mis en *boucle!* » jusqu'à ce que le plus gros des tirs s'arrête mais pas la chose : sur la piste en attendant l'hélico de Phu Bai, il est tombé un dernier obus au milieu d'un tas de cadavres en sacs, et personne n'a voulu enlever cette saloperie, « une vraie corvée de merde ». Finalement je ne suis rentré à Saigon qu'après minuit, venu de Tan Son Nhut dans une jeep découverte avec des MP obsédés par les tireurs en embuscade, et un paquet de courrier m'attendait à l'hôtel. J'ai laissé mon treillis dans l'entrée et j'ai refermé la porte dessus, je l'ai peut-être même fermée à clef. J'avais le delirium de la Ire Région – des foies, des rates, des cerveaux, un pouce bleu-noir et gonflé, – tout tournait autour de moi, lançait des éclairs, jouait sur les parois de la douche où j'ai passé une demi-heure, se collait sur les draps, je n'en avais pas peur, je leur riais au nez, que pouvaient-ils me faire? Je me suis versé un grand verre d'armagnac, j'ai roulé un joint et j'ai commencé à lire mon courrier. Dans une lettre, il y avait la nouvelle qu'un de mes amis s'était tué à New York. Quand j'ai éteint la lumière et que je me suis couché j'ai essayé de me souvenir de ce à quoi il ressemblait. Il avait fait ça avec des pilules, mais, quoi que j'essaie d'imaginer, je ne pouvais voir que du sang et des fragments d'os, pas mon ami mort. Au bout d'un temps j'ai pu émerger une seconde et le voir, mais à ce moment-là tout ce que j'ai pu faire c'est le classer avec le reste et m'endormir.

Entre la fatigue et ce que vous faisaient les combats, entre les choses dingues qu'on voyait ou qu'on entendait et ce qu'on perdait de soi-même avec tout ce qui était volatilisé, la guerre vous faisait une place bien à vous. Trouver cette place, c'était comme écouter une musique ésotérique qu'on n'entend pas vraiment malgré toutes les répétitions tant que votre propre souffle ne s'y est pas mêlé, n'est pas devenu un des instruments, et alors ce n'est plus seulement de la musique, c'est une expérience. La vie est un film, la guerre est un film (de guerre), la guerre c'est la vie, un processus complet s'il vous est donné d'aller jusqu'au bout, un chemin précis à parcourir, sombre et pénible, et cela ne le rendait pas plus facile de savoir que vous aviez fait le premier pas de vous-même, délibérément et — pour parler très approximativement — consciemment. Certains avançaient de quelques pas et faisaient demi-tour, rendus plus sages, avec ou sans regrets. Beaucoup continuaient et se faisaient balayer. Beaucoup aussi allaient plus loin qu'ils n'auraient dû et s'écroulaient dans un mauvais sommeil fait de souffrance et de rage pour attendre la délivrance, la paix, n'importe quelle sorte de paix qui ne soit plus seulement l'absence de la guerre. Et d'autres continuaient jusqu'au lieu où s'inversait l'ordre des choses, une torsion fabuleuse où on faisait le voyage avant de prendre le départ.

Une fois le corps en sécurité, vos problèmes n'étaient pas vraiment réglés. Il y avait la terrible possibilité que la recherche des informations soit si épuisante que l'épuisement lui-même devienne une information. La saturation était un danger réel, moins évident qu'un obus, moins direct qu'une chute de 1000 mètres, ça ne vous tuait pas, peut-être, ça ne vous écrasait pas, mais ça pouvait tordre vos antennes et vous faire tomber sur le cul. Les niveaux de l'information étaient les niveaux de la terreur; une fois dehors cela ne rentre plus, on ne les fait pas disparaître d'un clin d'œil, on ne peut pas repasser le film à l'envers, le faire sortir de sa conscience. Combien de ces niveaux vouliez-vous vraiment traverser en baissant la tête, quel palier vouliez-vous atteindre avant d'être hors circuit et de renvoyer des messages sans les ouvrir ?

Couvrir la guerre, quel truc pour se couvrir soi-même, aller chercher une information et en ramener une autre, totalement autre, s'ouvrir les yeux de force, se refroidir le sang au-dessous de zéro, la bouche si sèche qu'un grand bol d'eau s'y engouffre avant d'avaler une gorgée, l'haleine plus rance qu'une odeur de cadavre. Parfois la peur partait dans tous les sens, si vite et si loin, qu'il fallait s'arrêter net pour la regarder. On ne pensait plus aux Cong, c'étaient les arbres qui pouvaient vous tuer, l'herbe éléphant qui se faisait meurtrière, le sol sous vos pieds qui avait une volonté mauvaise, on était comme plongé dans un bain. Même alors, étant donné l'endroit où on était, ce qui arrivait à tant de gens, c'était encore un privilège que de pouvoir avoir peur.

On apprenait la peur, mais il était difficile de savoir vraiment ce qu'on apprenait quant au courage. Combien de fois fallait-il fuir devant une mitrailleuse pour que cela devienne un acte de lâcheté ? Et que dire de ces actes qu'il n'y avait aucun courage à accomplir alors que c'était une lâcheté que de s'en abstenir ? Difficile à savoir sur le moment, facile de se tromper quand ça se passe, de même qu'on se trompe en croyant n'avoir besoin que de ses yeux pour porter témoignage. Souvent ce que les gens appelaient courage n'était qu'une énergie indifférente libérée par l'intensité de l'instant, un vide mental qui vous projetait sur une trajectoire impossible. Les survivants, plus tard, avaient l'occasion de se demander s'ils avaient vraiment eu du courage ou si seulement la vie, voire l'extase, les avait submergés. Il y en a eu beaucoup qui ont trouvé la force de tout arrêter, qui ont refusé une fois pour toutes de sortir : ou bien ils se sont soumis à la sanction finale du système ou bien ils ont disparu. Beaucoup de journalistes aussi, j'ai eu des amis qui sont sortis une ou deux fois, ensuite plus jamais. Parfois je pensais que c'était eux les plus sensés, les plus sérieux de tous, bien que pour être honnête je ne l'aie dit qu'à la fin de mon séjour là-bas.

« On avait ce *nyaq* et on allait le dépiauter. » (Un troufion me racontait ça.) « Je veux dire qu'il était déjà mort et tout, alors le lieutenant arrive et nous dit : " Hé, trouducs, il y a un journaliste au TOC[1], vous voulez qu'il arrive et qu'il voie ça ? Servez-vous un peu de vos foutues caboches, il y a un moment et un endroit pour tout... ". »

« Dommage que tu n'aies pas été avec nous la semaine dernière » (un autre troufion, rentré d'une opération sans contact avec l'ennemi), « on a tué tellement de *nyaqs* que c'était même plus drôle ».

Etait-ce possible qu'ils y soient allés et qu'ils ne soient pas hantés ? Non, impossible, pas une chance, je savais que je n'étais pas le seul. Où sont-ils maintenant ? (Où suis-je maintenant ?) Je me suis tenu aussi proche d'eux qu'il était possible sans être l'un d'eux et puis je suis parti aussi loin que j'ai pu sans quitter la planète. Le mot dégoût ne commence même pas à décrire ce qu'ils m'ont fait sentir : ils jetaient des gens depuis les

1. *Tactical Operations Command.* (Commandement des opérations tactiques.)

hélicos, ils les attachaient et leurs lâchaient les chiens dessus. Avant cela la brutalité n'était qu'un mot dans ma bouche. Mais le dégoût n'était qu'une des couleurs de la mandala, la douceur et la pitié en étaient d'autres, il n'en manquait pas une. Je crois que ceux qui disaient ne pleurer que pour les Vietnamiens ne pleuraient vraiment pour personne s'ils n'arrivaient pas à sortir au moins une larme pour ces hommes et ces gosses qui sont morts pour eux ou qui en ont eu leur vie détruite.

Bien sûr, nous étions intimes, je vais vous dire à quel point : c'étaient eux mes armes, et je les laissais faire. Je ne les ai pas laissés creuser mes trous ni porter mon paquetage – il y avait toujours des troufions qui se proposaient – mais je les ai laissés faire *ça* pour moi pendant que je regardais, peut-être pour eux, peut-être pas. Nous nous sommes couverts les uns les autres, un échange de services qui a très bien marché jusqu'à cette nuit où j'ai basculé du mauvais côté de l'écran, debout derrière des sacs de sable sur une piste à Can Tho avec un automatique de calibre 30 entre les mains, tirant pour couvrir les quatre hommes d'équipage d'un jet qui essayaient de se mettre à l'abri. Une dernière histoire de guerre.

La première nuit de l'offensive du Têt, nous étions dans le camp C des Forces spéciales pour le Delta, encerclés, pour autant que nous en sachions, et ne recevant que de mauvaises nouvelles : de Hué, de Danang, de Qui Nhon, de Khe Sanh, de Ban Me Thuot, même de Saigon que nous avons cru « perdue » sur le moment; ils avaient l'ambassade, ils avaient Cholon, Tan Son Nhut était en flammes, nous étions à l'Alamo, nulle part ailleurs, et je n'étais plus un journaliste, j'étais un combattant.

Au matin, il y avait peut-être une douzaine de morts vietnamiens sur le pré où nous avions tiré. On a envoyé un camion les charger et les faire disparaître. C'était arrivé si vite, comme ils disent, comme ont toujours dit ceux qui sont passés par là, nous étions assis en rond à fumer de l'herbe en écoutant, ce que nous pensions être les feux d'artifice du Têt là-bas dans la ville, mais ça s'est rapproché jusqu'à ce que nous ne soyons plus défoncés du tout, la nuit s'est passée et j'ai regardé les chargeurs vides à mes pieds derrière le muret en me disant qu'il n'y aurait jamais aucun moyen d'être sûr. Je ne me souvenais pas d'avoir jamais été à ce point fatigué, transformé, heureux.

Cette nuit-là, au Vietnam, des milliers de gens sont morts, la douzaine sur le pré, une centaine le long de la route du camp à l'hôpital de Can Tho où j'ai travaillé toute la journée suivante, ni combattant ni journaliste, mais comme un soignant ignorant et terrorisé. La nuit, quand nous sommes rentrés au camp, j'ai jeté le treillis que j'avais porté. Et pendant les six années qui ont suivi je les ai tous revus, ceux que j'avais vraiment vus et ceux que j'avais imaginés, les leurs et les nôtres, les amis que j'aimais comme les inconnus, des personnages figés pris dans une danse, une danse de toujours. Des années à penser ceci ou cela sur ce qui vous arrive quand vous suivez un fantasme jusqu'à ce qu'il devienne réalité et qu'alors vous n'ayez plus aucune prise sur cette réalité. Jusqu'à ce que je me sente comme un danseur moi aussi.

De l'extérieur nous disons que les fous croient entendre des voix, mais de l'intérieur, bien sûr, ils les entendent vraiment. (Qui est fou ? Qu'est-ce qui est fou ?) Une nuit, comme un éclat d'obus qui met des années à ressortir, j'ai rêvé et j'ai vu un pré couvert de cadavres. Je traversais le pré avec un ami, plus qu'un ami, un guide, qui me faisait me pencher pour les regarder. Ils étaient poudrés par la poussière, couverts de sang comme si on les avait peints avec un grand pinceau, certains avaient jailli hors de leurs pantalons tout à fait comme ce jour où on les avait chargés sur un camion à Can Tho, et j'ai dit : « Mais je les ai déjà vus. » Mon ami n'a rien dit, il a juste tendu le doigt, je me suis penché à nouveau et cette fois j'ai regardé leurs visages. New York City 1975, le lendemain matin je me suis levé en riant.

PUTAIN DE MORT

PENDANT les premières semaines de l'Offensive du Têt, le couvre-feu commençait tôt l'après-midi et était appliqué strictement. Tous les jours à deux heures trente, Saigon ressemblait à la dernière bobine du *Dernier Rivage,* une ville désertée dont les longues avenues n'étaient peuplées que d'ordures, de papiers chassés par le vent, de petits tas bien nets d'excréments humains, avec, les fleurs mortes et les pétards brûlés du Nouvel An lunaire. Saigon, vivante, c'était déjà déprimant, mais c'est devenu si dur pendant l'offensive, que, étrangement, cela donnait des forces. Les arbres des rues principales semblaient avoir été frappés par la foudre et il faisait un froid inhabituel et inconfortable, encore un exemple d'aberration dans un endroit où plus rien ne venait en son temps. Avec les ordures qui s'entassaient dans les ruelles et les avenues, on se mit à craindre une épidémie, et s'il y eut jamais un endroit pour faire penser à la peste, pour l'attirer même, ce fut Saigon pendant l'état d'urgence. Les civils américains, les ingénieurs et les ouvriers du bâtiment qui gagnaient là plus qu'ils n'auraient jamais gagné chez eux se mirent à former des bandes armées, à trimbaler des 45, des sulfateuses et des K suédoises – une foule de miliciens hystériques n'aurait pas été plus inquiétante. On les voyait à dix heures du matin à la terrasse du Continental attendre l'ouverture du bar, à peine capables d'allumer une cigarette avant leur premier verre.

Les foules de la rue Tu Do ressemblaient aux processionnaires d'Ensor et il y avait dans l'air une corruption qui n'avait rien à voir avec l'avidité des fonctionnaires. Après sept heures du soir, quand le couvre-feu s'appliquait aux Américains et devenait absolu, il n'y avait plus dans les rues que les patrouilles des Souris Blanches, les jeeps des MP, et quelques enfants qui escaladaient les ordures et couraient en traînant des cerfs-volants de papier journal dans le vent glacé.

Nous sommes tombés dans une dépression nerveuse énorme et collective, la menace de l'attaque dégageait une tension et une urgence telles qu'aucun Américain au Vietnam n'y a échappé. Le Vietnam était une chambre obscure pleine d'objets mortels, les VC étaient partout à la fois, un cancer en toile d'araignée, et au lieu de perdre la guerre par petits bouts en quelques années nous l'avons perdue en moins d'une semaine. Nous nous sommes retrouvés comme le héros de la mythologie pop des soldats : morts mais trop cons pour tomber. Nos pires terreurs du péril jaune se réalisaient, on les voyait mourir par milliers dans tout le pays sans que leur nombre paraisse diminuer, encore moins s'épuiser, comme l'a prétendu la Mission dès le quatrième jour. On reprenait du terrain très vite, très cher, dans une panique complète et presque avec le maximum de brutalité.

Notre machine dévastait tout. Et n'importe quoi. Elle pouvait tout sauf s'arrêter. Comme l'a dit un major américain, accouchant d'une parole historique : « Nous avons dû détruire Ben Tre pour la sauver. » C'est ainsi que la plus grande part du pays est rentrée sous ce que nous appelions notre contrôle, tout en restant pour l'essentiel occupée par le Viet Cong et le Nord, jusqu'au jour, des années plus tard, où il n'est plus resté un seul d'entre nous.

Le Conseil de la Mission s'est pris par la main et nous a tous fait passer de l'autre côté du miroir. Le char de notre général était en feu pendant qu'il faisait des nuages de fumée et nous décrivait des victoires et des triomphes si incroyables que quelques Américains haut placés ont dû lui demander de se calmer et de les laisser parler. Un correspondant anglais a comparé l'attitude de la Mission à celle du capitaine du *Titanic* quand il avait annoncé : « Aucune raison de s'alarmer, nous faisons un bref arrêt pour charger un peu de glace. »

Quand je suis retourné à Saigon, le quatrième jour, il était arrivé pas mal d'informations de tout le pays, et c'était mauvais, même après avoir démêlé l'origine des rumeurs comme celle qui courait à propos des « Caucasiens », des Américains évidemment, qui se seraient battus dans les rangs VC, ou celle sur les milliers d'exécutions à Hué par la NVA et les charniers dans les champs hors de la ville – les deux ont été confirmées plus tard. Presque autant que les soldats et que les Vietnamiens, le Têt poussait les correspondants au pied du mur, plus près qu'ils n'en avaient jamais eu envie. Plus tard j'ai compris que, quelle que soit ma puérilité, ma jeunesse a été extirpée de moi pendant les trois jours qu'il m'a fallu pour faire les cent kilomètres entre Can Tho et Saigon. A Saigon, j'ai vu des amis flipper à mort; quelques-uns sont partis, d'autres sont restés au lit plusieurs jours, épuisés par une profonde dépression. Je suis allé en sens inverse, agité, sur les nerfs, jusqu'à ne plus dormir que trois heures par nuit. Un ami du *Times* disait qu'il ne craignait pas tant ses cauchemars que d'avoir à se réveiller pour vomir. Un ancien qui faisait toutes les guerres depuis les années 30 nous entendait gémir et nous plaindre de ce que c'était si *terrible* et il ricanait : « Ah ! je vous adore. Vous êtes vraiment magnifiques. Quelle merde vous croyiez que c'était ? » Nous pensions que le point était déjà passé où une guerre ressemble à une autre, si nous avions su à quel point cela allait être dur nous nous serions peut-être sentis mieux. Au bout de quelques jours, les vols ont repris et nous sommes montés à Hué.

Pour l'aller, nous étions soixante entassés dans un deux-tonnes cinq, un des huit camions du convoi de Phu Bai qui amenait trois cents hommes pour compenser les pertes des premiers combats au sud de la Rivière des Parfums. Une tempête violente et noire faisait rage depuis des jours et avait transformé la route en un fleuve de boue. Il faisait terriblement froid dans les camions, le sol était couvert de feuilles arrachées aux arbres par la tempête ou par notre artillerie qui n'avait pas cessé de tonner tout au long de la route. Beaucoup de maisons étaient complètement détruites et toutes étaient marquées par les éclats d'obus. Des centaines de réfugiés se tenaient sur les bords de la route à notre passage, un grand nombre étaient blessés. Les enfants riaient et criaient, les vieux nous regardaient avec cette patience muette devant la misère qui rendait si souvent mal à l'aise les Américains et qu'ils prenaient à tort pour de l'indifférence. Mais les hommes et les femmes plus jeunes nous regardaient souvent avec un mépris évident et ils écartaient des camions leurs enfants qui nous acclamaient.

Nous étions assis, essayant de garder le moral devant les autres, souriant au mauvais temps et à l'inconfort, partageant les premières peurs, contents de ne pas être en tête ou en queue du convoi. Ils tiraient régulièrement sur nos camions, un grand nombre de convois ayant déjà dû faire demi-tour. Les maisons que nous dépassions si lentement étaient de bonnes cachettes pour les tireurs et une seule roquette B-40 aurait pu transformer en cadavres un camion entier. Tous les troufions sifflaient mais il n'y en avait pas deux pour siffler le même air, on aurait dit les vestiaires avant un match que personne ne voulait jouer. Ou presque personne. Il y avait un Marine, un Noir qu'on appelait Philly Dog qui avait été chef de gang à Philadelphie et qui espérait retrouver des combats de rue après six mois dans la jungle, il allait montrer à ces merdeux ce qu'il savait faire dans une ville. (A Hué, il s'est révélé incroyablement précieux. Je l'ai vu envoyer une centaine de chargeurs de 30 dans une brèche des remparts en riant : « Faut en semer pour en récolter. » Il semblait être le seul de la Compagnie du Delta qui n'ait pas encore été blessé.) Et il y avait un correspondant des Marines, le sergent Dale Rye, assis avec une grande fleur jaune plantée dans le camouflage de son casque, une cible vraiment parfaite. Il levait les yeux au ciel en disant : « Oh! oui, oh! oui, Charlie a ramené tous ses légumes, ça va être la *merde* », et il avait un sourire heureux. Le même sourire que j'ai vu une semaine plus tard quand la balle d'un tireur embusqué a touché le mur à deux doigts de sa tête, curieuse raison de rire, sauf pour un soldat.

Dans le camion, tous les autres avaient cet air dingue, hanté, toujours-vers-l'ouest, l'air de dire qu'il était parfaitement normal d'être là où les combats seraient les plus durs, où on n'aurait pas la moitié de ce dont on aurait besoin et où il faisait plus froid qu'il n'avait jamais fait au Vietnam. Sur leurs casques et leurs vareuses ils avaient écrit les noms d'opérations passées, de petites amies, leurs noms de guerre (PAS SANS PEUR, SINGE DE MICKEY, VENGEUR V, MOE LA MÈCHE COURTE), leurs fantasmes (NÉ PERDANT, NÉ POUR FOURRER LA MERDE, NÉ POUR TUER, NÉ POUR MOURIR), leurs messages au monde (PUTAIN DE MORT, LE TEMPS EST AVEC MOI, PLUS PRÈS DE TOI MON DIEU-D'ACCORD ?). Un gosse m'a interpellé; « Hé! mec! Tu veux une histoire, mec? Tiens, mec, écris ça : Je suis là-haut sur la 881, c'était en mai, je suis juste à me balader sur la crête comme une star et ce bougnoule saute et me tombe dessus, me flanque sa foutue AK-47 juste *dans* le ventre, mais il est tellement scié par mon calme que je vide mon chargeur avant qu'il ait pu dire merci. Un d'arrangé. » Après vingt kilomètres comme ça et malgré le ciel noir et trouble devant nous, on a pu voir la fumée qui montait de l'autre côté du fleuve, sur la citadelle de Hué.

Le pont sur le canal qui séparait le village d'An Cuu du sud de Hué était détruit, le Vietcong l'avait fait sauter la nuit d'avant, et on pensait que c'était dangereux de l'autre côté, alors nous avons campé dans le village pour la nuit. Il avait été complètement déserté et nous nous sommes installés dans les paillotes vides, étalant nos ponchos sur le verre brisé et les briques éclatées. Au crépuscule, pendant que nous étions tous allongés au bord du canal en train de dîner, deux avions des Marines ont piqué sur nous et nous ont mitraillés, les balles traçantes explosaient dans l'eau et nous avons couru nous mettre à l'abri, plus surpris qu'effrayés. « Voilà ce qu'il faut, enculé, voilà pour dégommer ces foutus ennemis », a dit un troufion en montant sa mitrailleuse M-60 au cas où ils reviendraient. « Je crois pas qu'on ait à bouffer *cette* merde-là », a-t-il dit. On a envoyé des patrouilles, posté des sentinelles, et nous sommes allés dormir dans les paillotes. Cette nuit-là, pour une raison quelconque, nous n'avons même pas été bombardés au mortier.

Au matin, nous avons traversé le canal sur une passerelle légère et nous nous sommes avancés jusqu'aux premiers des centaines de cadavres de civils que nous devions voir les semaines suivantes, un vieil homme tordu sur son chapeau de paille et une petite fille qui avait été tuée sur son vélo, elle était allongée avec le bras levé comme un reproche. Il y avait une semaine qu'ils étaient là et pour la première fois nous étions contents qu'il fasse froid.

Le long de la rive sud de la Rivière des Parfums, il y a un grand jardin plein de charme qui se trouve entre l'avenue la plus agréable de Hué, Le Loi, et la rivière. Les gens racontent qu'ils s'asseyaient là au soleil pour voir les sampans descendre le fleuve ou regarder les filles à vélo remonter Le Loi, devant les villas des officiels et des bâtiments de l'Université construits par les Français. Beaucoup de ces villas étaient détruites et une grande partie de l'Université était lourdement endommagée. Au milieu de la rue deux ambulances de la Mission allemande avaient sauté, la façade du Cercle Sportif était creusée par les balles et les éclats d'obus. La pluie avait fait pousser les plantes et la verdure était enchâssée dans un épais brouillard blanc. Dans le jardin, quatre gros cadavres verts étaient étalés autour d'une grande cage de style où il y avait un petit singe qui frissonnait. Un des journalistes a marché sur les cadavres pour lui donner des fruits. (Plusieurs jours après, je suis revenu au même endroit. Les cadavres avaient disparu, le singe aussi. Il y avait tellement de réfugiés et si peu à manger, quelqu'un avait dû le bouffer.) Les Marines du 2/5 s'étaient assurés presque entièrement du milieu de la rive sud et maintenant ils allaient faire des battues vers l'ouest, en tiraillant pour dégager un des canaux principaux. On attendait de savoir si oui ou non les Marines entreraient dans la Citadelle elle-même, mais personne ne doutait de la décision qui serait prise. Nous restions assis à nous imprégner de terreur en observant les colonnes de fumée de l'autre côté du fleuve, recevant quelques balles de tireurs isolés, des rafales occasionnelles de calibre 50, et en regardant les LCU de l'US Navy se faire mitrailler depuis les remparts. Un Marine à côté de moi disait que c'était vraiment une sacrée honte, tous ces pauvres gens, toutes ces jolies maisons, ils avaient même une station Shell là-dedans. Il regardait les bouffées noires du napalm et les ruines près de la muraille. « On dirait que la Cité Impériale a eu la chtouille », a-t-il dit.

Après la pluie, la cour de la base américaine de Hué était couverte de flaques, les capotes des jeeps – et les bâches des camions faisaient des poches comme des outres. C'était le cinquième jour des combats et tout le monde était encore surpris que ni les NVA ni les Cong n'aient attaqué la base le premier soir. Cette nuit-là, une énorme oie blanche était entrée dans la cour et au matin ses ailes étaient pleines de l'huile qui remontait à la surface des flaques. Chaque fois qu'un véhicule entrait dans la cour, l'oie battait des ailes et hurlait de rage mais elle ne sortait pas de la base et pour ce que j'en sais, personne ne l'a mangée.

Presque deux cents d'entre nous dormaient dans deux petites pièces qui étaient autrefois la salle à manger de la base. L'armée de terre n'était pas si ravie d'avoir à loger tous les Marines qui arrivaient, et tout à fait furieuse de voir tous les journalistes qui traînaient là en attendant que les combats se déplacent au nord du fleuve, jusqu'à la Citadelle. C'était une chance de trouver assez de place par terre pour s'allonger, plus encore de découvrir une civière inoccupée, une chance insigne si la civière était neuve. Les rares fenêtres intactes étaient secouées toute la nuit par les bombardements d'en face et tout près de là, un nid de mortiers tirait continuellement. Les patrouilles des Marines rentraient vers deux ou trois heures du matin. Ils traversaient la pièce sans trop se soucier de marcher ou non sur quelqu'un, ils ouvraient leurs radios et criaient d'un bout de la pièce à l'autre. « Vraiment, les gars, vous ne pourriez pas faire un peu plus attention? », a dit un journaliste anglais, et leur éclat de rire a réveillé tous ceux qui dormaient encore.

Un matin, il y a eu un incendie dans le camp de prisonniers en face de la base, de l'autre côté de la route. Nous avons vu une fumée noire s'élever au-dessus des barbelés qui surmontaient le mur du camp et nous avons entendu des tirs d'armes automatiques. La prison était pleine de prisonniers NVA, de Vietcong ou de suspects, les gardes ont dit qu'ils avaient allumé l'incendie pour couvrir une évasion. Les ARVN et quelques Américains tiraient à l'aveuglette dans les flammes et les corps brûlaient là où ils tombaient. Les cadavres de civils restaient sur les trottoirs un pâté de maisons plus loin et le jardin près du fleuve était couvert de corps. Il faisait froid, le soleil ne s'est pas montré une seule fois, mais l'effet de la pluie sur les cadavres était encore pire que ce qu'aurait fait le soleil. C'est lors d'une de ces journées que j'ai compris que le seul cadavre que je ne supporterais pas de regarder serait celui que je n'aurais jamais à voir.

Les dix jours qui suivirent furent aussi sombres et froids, toutes les photos que nous avons prises de la

Citadelle ont pour toile de fond ce brouillard humide. Le peu de lumière qu'il y avait s'accrochait à la poussière épaisse qui montait des ruines du mur Est et qui faisait filtre devant tout ce qu'on voyait. Et ce qu'on voyait était pris d'un angle inhabituel – brefs coups d'œil en courant pliés en deux, ou vus d'en bas, allongés par terre, dans les rafales sèches et dures des shrapnells dont les éclats dansaient dans les débris alentour. A cause de cette poussière suspendue en l'air, l'odeur âcre de la cordite persistait longtemps après la fin des fusillades, et le gaz CS que nous avions envoyé aux NVA revenait sur nos positions. Avec tout ça il était impossible d'avoir une bouffée d'air frais, et il y avait aussi cette odeur qui montait des pierrailles entassées chaque fois qu'une bombe les touchait, une odeur qui se collait à l'intérieur du nez, qui s'insinuait dans la trame du treillis, si bien que plus tard, plusieurs semaines plus tard, à des kilomètres de là, elle remplissait la pièce la nuit quand vous ne pouviez plus dormir. Les NVA s'étaient enfouis si profondément dans la muraille que les bombardements devaient l'ouvrir mètre par mètre tandis que du napalm venait tomber à cent mètres à peine de nos positions. Du point le plus élevé des remparts, sur ce qui avait été autrefois une tour, j'ai regardé de l'autre côté des fossés et j'ai vu des NVA se déplacer rapidement sur les débris du mur. Nous étions assez proches pour voir leurs visages. Un coup est parti à quelques pas sur ma droite et un de ceux qui couraient s'est redressé en arrière avant de tomber. Un tireur des Marines s'est penché hors de son abri pour me faire un sourire.

Entre la fumée, le brouillard et la poussière de la Citadelle, il était difficile de dire que l'heure qui sépare le jour de la nuit était un vrai crépuscule, mais c'était tout de même le moment où la plupart d'entre nous ouvraient leurs rations C. Nous n'étions qu'à quelques mètres du plus fort des combats, à peine à la distance d'un pâté de maisons au Vietnam, et pourtant on voyait encore apparaître des civils qui souriaient, haussaient les épaules, tentaient de rentrer chez eux. Les

Marines essayaient de les chasser en les menaçant à bout portant, ils criaient : « *Di, di, di*[1] pauvres enculés de mon cul, barrez-vous, foutez-moi le camp d'ici ! » et les réfugiés souriaient, faisaient une courbette et détalaient dans une des rues en ruine. Un gosse d'environ dix ans s'est approché d'un groupe de Marines de la Compagnie Charlie. Il riait en secouant la tête d'un côté et de l'autre d'une drôle de manière. L'intensité de son regard aurait dû prévenir tout le monde de ce que c'était, mais il n'était jamais venu à l'idée de la plupart des troufions qu'un gosse vietnamien aussi pouvait devenir fou, et au moment où ils l'ont compris le gosse essayait de leur arracher les yeux, se cramponnait à leurs treillis, faisant peur à tout le monde – ils devenaient vraiment nerveux – jusqu'à ce qu'un Noir l'attrape par-derrière et lui prenne les bras. « Allons, pauv'tit bébé, 'vant qu'un de ces enculés ne te descende », dit-il en emportant le gosse là où étaient les soldats de l'armée de terre.

Aux pires moments, personne ne croyait plus en sortir vivant. Le bataillon a été pris d'un désespoir que même les plus vieux, les vétérans de deux autres guerres, n'avaient jamais connu. Une ou deux fois, quand les hommes chargés d'enregistrer les décès sont venus chercher les objets personnels dans les sacs et les poches des Marines morts, ils ont trouvé des lettres de chez eux qu'ils avaient reçues plusieurs jours avant et n'avaient pas encore ouvertes.

On chargeait les blessés à l'arrière d'une camionnette et sur sa civière un des jeunes Marines n'arrêtait pas de pleurer. Son sergent lui tenait les deux mains et le Marine disait sans arrêt : « Merde, sergent, j'vais pas y arriver. Oh ! merde, j'vais mourir, c'est pas vrai ? – Non, tu ne vas pas mourir, pour l'amour de Dieu, disait le sergent. – Oh ! si, sergent, oh ! si, c'est sûr ! – Crowley, ta blessure n'est pas si grave. Je veux juste que tu fermes ta foutue gueule. Tu n'as rien fait que de râler depuis qu'on est arrivés dans cette putain de ville de

1. *Didi* : « partez » en vietnamien.

Hué. » Mais le sergent n'était sûr de rien. Le gosse était blessé à la gorge, et pour ça on ne pouvait rien dire. A la gorge c'était mauvais. Tout le monde avait peur de ces blessures-là.

On a eu de la chance avec les correspondances. Au poste de secours du bataillon, on a trouvé un hélico qui nous a emmenés avec une douzaine de Marines morts à la base de Phu Bai, trois minutes après avoir atterri nous avons pris un C-130 pour Danang. En faisant du stop depuis l'aérodrome un officier *psyop*[1] nous a pris en pitié et nous a conduits jusqu'au centre de presse. Quand nous avons passé le portail nous avons pu voir que le filet était monté et que la partie quotidienne de volley entre les Marines du centre de presse était en train.

« Où donc est-ce que vous êtes allés vous foutre ? » nous a demandé un Marine. On avait l'air assez retourné.

Le réfectoire était glacé, avec l'air conditionné. Je me suis mis à une table, j'ai commandé un hamburger et un cognac à l'une des paysannes qui nous servaient. Je suis resté là deux heures, j'ai commandé quatre hamburgers de plus et au moins une douzaine de cognacs. Ce n'était pas possible, simplement pas possible, d'avoir été là où nous étions avant et puis de nous retrouver ici, le tout dans le même après-midi. Un des journalistes qui étaient revenus avec moi était à une autre table, seul lui aussi, nous nous sommes regardés, nous avons secoué la tête et nous avons éclaté de rire. Je suis allé dans ma chambre, j'ai enlevé mes bottes et mon treillis et je me suis mis sous la douche. L'eau était incroyablement chaude, un moment j'ai cru que cela m'avait rendu fou et je suis resté assis longtemps sur le sol en béton, je me suis rasé et je me suis savonné plusieurs fois. Puis je me suis habillé et je suis retourné au réfectoire. Le filet était rabaissé, un des Marines a dit hello ! et m'a demandé si je savais quel film on donnait ce soir-là. J'ai commandé un steak et une autre enfilade de

1. La guerre psychologique.

cognacs. Quand je suis parti le journaliste était encore là, tout seul. Je me suis mis au lit et j'ai fumé un joint. Je devais y retourner au matin, c'était entendu comme ça, mais pourquoi? Toutes mes affaires étaient en ordre, prêt pour le réveil à cinq heures. J'ai fini mon joint et je me suis enfoncé en tremblant dans le sommeil.

A la fin de la semaine, le mur avait coûté aux Marines environ un mort ou un blessé par mètre, un quart étant des KIA. Le 1/5, connu ensuite comme le Bataillon de la Citadelle, avait pris part aux batailles les plus dures des Marines pendant les derniers six mois, ils avaient même combattu les mêmes unités NVA quelques semaines plus tôt devant Hai Vanh et Phu Loc, et maintenant trois de ses compagnies étaient réduites à la taille d'un peloton. Ils savaient tous à quel point c'était dur, la nouveauté des combats en ville était devenue une mauvaise plaisanterie, tout le monde voulait être blessé.

La nuit au CP, le major qui commandait le bataillon restait à lire ses cartes et à contempler d'un œil vide le trapèze de la Citadelle. On aurait pu croire à une scène vingt-cinq ans plus tôt dans une ferme normande, avec des bougies sur les tables, des bouteilles de vin rouge rangées sur des étagères abîmées, la pièce non chauffée, la hauteur des plafonds, la lourde croix ornée sur le mur. Le major n'avait pas dormi depuis cinq nuits et pour la cinquième nuit de suite, il nous assurait que le lendemain ce serait vraiment fini, les derniers mètres du mur seraient conquis, il avait tous les Marines qu'il fallait pour ça. Et un de ses aides, un lieutenant genre cowboy à l'air coriace, a fixé son sourire dur, ironique, au-dessus des yeux fixes du major, un sourire qui refusait les bonnes nouvelles, comme s'il disait : « Le major est un sac de merde et nous le savons tous. »

Quelquefois une compagnie se trouvait complètement isolée et il fallait des heures aux Marines pour évacuer les blessés. Je me souviens d'un Marine avec une blessure à la tête qui allait enfin atteindre le CP du bataillon quand la jeep où il était a calé. En fin de compte, il a sauté dehors et s'est mis à pousser, sachant que c'était le seul moyen d'en sortir. La plupart des tanks et des camions qui transportaient les blessés devaient remonter à découvert une longue route toute droite : on s'est mis à l'appeler l'Allée des Roquettes. Chaque tank des Marines avait été touché au moins une fois. On peut voir une épiphanie de Hué dans la grande photo de John Olson pour *Life* : les blessés de la Compagnie Delta entassés à la hâte sur un tank. Parfois, sur le chemin du poste de secours, les plus gravement blessés prenaient cette couleur sinistre, ce gris-bleu de poisson annonciateur de la mort qui montait de la poitrine pour recouvrir le visage. Il y avait un Marine au cou traversé d'une balle, pendant toute la route les soldats lui ont massé la poitrine. Mais quand ils ont atteint le poste, il allait si mal que le médecin l'a mis de côté pour soigner ceux dont il savait qu'ils pouvaient encore être sauvés, et quand ils l'ont mis dans le sac en caoutchouc vert il était peut-être cliniquement vivant. Le médecin n'avait encore jamais eu à faire ce genre de choix, et il n'arrivait pas à s'y habituer. Pendant les accalmies, il sortait prendre l'air, mais ce n'était pas mieux dehors. Les corps étaient les uns sur les autres et il y avait toujours une foule d'ARVN autour, debout à les regarder, fascinés par la mort comme tous les Vietnamiens. Comme ils ne savaient que faire d'autre et qu'ils ne savaient pas ce qu'en penseraient les Marines, ils souriaient aux cadavres, et il y eut quelques incidents déplaisants. Les Marines qui s'occupaient des corps étaient surmenés, pressés par le travail, ils devenaient hargneux, arrachant avec colère les paquetages des morts, coupant les courroies à coups de baïonnette et jetant les corps dans les sacs. Un des morts était si raide qu'ils ont eu du mal à le faire entrer. « Merde, a dit l'un d'eux, cet enculé a de grands pieds. Il a pas des grands pieds cet enculé ? », en forçant pour faire passer les jambes. Dans le même poste se trouvait le Marine le plus jeune d'aspect que j'aie jamais vu. Il avait été touché au genou par un gros éclat d'obus et n'avait aucune idée de ce qu'on allait faire de lui maintenant qu'il était blessé. Il était sur la civière pendant que le médecin lui expliquait qu'il serait ramené en hélico à l'hôpital de Phu Bai, mis dans un avion pour Danang et finalement renvoyé aux Etats-Unis pour ce qui serait sans aucun doute le reste de son service. Au début le gosse était sûr que le médecin se moquait de lui, puis il s'est mis à y croire, et enfin il a su que c'était vrai, qu'il allait réellement sortir de là, il ne pouvait plus s'arrêter de sourire et de grosses larmes lui coulaient sur les oreilles.

C'est à ce moment que je me suis mis à reconnaître presque chaque mort ou blessé, à me souvenir de conversations que nous avions eues quelques jours ou quelques heures avant, et c'est là que je suis parti dans le même medevac[1] qu'un lieutenant couvert de pansements ensanglantés. Il avait été touché aux deux jambes, aux deux bras, à la poitrine et à la tête, il avait les yeux et les oreilles pleins de sang séché et il a demandé à un photographe dans l'hélico de prendre une photo de lui comme ça pour l'envoyer à sa femme.

La bataille de Hué était presque finie. La *Cav* travaillait le coin nord-ouest de la Citadelle et des éléments de la 101 étaient passés par ce qui avait été une route d'approvisionnement pour les NVA. (En cinq jours ces unités ont perdu autant d'hommes que les Marines en trois semaines.) Les Marines vietnamiens et une partie de la 1re Division ARVN avaient fait redescendre le reste des NVA vers le rempart. Le drapeau NVA qui avait si longtemps flotté sur la muraille sud avait été descendu et on avait mis à la place un drapeau américain. Deux jours plus tard, les Hoc Bao, les Eclaireurs vietnamiens, entrèrent en force par les brèches du Palais Impérial où il ne restait plus un seul NVA. Sauf quelques cadavres dans les fossés, ils avaient enterré la plupart de leurs morts. A leur arrivée à Hué, les NVA avaient assisté à des banquets populaires en leur honneur. Avant de partir ils avaient rasé la moindre verdure mangeable qui poussait dans les fossés. La seule

1. Hélicoptère sanitaire.

ville merveilleuse du Vietnam était détruite à 70 p.100 et si le paysage semblait désolé, imaginez l'allure qu'avaient les personnages de ce paysage.

Il y a eu deux cérémonies officielles pour marquer l'expulsion des NVA, deux levers des couleurs. Sur la rive sud de la Rivière des Parfums on a recruté deux cents réfugiés dans un des camps pour se tenir debout sous la pluie, silencieux et moroses, et regarder monter le drapeau de la GVN. Mais la corde a cassé et la foule, pensant que le VC avait tiré dessus, a été prise de panique. (Dans les journaux de Saigon il n'y avait pas de pluie dans l'histoire, pas d'ennuis avec la corde, et des milliers de gens avaient acclamé le drapeau.) Quant à l'autre cérémonie la plupart des gens trouvaient que la Citadelle n'était pas un endroit sûr et quand finalement le drapeau a été hissé il n'y avait personne pour le voir, sauf une poignée de soldats vietnamiens.

Le major Trong rebondissait sur le siège de sa jeep en nous conduisant parmi les débris répandus dans les rues de Hué. Son visage restait parfaitement impassible en passant devant les foules de Vietnamiens qui trébuchaient sur les poutres écroulées et les briques pulvérisées de leurs maisons. Il avait les yeux cachés par des lunettes noires et il était impossible de savoir ce qu'il ressentait. Il n'avait pas l'air d'un vainqueur, il était si petit et si mou sur son siège que je pensais le voir s'envoler de la jeep. Son chauffeur était un sergent appelé Dang, un des plus grands Vietnamiens que j'aie jamais vus, et qui parlait mieux anglais que le major. La jeep calait de temps en temps sur les gravats et Dang se retournait vers nous avec un sourire d'excuse. Nous nous dirigions vers le Palais Impérial.

Un mois plus tôt, le sol du Palais était recouvert par une douzaine de morts NVA et par les restes calcinés de trois semaines de siège. On ne s'était pas empressé de bombarder le Palais mais les bombardements du voisinage avaient fait beaucoup de dégâts, sans compter quelques obus. Les grandes urnes de bronze étaient irréparablement bosselées, la pluie passait par un trou dans le toit de la salle du trône et inondait les deux petits trônes où s'étaient assis les anciens monarques annamites. Dans la grande salle (grande par rapport aux Vietnamiens) la laque rouge du haut des murs était gravement ébréchée. Tout était couvert d'une poussière épaisse. La porte principale avait son faîte écroulé, dans le jardin les branches brisées des vieux arbres *cay-dai* étaient comme des insectes géants saisis par les flammes, des formes délicates, immatérielles et mortes. Ces jours-là on murmurait que le Palais avait été tenu par un groupe d'étudiants volontaires qui avaient pris l'invasion de Hué pour un signe et avaient couru se rallier aux Nord-Vietnamiens. (Une autre rumeur de la même période – les « charniers » de quelque cinq mille corps, les gens exécutés par les NVA – vient seulement d'être vérifiée.)

Une fois les remparts conquis, une fois franchie l'enceinte, il ne s'y trouvait plus personne, sauf les morts qui flottaient dans les fossés et encombraient toutes les entrées. Quand les Marines se sont installés, les rations vides et les feuilles boueuses arrachées au *Stars and Stripes* sont venues s'ajouter aux décombres. Un gros Marine a été photographié en train de pisser dans la bouche ouverte d'un soldat nord-vietnamien en pleine décomposition.

« Pas bon, dit le major Trong, pas bon. Combats ici très durs, très mauvais. »

J'ai parlé, avec le sergent Dang, du Palais Impérial et de la dynastie des empereurs. Quand nous avons calé une dernière fois devant un des ponts qui traversaient le fossé, je lui ai demandé le nom du dernier empereur ayant régné. Il a souri et haussé les épaules, pas tellement parce qu'il l'ignorait, plutôt parce que cela n'avait plus d'importance.

« Maintenant l'empereur, c'est le major Trong », a-t-il dit en faisant entrer la jeep dans le Palais.

KHE SANH

1

Aux plus mauvais jours de la fin de l'hiver 1968, il y avait à Khe Sanh un jeune Marine qui arrivait à la fin de son temps au Vietnam. Il avait passé presque cinq mois de ses treize mois de service dans cette base de combat de Khe Sanh avec le 26e Marine, un régiment qui avait augmenté lentement ses effectifs depuis le printemps précédent jusqu'à devenir un régiment renforcé. Il se souvenait d'une période, il n'y avait pas si longtemps, où ceux du 26e trouvaient qu'ils avaient de la chance d'être là, les types en parlaient comme si c'était une récompense pour les épreuves qu'avaient traversées leurs unités respectives. Pour ce qu'il en croyait, ça venait en récompense d'une embuscade à l'automne sur la route de Cam Lo à Con Thien où son unité avait eu 40 p.100 de pertes et où lui-même avait reçu des éclats d'obus dans la poitrine et les bras. (Oh! vous disait-il, il en avait vu des merdes dans cette guerre.) C'était la période où tout le monde connaissait le nom de Con Thien, bien avant que Khe Sanh ait pris les proportions d'un siège et se soit installé comme une obsession au cœur du Haut Commandement, bien avant qu'une seule rafale soit tombée à l'intérieur de l'enceinte pour emporter ses copains et faire de son sommeil un état indiscernable de l'état de veille. Il se souvenait de quand ils avaient le temps de jouer dans les torrents sous le plateau où était le camp, quand tout le monde ne parlait que des six nuances de vert qui teintaient les collines environnantes, quand lui et ses amis vivaient comme des êtres humains, au-dessus du sol, dans la lumière, au lieu de vivre comme des animaux si déglingués qu'ils s'étaient mis à prendre des pilules antidiarrhée pour maintenir au minimum leurs trajets à découvert jusqu'aux latrines. Et, au dernier matin de son service, il aurait pu vous dire qu'il était passé par tout ça et qu'il s'en était assez bien tiré.

C'était un grand blond du Michigan, vingt ans probablement, bien qu'il ne soit jamais facile de donner un âge aux Marines de Khe Sanh, aucune jeunesse ne restant longtemps sur leur visage. C'étaient les yeux : ils étaient toujours tirés ou exorbités ou simplement vides, ils n'avaient jamais rien à voir avec ce que faisait le reste du visage, ce qui donnait à tous un air d'extrême fatigue ou un regard de fou. (Et l'âge. Prenez une de ces photos d'une escouade pendant la guerre de Sécession et couvrez tout sauf les yeux, il n'y a aucune différence entre un homme de cinquante ans et un gosse de treize.) Ce Marine, par exemple, souriait toujours. Le genre de sourire proche du gloussement nerveux sans que ses yeux ne montrent ni gaieté, ni gêne, ni nervosité. C'était un peu fou, mais surtout ésotérique au sens où tant de Marines en dessous de vingt-cinq ans devenaient ésotériques au bout de quelques mois dans la IIe Région. Sur ce jeune visage ordinaire, le sourire semblait naître d'une ancienne sagesse et disait ceci : « Je vous dirai pourquoi je souris, mais cela vous rendra fou. »

Il avait tatoué MARLENE en haut de son bras et inscrit JUDY sur son casque et il disait : « Ouais, bon, Judy sait tout sur Marlene. C'est cool, pas d'histoires. » Un jour, il avait écrit au dos de sa vareuse : *Ouais, je traverse la Vallée de l'Ombre de la Mort sans craindre le Mal, car je suis le pire salopard des enculés de cette vallée,* mais plus tard il avait essayé sans grand succès de l'effacer parce que, expliquait-il, tous ces cons de la DMZ avaient écrit la même chose. Et il souriait.

Au dernier matin de son service, il souriait. Ses affaires étaient rangées, ses papiers en ordre, son sac était rempli, il en était aux cérémonies de dernière minute : claques sur l'épaule et conneries à la ronde, les blagues avec le chef (« Allons donc, tu sais bien que ce pays va te manquer. – Oui, chef. Oh! la ouh! »); les adresses qu'on échange, les bouts de souvenirs désaccordés qui ponctuent des silences gênés. Il lui restait quelques joints enveloppés dans un sac en plastique (il ne les avait pas fumés, comme la plupart des Marines à Khe Sanh, il s'attendait à une attaque au sol et il ne voulait pas être défoncé quand elle viendrait) qu'il a donnés à son meilleur copain, ou plutôt à celui de ses meilleurs copains qui était encore vivant. Son plus vieil ami s'était fait sauter en janvier, le jour où le dépôt de munitions avait explosé. Il s'était toujours demandé si Gunny, le sergent artilleur de la compagnie, savait qu'ils fumaient. Après trois guerres, probable que Gunny s'en foutait, et puis tout le monde savait qu'il était lui-même dans des trucs plutôt sérieux. Quand il est passé près du bunker, ils se sont dit au revoir, puis il n'a eu plus rien à faire de la matinée sinon entrer et sortir en courant du bunker pour regarder le ciel – rentrer chaque fois pour dire qu'à dix heures il devrait faire assez clair pour que les avions puissent venir. A midi, quand les adieux, les fais gaffe et les profites-en-pour-moi duraient depuis des heures, le soleil a commencé à percer la brume. Il a pris son sac marin et un petit sac AWOL[1], il est allé vers la piste et la tranchée étroite et profonde qui la longeait.

Khe Sanh était alors un très sale coin, mais la piste était le plus sale coin de la planète. C'était ce que Khe Sanh avait en guise de cible, l'objectif exactement prévisible des mortiers et des roquettes cachés dans les collines tout autour, la cible obligée des grands canons russes et chinois logés au flanc des monts CoRoc, à onze kilomètres de l'autre côté de la frontière laotienne. Ici rien de hasardeux dans les tirs, et personne ne voulait s'y frotter. Quand le vent était dans le bon sens, on

1. *Absence Without Leave* (insoumis ou déserteur), pour désigner un sac léger.

entendait tirer les calibres 50 des NVA bien plus haut dans la vallée chaque fois qu'un avion approchait de la piste, et les premiers obus arrivaient plusieurs secondes avant l'atterrissage. Si vous attendiez là qu'on vous embarque, il n'y avait rien à faire sinon se rouler en boule dans la tranchée, se faire tout petit, et si vous étiez dans l'avion qui arrivait il n'y avait rien à faire, rien du tout.

Il y avait toujours les débris d'un avion quelconque empilés sur la piste ou au bord, quelquefois les dégâts obligeaient à fermer la piste plusieurs heures pendant que les *Seabees*[1] ou le 11e du génie déblayaient. C'était si dur, et tellement prévu, que l'armée de l'air n'a plus envoyé de C-130, leur vedette, et s'est contentée de C-123, plus petits et plus maniables. Chaque fois que c'était possible ils envoyaient leur chargement par parachute sur des palettes lâchées à 500 mètres, des jolis champignons bleus et jaunes, tout un spectacle, qui tombaient tout autour de l'enceinte. Mais il fallait bien faire descendre les passagers et venir les prendre au sol. C'étaient surtout des renforts, des types qui allaient en R & R ou en revenaient, des spécialistes d'un genre ou d'un autre, rarement des huiles (pour la plupart les officiers de la Division et les officiers supérieurs prenaient des transports spéciaux) et beaucoup de journalistes. Quand une cargaison de passagers tendus et trempés de sueur répétaient sans arrêt dans leur tête la course vers la tranchée en attendant l'ouverture du panneau de cale, il y avait dix à cinquante Marines et journalistes accroupis dans la tranchée se léchant bêtement les lèvres pour les rendre moins sèches, et tous au même moment se mettaient à courir, à se cogner, à paniquer pour échanger leurs places. Si le barrage était particulièrement dense, les visages se tordaient dans une panique élémentaire, les yeux agrandis, comme des chevaux pris dans un incendie. On ne voyait plus qu'un flou translucide, seul le centre était net, comme une photo de Carnaval en flou artistique. On apercevait un visage, un

1. Le génie naval.

fragment d'obus entouré d'étincelles blanches, un bout de paquetage apparemment suspendu en l'air, un peu de fumée, on contournait l'équipe au sol qui défaisait les grosses sangles du chargement, on courait à travers les chiens des éclaireurs et les sacs mortuaires posés au hasard jamais loin de la piste et couverts de mouches. Des hommes se battaient encore pour monter ou descendre pendant que l'appareil tournait lentement pour rouler avant le décollage le plus accéléré dont la machine était capable. Si vous étiez à bord, ce début de mouvement était une extase. Vous étiez tous assis avec des sourires vides, épuisés, couverts de cette impossible poussière rouge que donne la latérite; comme des écailles, vous sentiez le délicieux frisson d'après la peur, ce bref spasme de sécurité. Il n'y avait rien au monde pour se sentir aussi bien que de s'envoler de Khe Sanh.

Pour ce dernier matin, le jeune Marine s'est fait emmener depuis la position de sa compagnie jusqu'à cinquante mètres de la piste. En commençant à marcher, il a entendu le grondement lointain du C-123 qui arrivait, rien d'autre. Le brouillard pesait sur lui à trente mètres à peine, inquiétant, menaçant. Sauf pour le bruit croissant des moteurs, tout était calme. S'il y avait eu quelque chose de plus, juste une rafale vers la piste, tout aurait pu bien marcher, mais dans ce silence le seul bruit de ses pas sur le sol a suffi à le terrifier. Plus tard, il a dit que c'est ce qui l'a fait s'arrêter. Il a lâché son sac, regardé autour de lui, regardé l'avion, son avion, toucher le sol, puis il s'est mis à courir sur la route en sautant par-dessus des sacs de sable abandonnés. Il s'est jeté par terre, a écouté l'avion changer de cargaison et décoller, écouté jusqu'à ce qu'il n'y ait plus rien à écouter. Il n'y a pas eu une seule rafale.

Son retour au bunker a causé quelque surprise, mais personne n'a rien dit. Tout le monde peut manquer un avion. Gunny lui a donné une claque dans le dos et lui a souhaité un meilleur voyage pour la fois suivante. L'après-midi, il a pris une jeep qui l'a mené jusqu'à *Charlie Med,* la section médicale de Khe Sanh – placée follement près de la piste, mais il a été incapable de dépasser les sacs de sable devant la salle de tri.

« Oh! non, pauvre petit cul de salopard », dit Gunny en le voyant rentrer, et cette fois il l'a longuement regardé.

« Eh bien, a dit le gosse. Eh bien... »

Le matin suivant, deux de ses copains l'ont accompagné jusqu'au bord de la piste et l'ont mis dans la tranchée. (« Au revoir, a dit Gunny. Et c'est un ordre. ») Ils sont revenus en disant que cette fois, sûr, il était parti. Une heure plus tard, il remontait la route en souriant. Il était encore là la première fois que j'ai quitté Khe Sanh, et s'il y a des chances pour qu'il ait pu partir un jour, on ne peut pas en être certain.

Ce genre de drôles de choses arrivent à la fin du séjour. C'est le syndrome du court-terme. Dans la tête de ceux qui sont vraiment dans la guerre, le service dure toujours moins d'un an. On ne peut pas attendre grand-chose d'un homme qui n'a plus qu'une ou deux semaines à tirer. Ça devient un porte-guigne, un collectionneur de mauvais présages, un devin du mauvais œil. S'il a de l'imagination, ou l'expérience de la guerre, il prophétisera mille fois par jour sa propre mort, mais il lui restera toujours de quoi faire le seul truc important : sortir de là.

Quelque chose de plus était à l'œuvre sur ce jeune Marine, et Gunny savait ce que c'était. Pendant cette guerre on appelait ça « réaction aiguë à l'environnement », mais le Vietnam a engendré un jargon fait d'expressions si subtiles qu'il est souvent impossible de comprendre même de loin ce dont il s'agit. La plupart des Américains préfèrent s'entendre dire que leur fils souffre d'une réaction aiguë à l'environnement plutôt que de savoir qu'il a été choqué par un obus, parce qu'ils ne peuvent pas mieux faire face à cette réalité des obus qu'ils ne pourraient faire face à la réalité de ce qui est arrivé à ce garçon pendant ses cinq mois à Khe Sanh.

Disons que ses jambes ne marchaient plus. C'était clairement du ressort de la médecine, et le sergent allait avoir à faire en sorte qu'on s'en occupe. Mais quand je suis parti le gosse était encore là, assis sur son sac, détendu et souriant, qui disait : « Mec, quand je serai chez moi, j'aurai gagné. »

2

« Les Montagnes », c'est un nom que les Américains donnaient rarement à ce territoire au nord de la IIe Région, qui courait le long de la frontière laotienne jusque dans la DMZ. Par opportunisme militaire on avait appliqué un nouveau système de référence sur un Vietnam plus ancien et plus réel, un système qui a commencé le plus simplement du monde par la division du pays en deux et qui a continué – il avait sa logique – en divisant le Sud-Vietnam en quatre régions tactiques, clairement délimitées. Exigence de la guerre, qui avait efficacement oblitéré jusqu'à certaines des différences géographiques les plus évidentes, mais clarifié les communications, tout au moins entre les membres de la Mission et les diverses composantes du fabuleux MACV, le Commandement de l'Aide Militaire au Vietnam. Pour la géographie, par exemple, le delta du Vietnam comprend la Plaine des Joncs et encadre la Rivière de Saigon, mais sur toutes les cartes et au plus profond des têtes pensantes il se termine à la ligne qui sépare la IIIe Région de la IVe. De même, les Montagnes étaient réservées à la IIe Région et prenaient brusquement fin à la ligne tirée juste en dessous de la ville côtière de Chu Lai; tout ce qui était entre cette ligne et la DMZ était simplement la Ire Région. Toutes les conférences de presse, à tous les niveaux, en venaient à ressembler à un catalogue de pièces détachées où le langage était un produit de beauté fait pour enlaidir. Comme presque toute la prose journalistique de cette guerre s'exprimait dans ce langage, ou prenait le point de vue impliqué dans ce langage, il était impossible de savoir à quoi ressemblait le Vietnam en lisant la plupart des articles de journaux – aussi impossible que de sentir son odeur. Ces Montagnes ne disparaissaient pas aux frontières des Régions, elles montaient jusqu'à une partie du Nord-Vietnam que les aviateurs de la Navy appelaient l'Aisselle, formant une chaîne au nom merveilleux de Cordillère annamite qui s'étendait sur plus de 2600 kilomètres, de l'Aisselle jusqu'à un point juste en dessous de Pleiku, traversant une bonne partie du Nord, coupant la DMZ par la vallée fortifiée (la leur) de A Shau et les basses terres qui furent un jour la base des Marines à Khe Sanh. Et comme la région qu'elle traversait était vraiment spéciale, avec ses implications particulières, si j'insiste pour y replacer Khe Sanh, ce n'est pas seulement pour ajouter une note abstruse à l'histoire de ce triste endroit, à l'histoire des souffrances spéciales des nombreux Américains qui ont vécu là leur temps de guerre.

Car les Montagnes du Vietnam sont hantées, intolérables, hantées d'une manière incroyable. Une étendue de sommets disposés au hasard, de ravins envahis par la jungle, de plaines abruptes où se groupent les villages des Montagnards, pour s'éclaircir et disparaître à mesure que le terrain s'élève. L'assemblage des tribus montagnardes forme la partie la plus primitive et mystérieuse de la population du Vietnam, un peuple dont même les membres les plus occidentalisés ont toujours désorienté les Américains. A strictement parler, les Montagnards ne sont pas vraiment des Vietnamiens, certainement pas des Vietnamiens *du Sud,* mais une sorte d'aborigènes annamites montés en grade, à demi évolués, vivant dans leurs villages souvent nus, sombres et silencieux. Pour la plupart, les Vietnamiens comme les Montagnards se considèrent mutuellement comme des inférieurs, et si beaucoup de Montagnards se sont engagés comme mercenaires dans les Forces spéciales américaines, cette hostilité ancienne et fondée sur la race a souvent ralenti l'effort des alliés. Beaucoup d'Américains les considèrent comme des nomades, mais la guerre, plus que leur tempérament, est responsable de cet état de choses. Nous avons brûlé leurs champs au napalm, rasé leurs villages, pour admirer ensuite leur manière de ne pas rester en place. Leur nudité, leurs corps peints, leur résistance, leur silence devant les étrangers, leur douce sauvagerie et leur prodigieuse laideur se sont mêlés pour mettre à la longue très mal à l'aise la plupart des Américains obligés d'avoir affaire à eux. Il semblait normal, prédestiné, qu'ils vivent dans ces Montagnes sous l'épais couvert des arbres, où des brumes soudaines et contraires vous déroutent et vous inquiètent, où la chaleur des jours et le froid des nuits vous portent sans cesse et de plus en plus sur les nerfs, où le silence n'est brisé que par le souffle des bestiaux ou le chuintement des pales d'hélicoptères, le seul bruit à ma connaissance qui soit à la fois sourd et perçant. La croyance puritaine comme quoi Satan se tient dans la nature aurait pu naître là, où même sur le sommet le plus glacé vous pouvez sentir la jungle, cette tension entre pourriture et genèse que dégagent toutes les jungles. C'est un pays pour histoires de fantômes, et pour les Américains ce fut le lieu de certaines des plus affreuses surprises de la guerre. Les batailles de Ia Drang, fin 1965, furent les premières et les pires de ces surprises. Elles marquèrent la première apparition en masse de l'armée nord-vietnamienne au sud, et pas un de ceux qui se trouvaient là n'oubliera jamais cette horreur, jusqu'à ce jour personne n'en croit ses yeux, n'est encore revenu d'avoir vu avec quelle assurance et quelle science des bataillons entiers sont venus faire la guerre aux Américains. Quelques correspondants, quelques soldats revenus pour leur deuxième ou troisième période tremblaient encore involontairement à ce souvenir : des positions improvisées tenues jusqu'au dernier homme avant d'être enlevées; des Américains et des Nord-Vietnamiens crispés dans une dernière étreinte, les yeux grands ouverts, montrant des dents parfois profondément plantées dans la chair de l'ennemi; le nombre d'hélicoptères abattus (missions de secours après missions de secours...); l'équipement pris aux NVA où se trouvaient les premiers fusils d'assaut AK-47, les premières roquettes RPG-7, les centaines de plaques tombales en aluminium. Non, beaucoup de ceux qui ont vu ça, même les plus durs, n'avaient pas envie d'en parler. Notre meilleure division, la 1re Cavalerie aéroportée, a été plongée dans un bain de sang à Ia Drang cet automne-là, et si on a donné officiellement le chiffre d'environ trois cents morts, je n'ai jamais vu un de ceux qui étaient là-bas, y compris des officiers de la *Cav*, qui admette moins de trois ou quatre fois ce chiffre.

Il existe un point de vue selon lequel les Etats-Unis se sont engagés dans la guerre du Vietnam, intérêts et promesses mis à part, tout simplement parce que nous pensions que ce serait facile. Après Ia Drang le Haut Commandement a eu de plus en plus de mal à afficher cette arrogance première, mais elle n'a jamais disparu. Après Ia Drang, il n'y a plus jamais eu de véritable guérilla, sauf dans le Delta, et le vieux stratagème de Giap – interdire le Sud grâce aux Montagnes, couper le pays en deux – a été pris au sérieux; c'est même devenu l'obsession de beaucoup d'Américains influents.

Oh! ce terrain. Cette menace perpétuelle, affolante! Quand l'horrible bataille de Dak To a pris fin au sommet de la cote 875 nous avons annoncé que quatre mille des leurs avaient été tués, un véritable massacre, nos pertes étaient lourdes mais c'était une fois de plus, clairement, une victoire américaine. Or, quand le sommet de la colline 875 a été atteint, on a trouvé quatre NVA. Quatre. D'autres étaient morts, bien sûr, des centaines d'autres, mais les cadavres qu'on a pu bourrer de coups de pied, compter et photographier et enterrer, il y en avait quatre. Où, colonel? Et comment, et pourquoi? Hanté. Là-haut tout était sinistre, hanté, avec ou sans guerre. Vous étiez dans un lieu où vous n'aviez que faire, où il faudrait payer pour avoir entrevu certaines choses, payer aussi pour ne pas avoir vu les autres, un lieu où on ne jouait pas avec le mystère, où on vous tuait sur place pour y avoir mis le pied. Les villes avaient des noms qui vous envoyaient un frisson bref et glacé dans les os : Kontum, Dak Mat Lop, Dak Roman Peng, Poli Klang, Buon Blech, Pleiku, Pleime, Plei Vi

Drin. De traverser ces villes, d'être cantonné quelque part au-dessus, cela suffisait pour se sentir vidé, et chaque fois que je me voyais étendu quelque part, mort, c'était toujours là-haut, dans les Montagnes. Cela suffit pour qu'un jour un commandant américain tombe à genoux en suppliant : « Ô Dieu ! Juste *une fois*, que ce soit notre tour. Nous avons la force, donnez-nous l'avantage ! » Même les *Cav,* malgré leur style, leur courage et leur mobilité, ont été incapables de pénétrer ce visage immuable des Montagnes. Ils ont tué de nombreux communistes, mais c'est tout ce qu'ils ont fait, car le nombre de communistes tués ne signifiait rien, ne changeait rien.

Sean Flynn, photographe et connaisseur de la guerre du Vietnam, m'a dit qu'il était un jour en haut d'une base d'assaut là-bas avec le commandant d'un bataillon. Le soir tombait, ce brouillard sinistre montait du sol de la vallée et absorbait toute lumière. Le colonel a regardé longuement dans le lointain en plissant les yeux. Puis il a suivi, lentement de la main la ligne de la jungle, le long des collines et des crêtes qui se perdaient au Cambodge (le Sanctuaire !). « Flynn, dit-il. Quelque part par là... se trouve la *Première Division NVA au complet*. »

O mon Dieu, juste une fois !

3

Quelque part par là, à portée de canon de la base de combat de Khe Sanh, dans un rayon de trente kilomètres, à un jour de marche, « en position d'attaque », dissimulées dans un silence menaçant, se trouvaient cinq divisions complètes des troupes régulières du Nord-Vietnam. Voici quelle était la situation aux dernières semaines de 1967 :

Quelque part au sud-ouest se trouvait la 304ᵉ Division NVA. Plein est (quelque part) était la 320ᵉ. La 325ᵉC était déployée on ne savait comment au nord-ouest, et la 324 B (un des régiments ennemis les plus inquiétants) était quelque part au nord-est. Il y avait aussi une division non identifiée juste de l'autre côté de la frontière laotienne, où leur artillerie était si profondément enterrée dans le flanc de la montagne que même nos B-52 ne pouvaient pas leur faire de mal. Tout ce territoire, toutes ces cachettes, crête après crête, des pentes et des ravins mortels, sous une triple voûte de feuillage et les épaisses brumes de la mousson. Et des divisions entières étaient là-dedans.

Les services de renseignements des Marines (d'après les traces de pas, beaucoup de ces démons sont entrés, aucun n'est ressorti) avec l'aide des informations rapportées par les reconnaissances de l'aviation, de plus en plus nombreuses, surveillaient avec inquiétude cette concentration de troupes depuis le printemps précédent. Khe Sanh avait toujours été proche des principales voies d'infiltration – « les chevauchait », comme disait la Mission. Ce plateau peu élevé mais bien défini qui surgissait brusquement des contreforts reliant le Laos au Vietnam, était un endroit important depuis que les Vietnamiens étaient en guerre. Les voies empruntées maintenant par les NVA avaient été utilisées vingt ans plus tôt par le Viet-Minh. La valeur que Khe Sanh avait pour les Américains peut se jauger au fait que malgré les infiltrations bien connues tout autour nous avions pu la conserver pendant des années avec une équipe des Forces spéciales, rien de plus, moins d'une douzaine d'Américains et environ quatre cents soldats indigènes, Vietnamiens et Montagnards. Quand les Forces spéciales y sont arrivées, en 1962, elles ont construit leurs baraquements, leur mess et leurs fortifications sur les bunkers laissés par les Français. Les colonnes qui s'infiltraient ont simplement dévié leur route à environ un kilomètre de la position centrale de Khe Sanh. Les Bérets Verts envoyaient régulièrement des patrouilles d'une prudence extrême. Comme ils étaient presque toujours encerclés par les infiltrés, Khe Sanh n'était pas l'affectation la plus confortable du Vietnam, mais il y avait rarement plus grave qu'une embuscade faite au hasard ou qu'un tir de mortier de temps à autre. Pour toutes les équipes au combat dans le pays, c'était la norme. Si les NVA avaient considéré la position de Khe Sanh comme cruciale ou même importante, ils auraient pu la prendre n'importe quand. Et si nous avions pensé un instant qu'il s'agissait d'autre chose que d'un avant-poste symbolique – on ne peut pas se laisser infiltrer de tous les côtés sans envoyer quelqu'un y jeter un coup d'œil – nous en aurions fait une base de première grandeur. Personne ne sait construire des bases aussi bien que les Américains.

Au cours des patrouilles de routine, au début du printemps 1966, les Forces spéciales ont remarqué ce qui semblait être une augmentation significative du nombre des troupes ennemies au voisinage immédiat de Khe Sanh et un bataillon de Marines a été envoyé en renfort. Un an plus tard, en avril et mai 1967, au cours d'opérations Recherche-et-Destruction, importantes mais toujours de routine, les Marines ont découvert et attaqué des unités nord-vietnamiennes de la force d'un bataillon qui tenaient les sommets des collines 881 au nord et au sud. Il y a eu beaucoup de morts des deux côtés, et ces batailles sont devenues les plus sanglantes du printemps. Les collines ont été prises, puis abandonnées quelques semaines plus tard. Les Marines qui auraient pu les garder (un sommet de 881 mètres n'est-il pas l'endroit idéal pour observer des infiltrations ?) ont été envoyés à Khe Sanh où le 1er et le 3e Bataillon du 26e Régiment de Marines se sont relayés pour harceler de plus en plus les NVA, espérant, sinon les chasser du secteur, au moins les contraindre à se déplacer de manière prévisible. Le 26e, un régiment hybride, avait été formé à partir des TAOR de la 5e Division de Marines, une désignation chiffrée qui continua d'exister sur le papier même après que le commandement effectif du régiment fut confié à la 3e Division de Marines dont le quartier général était à Dong Ha, pas loin dans la DMZ.

En été, il est devenu évident que l'ennemi n'avait

engagé dans les batailles pour les collines 881 Nord et Sud qu'une partie relativement faible des troupes qu'on croyait être sur place. Les patrouilles ont été augmentées (on disait maintenant qu'elles étaient parmi les plus dangereuses du service) et des unités supplémentaires du 26e Marine ont été envoyées par air à ce qui s'appelait maintenant la Base de Combat de Khe Sanh. Les *Seabees* ont installé une piste de 600 mètres en tarmac, on a construit une buvette et un mess pour officiers avec l'air conditionné, le commandement du régiment a établi son Centre d'opérations tactiques dans le plus grand des bunkers désertés par les Français. Pourtant Khe Sanh est resté une affaire moyenne qui ne concernait que le Corps des Marines. Quelques anciens parmi les journalistes connaissaient vaguement l'existence de la base et celle de la petite ville peuplée d'environ mille Montagnards qui était à 4 kilomètres au sud. Ce ne fut pas avant novembre, quand le régiment eut fait le plein et se fut même renforcé (six mille Marines, sans compter les unités prises au 9e Régiment de Marines) de six cents Chasseurs vietnamiens, deux détachements de *Seabees*, un escadron d'hélicoptères et un petit camp des Forces spéciales, que les Marines laissèrent « échapper » cette affirmation assez remarquable comme quoi, en construisant cette base, nous avions attiré dans la région un nombre incroyable d'ennemis.

C'est vers cette époque que des exemplaires du petit livre de poche rouge, l'édition anglaise de *La Bataille de Dien Bien Phu*, par Jules Roy, se sont mis à apparaître partout où se retrouvaient des correspondants de guerre. On en voyait sur la terrasse de l'hôtel Continental, aux restaurants L'Amiral et Aterbea, au 8e Port Aérien de Tan Son Nhut, dans le centre de presse de Danang tenu par les Marines et dans la grande salle d'information du JUSPAO à Saigon où chaque après-midi à 4 h 45 les porte-parole donnaient la conférence de presse quotidienne qu'on appelait familièrement les Folies de Cinq Heures – tentative à la Orwell de patauger dans les événements de la journée vus par la Mission. (C'était vraiment la tasse.) Ceux qui avaient pu en trouver un exemplaire lisaient le livre de Bernard Fall sur Dien Bien Phu, *Hell in a Very Small Place* (L'enfer dans un tout petit endroit) que beaucoup trouvaient meilleur, plus fort sur la tactique, plus près des choses, sans les indiscrétions de haut niveau qui rendaient si dramatique le livre de Roy. Et comme les premières conférences de presse des Marines sur Khe Sanh ont eu lieu au quartier général des Marines à Danang ou à Dong Ha, le nom de Dien Bien Phu s'est insinué, tel un fantôme dénué de tact, à l'affût des mauvaises nouvelles. Les Marines qui devaient s'adresser à la presse trouvaient irritantes et même insultantes les références au désastre passé des Français. La plupart ne se donnaient pas la peine de riposter aux questions de cet ordre, les autres n'en avaient pas les moyens. Plus ils se mettaient en colère et plus la presse les agaçait avec ses questions. Pendant quelque temps il a semblé que le souvenir de Dien Bien Phu était plus excitant et plus grave que tout ce qui se passait sur le terrain. Et il fallait reconnaître que le parallèle avec Khe Sanh était irrésistible.

Pour commencer, il y avait en gros le même rapport entre assaillants et défenseurs, huit contre un. Le terrain avait une ressemblance hallucinante, même si Khe Sanh ne couvrait que trois kilomètres carrés alors que Dien Bien Phu s'étalait davantage. Le temps était le même et la mousson favorisait les assaillants en maintenant au minimum l'activité aérienne des Américains. Khe Sanh était encerclée, comme Dien Bien Phu l'avait été, et de même que les premières attaques de mars 1954 étaient parties des tranchées Viet Minh, les NVA avaient commencé à creuser un réseau de tranchées qui approcherait bientôt à cent mètres des barbelés des Marines. Dien Bien Phu avait été le chef-d'œuvre du général Vo Nguyen Giap et des rumeurs filtrant des services de renseignements américains suggéraient que Giap dirigeait lui-même l'opération Khe Sanh depuis un avant-poste quelque part au-dessus de la DMZ. Etant donné le fait que bon nombre des officiers des Marines commençaient par ne pas comprendre ce que nous faisions à Khe Sanh, les évocations répétées de Dien Bien Phu ne pouvaient que les énerver. Pourtant, sur ce que les porte-parole aimaient appeler « notre côté du " Grand Livre " », il y avait des différences importantes.

La base de Khe Sanh étant sur un plateau, même peu élevé, cela ralentirait une attaque au sol et donnerait aux Marines une meilleure base de tir. Les Marines pouvaient aussi compter sur des renforts massifs, ou du moins les espérer. Officiellement, ces renforts se composaient de la 1re Division de Cavalerie aérienne et d'éléments de la 101e Aéroportée, mais ils comptaient en fait près d'un quart de million d'hommes, les soldats des bases de soutien dans la DMZ, les stratèges de Saigon (et de Washington), et, le plus important de tout, les pilotes et les équipages des bases aussi lointaines que Udorn, Guam et Okinawa, des hommes dont l'énergie et l'attention se fixèrent presque exclusivement sur les missions vers Khe Sanh. Tout reposait sur l'appui aérien, c'était la clef de voûte de tous nos espoirs à Khe Sanh, nous savions qu'une fois passé la mousson, ce ne serait rien que de lâcher des dizaines de tonnes d'explosifs et de napalm autour de la base, de la ravitailler sans effort, de couvrir et de renforcer les Marines.

Quel confort, toute cette puissance, toute cette précision, tout cet ensemble merveilleusement agencé ! Cela comptait énormément pour les milliers de Marines de Khe Sanh, pour le Haut Commandement, pour les correspondants de guerre qui passaient quelques jours et quelques nuits à la base, pour les officiels du Pentagone. Comme cela nous aidait à dormir, les caporaux comme le général Westmoreland, moi-même comme le président des Etats-Unis, les toubibs de la Marine comme les parents de tous ces gosses à l'intérieur des barbelés. Et tous nous n'avions qu'un seul problème : Khe Sanh était complètement encerclée, de loin inférieure en effectifs, nous savions que toutes les voies d'évacuation terrestres, y compris la Route 9, vitale pour la base, était entièrement contrôlées par les NVA, et enfin la mousson devait durer encore au moins six semaines.

Il y avait une blague qui circulait, donnant à peu près ça : « Quelle est la différence entre les Marines et les Boy-Scouts ? – Les Boys-Scouts ont des chefs adultes. » Pigez ça ! disaient les troufions qui voulaient bien l'admettre tant qu'ils ne l'entendaient pas dire par des gens de l'extérieur, le « personnel non essentiel », comme l'armée de terre ou l'aviation. Il leur fallait une touche de secret fraternel pour que ça reste une bonne blague. Et quelle fraternité ! Si dans la 1re Région la guerre devenait pour les correspondants une question de spécialisation ce n'était pas qu'elle recelait une différence essentielle mais parce qu'elle était faite presque exclusivement par les Marines, dont les journalistes trouvaient les particularités intolérables et même criminelles. (Il y eut une semaine pendant cette guerre, une semaine seulement, où l'armée de terre perdit proportionnellement plus d'hommes que les Marines, et les porte-parole de l'armée eurent du mal à cacher leur fierté, leur jubilation totale.) Et devant quelques variations nouvelles sur les anciennes catastrophes des Marines, peu importait que vous connaissiez des douzaines d'officiers vraiment bien. Presque toujours quelque chose tournait mal, d'une manière ou d'une autre, là ou ailleurs. C'était toujours quelque chose de vague, d'inexplicable, avec un goût de mauvais sort, et en fin de compte cela se ramenait toujours à l'élément de base – des Marines morts. La croyance qu'un Marine valait une dizaine de *nyaqs* faisait qu'on envoyait en le sachant des escouades de Marines contre des sections entières de NVA, des sections contre des compagnies et ainsi de suite jusqu'à ce que des bataillons au complet se fassent clouer au sol et décimer. Cette croyance était immortelle, mais pas les soldats, et beaucoup de gens se sont mis à dire que le corps des Marines était le plus bel instrument jamais inventé pour tuer les jeunes Américains. Il y avait toujours plein d'histoires de sections entières massacrées (leurs corps mutilés enrageaient les Marines au point qu'ils envoyaient des « patrouilles de vengeance » qui avaient assez souvent le même sort) : des compagnies ayant trois quarts de pertes, des Marines pris en embuscade par des Marines, des positions bombardées par notre artillerie ou notre aviation, tout cela au cours d'opérations Recherche-et-Destruction. Et vous saviez que tôt ou tard, si vous sortiez assez souvent avec eux, cela vous arriverait à vous aussi.

Et les troufions savaient : la folie, l'amertume, l'horreur, la fatalité. Ils les connaissaient bien, et plus encore, ils les savouraient. Ce n'était pas plus fou que ce qui se passait tout autour, et assez souvent cela possédait sa logique propre, en miroir. « Bouffe la Pomme, encule l'Armée », disaient-ils, et ils l'écrivaient sur leurs casques et sur leurs vareuses pour que leurs officiers le voient. (Un gosse l'avait tatoué sur son épaule.) Quelquefois, ils vous regardaient en riant longuement, sans un mot, se moquant d'eux-mêmes et de vous qui étiez là sans y être obligé. Et qu'y avait-il de plus drôle, vraiment, étant donné tout ce qu'un gosse de dix-huit ans pouvait apprendre en un mois de patrouille dans la Z ? Il y avait ce rire au plus profond de la peur la plus sombre, et on pouvait mourir en riant. Ils ont même écrit une chanson, une lettre à la mère d'un Marine mort, qui disait à peu près : « Quelle merde, quelle merde, ton gosse est niqué, mais on s'en branle, ce n'était qu'un troufion... ». On en faisait des sauvages et des tendres, leur secret les violentait, les rendait sombres et souvent très beaux. Ni l'âge, ni l'expérience, ni l'éducation ne leur était nécessaire pour savoir exactement où était la vraie violence.

Et c'étaient des tueurs. Naturellement, que vouliez-vous qu'ils soient ? Cela les absorbait, cela les habitait et les rendait forts de la force des victimes, cela les remplissait des obsessions jumelles, la Mort et la Paix, cela les rendait tels qu'ils ne pourraient jamais, plus jamais, parler légèrement de ce qu'il y a de Pire au Monde. Quand vous saviez cela sur eux, vous ne pouviez plus vous sentir aussi bien (dans cette joie misérable qu'on trouve à couvrir la guerre) avec d'autres unités.

Et naturellement les pauvres bougres étaient célèbres dans tout le Vietnam. Si vous passiez quelques semaines là-haut avant de rejoindre un détachement de l'armée de terre dans la 4e ou la 25e Division, par exemple, voilà ce qui se passait :

« Où es-tu passé ? On ne t'a pas vu.

– Là-haut dans la 1re Région.

– Avec les *Marines ?*

– C'est ce qu'il y a là-haut.

– Ben, tout ce que je te dis c'est Bonne Chance ! Des Marines. Putain ! »

« Khe Sanh est l'Ancre Occidentale de notre défense, proposa le général commandant en chef.

– Qui vous a dit ça ? demandèrent les Anges Examinateurs.

– Mais... tout le monde ! »

Aucun Marine n'a jamais dit ça, pas même les officiers qui le croyaient par tactique, de même qu'aucun Marine n'a qualifié de « siège » ce qui s'est passé là pendant soixante-seize jours. C'étaient les vantardises du MACV, souvent reprises par la presse, et qui mettaient les Marines en colère. Tant que le 26e Marine pouvait maintenir un bataillon en dehors de l'enceinte (on a évacué la garnison de Khesanville et la bourgade a été rasée par les bombes, mais les Marines patrouillaient encore au-delà de l'enceinte et vivaient au sommet des collines les plus proches), tant que la base pouvait être ravitaillée par avion, ce ne pouvait pas être un siège. On peut cerner les Marines, on ne peut pas les assiéger. Quel que soit le mot qu'on préfère, au moment de l'Offensive du Têt, une semaine après que des obus se furent mis à tomber sur Khe Sanh, il semblait que les deux camps s'étaient engagés sur une telle échelle que l'affrontement était inévitable. Personne à ma connaissance ne doutait qu'il allait venir, probablement sous la forme d'une attaque au sol massive, et que ce serait aussi terrible que grandiose.

Le Commandement accordait à la base une telle

valeur tactique que le général Westmoreland a pu annoncer que l'Offensive du Têt n'était que la deuxième phase de la brillante stratégie de Giap. La première phase était apparue pendant les escarmouches de l'automne entre Loc Ninh et Dak To. La phase III (la « clef de voûte », disait le général) devait être Khe Sanh. Il semble impossible que qui que ce soit, à n'importe quel moment, même pendant le chaos du Têt, ait pu vraiment considérer quelque chose d'aussi monumental (et décisif ?) que cette offensive comme une simple diversion pour une opération aussi négligeable que Khe Sanh, mais tout est dans les archives.

Et depuis lors Khe Sanh était célèbre, un des très rares endroits du Vietnam connus du public américain. Khe Sanh voulait dire « siège », voulait dire « Marines encerclés » et « défenseurs héroïques ». C'était vite compris par les lecteurs des journaux, ça sentait la Gloire et la Guerre et l'Honneur dû aux Morts. Cela semblait avoir un sens. C'était un bon truc. On peut imaginer les angoisses du commandant en chef. Lyndon Johnson l'a dit en clair, il ne voulait pas « un autre foutu Dinbinfoo », et il a fait un acte sans précédent dans l'histoire de la guerre. Il a convoqué les chefs d'Etat-Major et leur a fait signer une déclaration « pour rassurer le public », affirmant que Khe Sanh pouvait être conservé et le serait à n'importe quel prix. (Apparemment *Coriolan* n'avait jamais été une lecture obligatoire à West Point. Les sous-offs et même les troufions sans ambition pour leur carrière ont ressenti comme un affront professionnel le risque pris par le Président, ils en parlaient comme d'une honte.) Khe Sanh tiendrait peut-être, peut-être pas, maintenant le Président avait sa déclaration, il l'avait signée au grand jour. Si Khe Sanh tenait, il pourrait probablement placer un sourire dans le tableau victorieux. Si Khe Sanh tombait, ce ne serait pas sur sa tête.

Les défenseurs de Khe Sanh, plus que n'importe quels autres Américains au Vietnam, devinrent des otages, près de huit mille Américains et Vietnamiens qui ne prenaient pas leurs ordres du commandant du régiment au TOC, ni du général Cushman à Danang ni du général Westmoreland à Saigon, mais d'une source qu'un officier des Renseignements de ma connaissance appelait toujours « au central ». On les faisait attendre sans bouger, alors que des Marines en position de défense, c'est comme des diables en soutane. Se terrer, en un sens, leur paraît lâche, se battre dans un terrier c'est comme se battre à genoux. (« Creuser, dit le général Cushman, ce n'est pas le genre des Marines. ») La plupart des défenses contre l'artillerie n'ont été construites ou sérieusement renforcées qu'après le début des bombardements, quand l'Offensive du Têt eut détourné une part du ravitaillement aérien et isolé Khe Sanh plus encore. Elles ont été construites de bric et de broc, au petit bonheur, si bien que les rangées de sacs de sable avaient des courbes molles et sensuelles sous la lumière tamisée par la brume et la poussière, des formes qui s'estompaient dans le lointain. Si on avait enlevé tous les barbelés, tous les sacs de sable, Khe Sanh aurait ressemblé à un de ces bidonvilles de Colombie où la misère fait la loi, où le désespoir est si tangible que plusieurs jours après l'avoir quitté on reste rempli de honte pour la souffrance qu'on vient de piétiner. A Khe Sanh la plupart des bunkers n'étaient que des cabanes mal couvertes, il était incroyable que des Américains vivent ainsi, même au milieu d'une guerre. Les défenses étaient un scandale et on sentait partout cette odeur amère de la désuétude qui suivait les Marines dans tout le Vietnam. S'ils n'écoutaient pas leurs propres morts tombés à Con Thien, à peine trois mois plus tôt, comment aurait-on pu s'attendre à ce qu'ils entendent les morts de Dien Bien Phu ?

Pas un obus n'était tombé à l'intérieur de l'enceinte. Sur les pentes de la cuvette où était la base, la jungle n'était pas encore calcinée ni semée de parachutes (ceux des fusées éclairantes) comme des linceuls d'enfants. Six nuances de vert, putain de ta mère, ce n'est pas beau, dis-moi ? Pas de treillis entassés, pleins de sang, devant la salle de diagnostic, pas de cadavres ennemis couvrant les barbelés chaque matin à l'aube. Rien de tout cela n'était encore arrivé que Khe Sanh était déjà perdue à jamais en tant qu'entité tactique. Il est impossible d'épingler le moment exact où c'est arrivé ni de savoir vraiment pourquoi. La seule chose sûre c'était que Khe Sanh était devenue une passion, un objet d'amour trompeur au cœur du Haut Commandement. On ne peut même pas déterminer de quel côté allait cette passion. Venait-elle de la plus sale des tranchées du niveau zéro, traversait-elle la 1re Région jusqu'à Saigon et au-delà (dessinant la véritable enceinte de la base) jusqu'aux hauteurs les plus abstraites du Pentagone ? Ou naissait-elle dans ces mêmes salles du Pentagone dont six années d'échec avaient vicié l'atmosphère, où l'optimisme ne venait de plus rien de viable mais coulait quand même à gros bouillons jusqu'à Saigon où on l'emballait pour l'envoyer au Nord et donner aux troufions une sorte de prétexte à ce qui allait leur arriver ? La promesse, dans ses grandes lignes, était sublime : la Victoire ! Une vision où au moins quarante mille des leurs viendraient se battre à découvert, selon nos conditions, se battraient pour une fois comme des hommes et se battraient pour rien. Il y aurait une bataille, une bataille comme une pièce montée où on pourrait les tuer en grand nombre, les tuer en masse, et peut-être que si on en tuait assez ils s'en iraient. Devant une telle promesse, on ne pouvait même pas envisager la possibilité d'une défaite, ni se demander si Khe Sanh, après le Têt, pourrait devenir militairement une imprudence, voire une absurdité. Une fois tout mis en place, Khe Sanh devint comme le pot dans le poème de Wallace Stevens. Elle étendit partout son empire.

4

Quand j'y pense en vitesse, si je vois ce nom quelque part ou si on me demande comment c'était, je vois un sol plat et sombre qui s'étend régulièrement jusqu'à un horizon qui prend les formes et les couleurs de collines recouvertes par la jungle. J'ai eu là-bas la plus étrange et la plus fascinante des illusions, en regardant ces collines et en pensant à la mort et au mystère qu'elles renfermaient. Je voyais ce que je savais voir en réalité : la base, vue du sol où je me tenais, des silhouettes qui la traversaient, des hélicoptères qui décollaient de leur carré près de la piste, les collines au-dessus. Mais en même temps je voyais autre chose : le sol, les soldats et même moi du point de vue des collines, une double vision qui m'est venue plus d'une fois. Et dans ma tête, sans cesse répétées, j'entendais les paroles incroyablement sinistres de la chanson que nous avions tous entendue pour la première fois quelques jours plus tôt. *The Magical Mystery Tour is waiting to take you away*[1], disait la promesse, *Coming to take you away, dy-ing to take you away...*[2] C'était une chanson sur Khe Sanh, nous l'avons sue tout de suite, et ça l'est encore. Dans l'abri, un des soldats en dormant racontait des horreurs pendant son sommeil : il avait un mauvais rire, se plongeait dans un silence plus grand que ne permet le plus profond sommeil avant de recommencer, et ça devenait plus terrible là-dedans qu'à aucun endroit imaginable. Je me suis levé et je suis sorti, n'importe où serait mieux que ça, et je suis resté debout dans le noir à fumer une cigarette, guettant un signe dans les collines en espérant qu'il n'en viendrait aucun parce que, merde, qu'est-ce qu'il annoncerait d'autre qu'une terreur de plus ? Trois heures du matin, mon sang dans l'intimité de la peur, hôte de la peur, et très réceptif. Du centre de la terre monte un frisson qui ébranle tout, qui court dans mes jambes, dans tout mon corps et fait trembler ma tête, personne pourtant ne s'éveille dans l'abri. On appelait ça les « Projecteurs », eux ils disaient le « Tonnerre qui Roule », et la nuit ça n'arrêtait pas. Les bombes étaient

1. *La tournée de la Magie et du Mystère vous attend.*
2. *Elle attend pour vous emmener, elle meurt d'envie de vous emmener...*

lâchées à 6000 mètres et les avions faisaient demi-tour pour rentrer à Udorn ou à Guam. L'aube semble se prolonger jusqu'à la fin de la matinée, le crépuscule tombe à quatre heures. Tout ce que je vois est rempli de fumée, tout est en flammes, partout. Peu importe ce que déforme la mémoire : chaque image, chaque son qui me revient sort de la fumée et d'une odeur d'incendie.

Une partie, comme la fumée d'un obus qui explose en l'air, s'en va proprement, à une distance confortable. Une partie se déverse de grands baquets de merde qu'on brûle avec du mazout – reste en suspension et vous prend à la gorge même si vous en avez l'habitude. Là, juste sur la piste, un avion-citerne a été touché, tous ceux qui l'ont entendu ne peuvent pas s'empêcher de trembler pendant une heure. (Qu'est-ce qui t'a réveillé ?... Qu'est-ce qui m'a réveillé ?) Une image vient, reste un moment parfaitement immobile avant de retrouver le mouvement : une tablette d'alcool qui brûle intensément, recouverte d'un petit réchaud noirci que m'a fabriqué un Marine quinze jours plus tôt à Hué avec la petite boîte de dessert venue d'une ration C. Avec ce peu de lumière, je peux voir les silhouettes de quelques Marines, nous tous dans un bunker plein de la fumée âcre de l'alcool, tous contents, ce soir les rations seront chaudes, nous savons que l'abri est sûr, contents parce que nous sommes à la fois ensemble et à l'abri, et nous trouvons plein de choses qui nous font rire. C'est moi qui ai apporté les tablettes, volées à l'aide de camp d'un colonel de Dong Ha, un con prétentieux, ces types n'en avaient plus depuis des jours, des semaines. J'ai aussi une bouteille. (« Oh ! mec, t'es le bienvenu ici. *Vraiment* le bienvenu. On va attendre Gunny. ») Bœuf et pommes de terre, boulettes aux haricots, *Ham and Mothers*, de la bonne bouffe tout ça, ce soir c'est chaud et qu'est-ce qu'on a à foutre de demain soir après tout ? En ce moment, quelque part à la surface, en pleine lumière de l'après-midi, se trouve une caisse de rations C d'un mètre cube, le carton brûlé laissant voir le fil de fer, les boîtes de conserve et objets de première nécessité répandus tout autour, et par-dessus tout ça il y a le corps d'un jeune chasseur ARVN qui était juste venu jusqu'à Bravo Recon pour barboter quelques rations américaines. S'il avait réussi il serait devenu célèbre dans son unité, mais il s'est trouvé qu'il n'a pas réussi. Trois obus sont arrivés très vite, sans tuer ni blesser aucun des Marines, et maintenant deux première classe en discutent. L'un veut mettre le corps du chasseur dans un sac vert, l'autre veut juste recouvrir le cadavre avec n'importe quoi et le renvoyer à la baraque des *nyaqs*. Il est vraiment lancé : « On n'arrête pas de dire à ces enculés de rester dans leurs putains de baraques », ce qu'il répète sans arrêt. Les flammes s'attaquent à tout. Il y a des feux la nuit, à plusieurs kilomètres sur les collines, des arbres explosent dans un nuage de fumée. Tard le matin le soleil évapore les derniers restes du brouillard glacé et rend la base visible d'en haut jusqu'à la fin de l'après-midi, quand la brume et le froid reviennent. Puis c'est encore la nuit et vers l'ouest, au-delà de l'enceinte, le ciel s'embrase de fusées au magnésium qui tombent lentement. Des monceaux d'équipement sont en train de brûler, des masses noires et déchiquetées, terrifiantes, des formes préhistoriques comme la queue d'un C-130 dressée vers le ciel, on voit le métal mort à travers la fumée grise et noire. Dieu, si le métal devient comme ça, qu'est-ce que ça me fera, à moi ? Et tout près de moi il y a quelque chose qui brûle, juste au-dessus de ma tête, la toile humide qui couvre les sacs de sable en haut de la tranchée. C'est une petite tranchée, et nous sommes beaucoup à y être entrés en vitesse. A l'autre bout en face de moi, il y a un jeune type qui a été touché à la gorge, il fait des bruits comme un bébé qui retiendrait son souffle pour crier un bon coup. On était encore là-haut quand les obus sont arrivés et un Marine près de la tranchée a été salement touché aux jambes et au bas-ventre. Je l'ai plus ou moins porté dans la tranchée. On est tellement serrés que je ne peux pas ne pas m'appuyer un peu sur lui et il n'arrête pas de dire : « Espèce d'enculé, sale bouffeur de bite », jusqu'à ce qu'un autre lui dise que je ne suis pas soldat mais journaliste. Alors il se met à me parler très doucement : « Faites attention, Monsieur. S'il vous plaît, faites attention! » Il a déjà été blessé et il sait combien il aura mal dans quelques minutes. Un endroit où les gens se font éventrer de la plus sale manière et où les choses n'arrêtent pas de brûler. Là-haut, sur la route qui contournait le TOC, il y avait un dépôt où on brûlait les équipements et les uniformes devenus inutiles. En haut du tas j'ai vu un blouson si déchiré qu'il ne pouvait plus servir à personne. Au dos, son propriétaire avait fait la liste des mois qu'il avait passés au Vietnam. *Mars, Avril, Mai* (chaque mot d'une écriture grêle, maladroite), *Juin, Juillet, Août, Septembre, Octobre, Novembre, Décembre, Janvier, Février*, la liste se terminait là, brusquement, comme un réveil stoppé par une balle. Une jeep s'est approchée de la décharge et un Marine a sauté par terre en tenant à bout de bras une veste de treillis roulée en boule. Il était très sérieux, l'air d'avoir peur. Un type de sa compagnie, un type qu'il ne connaissait même pas, avait explosé tout près de lui, il en avait partout. Il m'a tendu la veste et je l'ai cru. « Je crois que tu ne pouvais pas laver ça, non? » ai-je dit. On aurait vraiment cru qu'il allait se mettre à pleurer en lançant la veste sur le tas. « Mec, dit-il, tu pourrais prendre ce treillis et le frotter un million d'années, *ça n'arriverait jamais.* »

Je vois une route. Elle est pleine d'ornières creusées par les roues des camions et des jeeps, que les pluies empêchent de durcir, et au bord de la route il y a un bout de tissu, un poncho qui vient de servir à couvrir un mort, un poncho trempé de boue et de flaques de sang tout raide dans le vent. Il est là, dressé au bord de la route comme une boule horriblement bariolée. Le vent ne le fait pas bouger, il fait seulement frissonner les flaques d'eau et de sang. J'avance sur cette route avec deux soldats noirs et l'un d'eux donne au poncho un coup de pied d'impuissance méchante. « Vas-y doucement, mec », dit l'autre sans que son visage change, sans même regarder en arrière. « C'est dans le drapeau américain que tu mets le pied. »

Au petit matin du 7 février, quelque chose de si horrible s'est passé dans le secteur de Khe Sanh que même ceux d'entre nous qui en ont entendu parler à Hué ont dû laisser un moment de côté leur peur et leur désespoir pour assimiler cette horreur et en quelque sorte lui payer tribut. C'était comme si le rêve le plus terrifiant que n'importe lequel d'entre nous avait fait sur la guerre s'était réalisé, était venu anticiper des cauchemars assez ignobles pour vous réveiller en tremblant. Et personne n'a été capable d'avoir le sourire amer et secret du survivant, réaction presque obligée à l'annonce d'un désastre. C'était trop terrible pour ça.

A cinq kilomètres au sud-ouest de la base de combat de Khe Sanh, au-dessus de la rivière qui forme la frontière avec le Laos, se trouvait un camp A des Forces spéciales. Il s'appelait Langvei, prenant son nom d'un petit village montagnard voisin qui avait été bombardé par erreur un an plus tôt par l'aviation. Le camp était plus grand que la plupart de ceux des Forces spéciales, et beaucoup mieux construit. Il était installé sur deux collines jumelles à 700 mètres environ l'une de l'autre, et les bunkers vitaux, ceux où vivaient la majorité des troupes, étaient sur la colline la plus proche de la rivière. Il était tenu par vingt-quatre Américains et environ quatre cents Vietnamiens. Les abris étaient profonds, solides, avec un mètre de ciment armé par-dessus, apparemment imprenables. Et un peu après minuit les Nord-Vietnamiens sont venus et l'ont pris. Ils l'ont pris d'une manière qu'on n'avait vu employer qu'une seule fois, à Ia Drang, avec des armes et une tactique dont personne ne pensait qu'ils les possédaient. Neuf tanks légers, des T-34 et 76 soviétiques, se sont déployés à l'est et à l'ouest et sont tombés sur le camp si brusquement que les Américains ont d'abord pris le bruit qu'ils faisaient pour les ratés du groupe électrogène. Des bombes, des grenades, du gaz lacrymogène et — horreur ineffable — du napalm, tout cela dans les meurtrières et les trous d'aération des abris. Ça s'est passé très vite. On a vu un colonel américain venu à

Langvei pour une inspection charger les tanks avec des grenades à main avant d'être abattu. (Il a survécu. Le mot « miracle » ne s'applique même pas.) Entre dix et quinze Américains ont été tués, et au moins trois cents soldats indigènes. Les survivants ont voyagé toute la nuit, la plupart à pied à travers les lignes NVA (quelques-uns ont été ramassés plus tard par des hélicos), et sont arrivés à Khe Sanh au matin. On a dit que certains étaient devenus fous. Au moment même où Langvei était emporté, Khe Sanh recevait le barrage d'artillerie le plus violent de la guerre : quinze cents obus dans la nuit, six à la minute, des minutes interminables.

Les Marines de Khe Sanh ont vu arriver les survivants de Langvei. Ils les ont vus passer et après ils ont entendu dire qu'ils étaient là-haut dans leurs baraques des Forces spéciales, accueillant chaque visiteur à la pointe du fusil; ils ont vu leurs visages et leurs regards vacants, et ils en ont parlé calmement entre eux. Jésus, ils avaient des tanks. Des tanks!... Après Langvei, comment regarder la nuit hors de l'enceinte sans entendre le bruit des chenilles? Comment patrouiller dans le noir sans se souvenir de tous les récits jamais entendus sur les hélicoptères fantômes qui guettaient sur les bords de la Z. Des pistes taillées au fond de la vallée d'A Shau, assez larges pour y faire passer des camions? Du fanatisme absolu des assaillants drogués jusqu'aux yeux (sûr, ils fument de la came, ça les rend fous), qui courent en poussant des civils comme boucliers, qui s'enchaînent à leur mitrailleuse pour mourir plutôt que d'échouer, qui Comptent Pour Rien les Vies Humaines?

Officiellement, les Marines n'admettaient pas qu'il y ait un rapport entre l'attaque de Langvei et Khe Sanh. Confidentiellement, ils disaient quelque chose d'horrible comme quoi Langvei aurait été l'appât – l'appât que ces pauvres salauds sans espoir auraient avalé, exactement comme nous l'aurions espéré. Mais tout le monde était au courant, bien plus au courant, et les majors et les colonels qui devaient en parler aux journalistes se retrouvaient devant un silence gêné. On détestait d'en parler, on n'en parlait jamais vraiment, mais il y avait une question, après la chute de Langvei, qui concernait Khe Sanh au premier titre. J'avais tellement envie de la poser que mon hésitation m'a rendu fou pendant des mois. Colonel (voulais-je dire), tout cela est purement hypothétique, j'espère que vous le comprendrez, mais si tous les *nyaqs* dont vous pensez qu'ils sont là, dehors, étaient *vraiment* là ? Et s'ils attaquaient avant que la mousson s'en aille au sud, une nuit de brouillard où nos avions ne peuvent même pas venir jusqu'ici ? Et s'ils voulaient vraiment Khe Sanh, s'ils la voulaient au point de se lancer sur le triple barrage de barbelés, et sur le fil-rasoir allemand, montant sur leurs propres cadavres (une tactique, colonel, employée par vos *nyaqs* en Corée), s'ils arrivent par vagues, des vagues *humaines* si nombreuses que les canons de nos calibres 50 chauffent et fondent et que les M-16 s'enrayent, jusqu'à absorber puis épuiser toute la puissance de mort des mines Claymore de notre enceinte ? Et s'ils continuent d'arriver, d'avancer vers le centre d'une base pilonnée par leur artillerie au point que vos petites tranchées pisseuses et les abris que *vos* Marines ont à moitié construits deviennent inutiles, s'ils viennent en même temps que les premiers MIG et IL-28 jamais vus dans cette guerre bombardent le TOC et la piste, le poste sanitaire et la tour de contrôle (Armée du Peuple mon cul, n'est-ce pas colonel ?), s'ils viennent à vingt mille ou à quarante mille ? Et s'ils franchissaient tous les barrages qu'on peut leur opposer... tuaient tout être vivant, qu'il se défende ou qu'il se sauve... s'ils prenaient Khe Sanh ?

Il se passait des choses étranges. Un matin, au plus fort de la mousson, le soleil s'est montré à l'aube, bien dégagé, et a brillé toute la journée. Le ciel matinal était d'un bleu clair et lumineux, la première fois qu'on a vu ça à Khe Sanh avant le mois d'avril. Au lieu de se lever et de sortir de leurs abris en frissonnant, les troufions ont tout enlevé sauf leurs bottes, leurs pantalons et leurs vareuses : des biceps, des triceps et des tatouages partout au petit déjeuner. Les NVA savaient probablement que la surveillance et l'aviation américaines feraient des heures supplémentaires par un temps pareil, il n'y avait presque pas d'obus et nous savions tous qu'on pouvait compter dessus. Pendant ces quelques heures Khe Sanh a connu comme un répit. Je me souviens d'être passé devant un aumônier appelé Stubbe, sur la route, et d'avoir vu son plaisir incrédule devant cette matinée miraculeuse. Les collines n'étaient plus celles qui nous avaient fait si peur la nuit d'avant et tous les jours et toutes les nuits passées. Dans la lumière du petit matin elles avaient une allure nette et tranquille, comme si on pouvait prendre un livre et des pommes pour aller y passer l'après-midi.

Je me promenais seul dans le coin du 1er Bataillon, il n'était pas encore huit heures et en marchant j'ai entendu quelqu'un marcher derrière moi en chantant. Au début, je n'ai pas compris ce qu'il chantait, sinon que c'était une seule et courte phrase répétée sans cesse à de brefs intervalles et que chaque fois quelqu'un d'autre riait et disait au chanteur de la fermer. J'ai ralenti pour qu'ils arrivent à ma hauteur.

« *J'aimerais mieux être un hot-dog Oscar Mayer* », une pub chantée d'un ton plaintif, un peu perdu.

Naturellement, je me suis retourné. Ils étaient deux, un grand Noir avec une grande moustache aux coins tombants, une moustache féroce et significative qui aurait fait de l'effet s'il y avait eu la moindre trace de méchanceté sur son visage. Il avait au moins 1,90 m et la carrure d'un avant-centre. Il portait un AK-47. L'autre Marine était blanc et si je l'avais vu de dos j'aurais dit qu'il avait onze ans. Il doit y avoir une taille limite pour les Marines – quelle qu'elle soit – je ne vois pas comment il a fait. L'âge est une chose, mais comment peut-on tricher sur sa taille? C'était lui qui chantait, et maintenant il riait parce que je m'étais retourné. Il s'appelait Mayhew, c'était écrit en énormes lettres rouges en travers de son casque : MAYHEW – *Croyez-le, ça vaut mieux!* J'avais mon blouson ouvert, c'était stupide même par un matin pareil, et ils pouvaient voir la bande cousue sur ma chemise au-dessus de la poche gauche avec le nom de mon magazine écrit dessus.

« Journaliste? » a dit le Noir.

Mayhew n'a fait que rire. « *J'ai-me-rais mieux être – un hot-dog Oscar... Mayeeeer.* Tu peux écrire ça, mec, dis-leur à tous que j'ai dit ça.

– Fais pas gaffe à lui, dit le Noir. C'est Mayhew. Cet enculé est cinglé, pas vrai, Mayhew?

– J'espère bien, a dit Mayhew. *J'aimerais mieux être un hot-dog Oscar Mayer...* »

Il était jeune, dix-neuf ans, m'a-t-il dit ensuite, et il essayait de laisser pousser sa moustache. Le seul succès qu'il avait eu jusque-là consistait en quelques rares touffes de poils blonds et transparents posés à intervalles irréguliers sur sa lèvre supérieure, qu'on ne pouvait voir que sous un certain angle. Le Noir s'appelait *Day Tripper*[1]. C'était sur son casque avec DETROIT CITY. Et au dos, là où la plupart mettaient juste les mois de leur service, il avait soigneusement reproduit un calendrier complet où chaque jour accompli était barré d'une croix bien nette. Ils venaient tous les deux de la Compagnie *Hotel* du 2e Bataillon, qui se terrait au nord le long de l'enceinte, et ils profitaient de cette journée pour aller rendre visite à un de leurs amis, un servant de mortier du 1/26.

« Si le lieutenant entend parler de ça, il saura quoi faire, dit *Day Tripper.*

– Qu'il aille se faire foutre! Tu te souviens qu'avant il était pas trop chien.

– Ouais, ben il l'est assez pour te faire un second trou de balle.

– Qu'est-ce qu'il peut me faire? M'envoyer au Vietnam? »

Nous avons dépassé le CP du bataillon, entouré de sacs de sable sur 1,50 m de haut, et nous avons trouvé un anneau géant fait de sacs de sable, la batterie de mortiers, où nous sommes descendus. Au centre, il y

1. Chanson des Beatles. *He was a day tripper, One way driver, Yeah, It took me so long to find out...* (Même le jour il était en trip, Ouais, N'allait que dans un sens, J'ai mis si longtemps à comprendre.)

avait un gros mortier de 402 et l'intérieur du trou était entièrement rempli de munitions empilées presque jusqu'en haut des sacs. Un Marine était allongé par terre, une bande dessinée de guerre posée sur le visage.

« Hé ! où est Evans ? a demandé Mayhew. Tu connais un type qui s'appelle Evans ? »

Le Marine a enlevé l'illustré de son visage et a levé les yeux. Il dormait.

« Merde, a-t-il dit. J'ai cru un instant que c'était le chef. Excusez-moi.

– On cherche ce mec, Evans, a dit Mayhew. Tu le connais ?

– Je – euh – non. Je ne crois pas. Je suis plutôt nouveau. »

Il en avait l'air. C'était le genre de gosse qui va tout seul au gymnase du lycée pour s'entraîner une demi-heure au panier avant que l'équipe de basket ne vienne jouer – pas encore assez bon pour en faire partie, mais bien décidé.

« De toute façon, le reste de l'équipe va descendre. Vous pouvez attendre, si vous voulez. » Il a regardé les obus. « Ce n'est peut-être pas très *cool*, a-t-il dit en souriant. Mais faites-le si vous voulez. »

Mayhew a déboutonné une de ses poches de pantalon, il en a sorti une boîte de biscuits et du Cheddar, du fromage à tartiner, il a pris l'ouvre-boîtes P-38 accroché à son casque et s'est assis.

« Autant bouffer un peu de merde en attendant. Quand on peut avoir faim, ça va pas si mal. Juste là, je donnerais ma couille gauche pour une boîte de fruits. »

Je récupérais toujours des fruits à l'arrière pour les apporter sur le front, et j'en avais dans mon sac. « Lesquels tu préfères ? lui ai-je demandé.

– N'importe quoi. Les cocktails de fruits, c'est vraiment bon.

– Non, mec, dit *Day Tripper*. Des pêches, baby, des pêches. Et le sirop. Ça c'est de la bonne merde.

– Attrape, alors, Mayhew. » Je lui ai lancé un cocktail de fruits, j'ai donné une boîte de pêches à *Day Tripper* et j'en ai gardé une pour moi.

On a parlé en mangeant. Mayhew m'a parlé de son père qui « s'est fait descendre en Corée », et de sa mère qui travaillait dans un grand magasin de Kansas City. Et il s'est mis à parler de *Day Tripper,* qui avait ce nom-là parce qu'il avait peur de la nuit – pas du noir, de la nuit – et ne le cachait à personne. Il n'y avait rien qu'il ne pouvait faire en plein jour, mais s'il en avait la moindre possibilité il s'arrangeait pour être au fond de son abri à la tombée de la nuit. Il se portait chaque fois volontaire pour les missions de jour les plus dangereuses pour être sûr d'être rentré le soir. (C'était avant qu'on supprime les patrouilles de jour, en fait presque toutes les patrouilles autour de Khe Sanh.) Il y avait beaucoup de soldats blancs, surtout les jeunes officiers qui se croyaient malins, pour venir se moquer de *Day Tripper* et de sa ville natale, l'appelant Dodge City ou Motoville en riant. (« Pourquoi ils croient que Detroit a quelque chose de spécial? disait-il. Ça n'a rien de spécial, et en plus ça n'a rien de très drôle. ») C'était un grand méchant nègre qui avait mal tourné : si dur qu'il voulût paraître sa douceur ressortait d'une manière ou d'une autre. Il m'a dit qu'il connaissait des types à Detroit qui rapportaient des mortiers en les démontant pour que chacun puisse mettre une pièce dans son sac marin et les remontaient une fois rentrés chez eux. « Tu vois ce 402? dit-il. Eh bien, avec ça tu te fais un commissariat. Je n'ai pas besoin de tout ce turbin. Mais l'année prochaine j'en aurai p'être besoin. »

Comme chaque Américain au Vietnam, il était obsédé par le Temps. (Personne ne disait jamais « Quand-cette-foutue-guerre-sera-finie ». Seulement « Combien t'as encore à tirer? ») Le niveau qu'atteignait l'obsession de *Day Tripper*, par rapport à la plupart des autres, se voyait au calendrier de son casque. Nul métaphysicien n'a étudié le Temps comme il l'a fait, ses composantes et ses implications, ses secondes par secondes, ses nuances et ses mouvements. Le continuum Espace-Temps, le Temps-Matière, le Temps Augustin, *Day Tripper* n'en aurait fait qu'une bouchée, lui dont les cellules grises étaient disposées comme les rubis du meilleur chronomètre. Jusqu'alors il pensait que les correspondants de guerre étaient *obligés* d'être là. Quand il a su que j'avais demandé à venir, il en a presque laissé tomber les pêches par terre.

« Laisse-moi... laisse-moi digérer ça une minute, dit-il. Tu veux dire que t'es pas *obligé* ? Et tu es *là* ? »

J'ai hoché la tête.

« Eh bien, ils doivent salement te payer cher !

– Tu aurais une dépression si je te le disais. »

Il a secoué la tête.

« Je veux dire, ils n'auraient pas assez de fric pour me faire venir, si je n'étais pas forcé d'y être.

– Conneries, dit Mayhew. *Day Tripper* adore ça. Il arrive au bout, mais il va revenir, n'est-ce pas, *Day Tripper ?*

– Merde, ma maman viendra faire son service ici avant que je revienne dans ce putain de bled. »

Quatre Marines ont sauté dans notre trou.

« Où est Evans ? a demandé Mayhew. Y en a un de vous qui le connaît ? »

Un des servants s'est approché.

« Evans est à Danang, dit-il. Il s'est fait un peu niquer l'autre soir.

– C'est vrai ? dit Mayhew. Evans est blessé ?

– C'est grave ? a demandé *Day Tripper.*

– Pas assez grave, dit le soldat en riant. Il sera là dans dix jours. Juste un truc aux jambes.

– Il a vraiment de la chance, dit un autre. Le même obus a tué un mec.

– Ouais, dit un autre. Greene s'est fait tuer. » Ce n'était pas à nous qu'il parlait, mais à son équipe qui le savait déjà. « Tu te souviens de Greene ? » Ils ont tous approuvé.

« Wow, Greene, dit-il. Greene était tout prêt à partir. Il se branlait trente fois par jour, cet enculé, et ils allaient le porter pâle. Et dehors.

– C'est pas des conneries, dit un autre. Trente fois par jour. Répugnant, mec. Ce fils de pute avait son froc plein de foutre, ce putain de Greene. Il attendait dehors pour voir le major à propos de son départ, le major est venu le chercher et il était en train de se branler. Et puis il se fait sauter juste la veille.

– Eh bien, dit tranquillement *Day Tripper*, à Mayhew, tu vois ce qui se passe quand on se branle ? »

Un Chinook, quinze mètres de long avec des rotors à l'avant et à l'arrière, s'est posé sur la piste près de Charlie Med[1], l'air d'une grosse bête informe venue enlacer des cadavres dans la boue, soulevant des tourbillons de poussière âcre, de cailloux et de débris dans un rayon de 100 mètres. Partout dans ce cercle, des hommes se baissaient, tournaient le dos et abritaient leur nuque de la violence du vent. Le souffle des pales était assez fort pour vous renverser, vous arracher des papiers des mains, soulever en l'air des morceaux de tarmac de cent kilos. Mais c'étaient surtout les débris pointus, le gravier cinglant, l'eau boueuse et pisseuse, quand on était visé on avait comme un sixième sens, on apprenait à ne plus leur présenter qu'un dos et un casque. Le Chinook était descendu avec son panneau arrière baissé, un mitrailleur était à plat ventre devant son calibre 50 et guettait par l'ouverture. Ni lui ni les mitrailleurs de porte n'ont abaissé leurs armes avant que l'appareil ne touche la piste. Alors ils les ont lâchées et les gros tubes sont retombés sur leurs affûts comme un poids mort. Un groupe de Marines est apparu au bord de la piste, ils ont couru vers l'hélico, ils ont traversé l'anneau de grêle noirâtre jusqu'au calme du centre. Trois obus de mortier sont tombés à trois secondes d'intervalle dans la même zone, 200 mètres plus loin sur la piste. Autour de l'hélico, personne ne s'est arrêté. Le bruit du Chinook couvrait celui des explosions, mais nous avons vu les grappes de fumée blanche emportées par le vent sur la piste pendant que les soldats couraient vers l'appareil. De l'arrière du Chinook on a sorti quatre civières qu'on a emportées en courant vers la tente du poste de secours. Les blessés qui

1. Poste sanitaire.

pouvaient marcher sont allés vers la tente, certains sans aide, lentement, d'autres avec une démarche incertaine, l'un soutenu par deux Marines. Les civières vides ont été rapportées et chargées de quatre corps couverts avec des ponchos qu'on a déposés près des sacs de sable en face de la tente. Et le Chinook a décollé brutalement, plongé d'une manière horrible puis repris son vol vers le nord-ouest, vers l'abri des collines.

« Le 1-9, a dit Mayhew. Je parie n'importe quoi. »

A quatre kilomètres au nord-ouest de Khe Sanh se trouvait la Colline 861, le plus durement touché de tous les avant-postes de ce secteur après Langvei, et il semblait logique à tout le monde que le 1er Bataillon du 9e Régiment de Marines ait été choisi pour le défendre. Certains croyaient même que si on avait mis là n'importe quelle autre unité, 861 n'aurait jamais été attaquée. Au Vietnam, de toutes les unités qui jouaient de malchance, on disait que c'était la pire, qu'elle était déjà condamnée avec Khe Sanh, à l'époque des missions Recherche-et-Destruction, qu'elle avait un passé fait d'embuscades et de défaites, et la plus grande mortalité de toutes les unités pendant cette guerre. C'est le genre de réputation qui prend le mieux racine chez ceux-là mêmes qui en font partie, et on sentait quand on était avec eux une épouvante venue de quelque chose de bien plus terrible qu'une malchance collective. Toutes les chances vous semblaient réduites, on ne savait comment, et vos espérances de survie faisaient une chute horriblement brutale.

Un après-midi avec le 1/9 sur la 861 réussissait à vous mettre sur les nerfs pour plusieurs jours et quelques minutes là-bas suffisaient pour voir le pire : leurs pas trébuchants, la démarche soudain brisée d'un spasme, la bouche sèche comme un désert juste après avoir bu, les sourires vagues de complète abdication. La Colline 861 était la demeure des regards lointains, et je priais dur pour qu'un hélico vienne me sortir de là, m'emporte par-dessus la zone de feu et me dépose sur la piste de Khe Sanh au milieu d'une salve de mortier – n'importe quoi ! Tout valait mieux que ça.

Une nuit, peu après l'attaque de Langvei, une section du 1/9 en patrouille est tombée dans une embuscade et a été anéantie. La Colline 861 a été touchée à plusieurs reprises, une fois pendant trois jours sans interruption : un coup de sonde sur l'enceinte s'est transformé en siège, un *vrai* siège. Pour des raisons dont nul n'est certain, les hélicoptères des Marines ont refusé d'apporter des renforts là-haut et le 1/9 a été coupé de tout secours, sans approvisionnement ni évacuation des blessés. C'était dur, et il a fallu qu'ils s'en tirent avec les moyens du bord, tout seuls. (Les récits de cette période sont entrés dans la pire légende des Marines : celle où un Marine achève un de ses copains blessé d'un coup de revolver parce qu'on ne peut pas le soigner, ou l'histoire de ce qu'ils ont fait au prisonnier NVA pris derrière le barbelé — des histoires comme ça. Peut-être même y en a-t-il qui sont vraies.) La vieille hostilité du troufion envers les Marines de l'Aviation est devenue totale sur la 861 : quand le pire a été passé et que le premier Ch-34 s'est finalement montré, le mitrailleur de porte a été descendu par un tir ennemi venu du sol et est tombé de l'hélicoptère. Une chute de plus de 200 mètres, et en bas il y avait des Marines qui ont applaudi quand il a touché le sol.

Mayhew, *Day Tripper* et moi sommes arrivés près de la tente de diagnostic de Charlie Med. Malgré tous les shrapnells tombés sur cette tente, on n'avait trouvé aucun moyen de la protéger. Le rempart de sacs de sable avait à peine plus de 1,50 m de haut et le toit était complètement à découvert. C'était une des raisons pour lesquelles les troufions craignaient même la plus légère des blessures pouvant les ramener chez eux. Quelqu'un est sorti de la tente en courant et a pris des photos des quatre morts. Le vent du Chinook avait arraché les ponchos de deux d'entre eux, il y en avait un qui n'avait plus de visage. Un aumônier catholique est venu à vélo jusqu'à l'entrée de la tente, il est entré. Un Marine est sorti, il est resté là un moment, une cigarette éteinte à la bouche, sans vareuse et sans casque. Il a laissé tomber la cigarette, a fait quelques pas jusqu'aux sacs de sable et s'est assis, les genoux remontés jusqu'au menton et la tête entre les jambes. Il s'est passé mollement un bras derrière la tête et s'est mis à se masser la nuque en secouant violemment la tête de gauche à droite comme s'il souffrait. Il n'était pas blessé.

Nous étions là parce qu'il fallait que je passe à cet endroit pour atteindre mon abri où je devais prendre quelques affaires et les emmener à la Compagnie *Hotel* pour la nuit. *Day Tripper* n'aimait pas ce chemin. Il a regardé les corps, puis moi, un regard qui disait : « Tu vois ? Tu vois ce que ça fait ? » J'avais vu tant de fois ce regard pendant les derniers mois que moi aussi je devais l'avoir, et nous n'avons rien dit. Mayhew s'arrangeait pour ne rien regarder. C'était comme s'il marchait seul, et maintenant il chantait d'une voix tranquille, étrange.

« *Quand tu vas à San Francisco, sois sûr d'avoir des fleurs dans les cheveux.* »

Nous avons dépassé la tour de contrôle, cette cible qui se désignait d'elle-même, si visible et si vulnérable que monter dessus était pire que d'avoir à courir en face d'une mitrailleuse. Il y en avait déjà deux qui avaient été touchés et les sacs de sable qui montaient de chaque côté semblaient ne servir à rien. On est passés près des baraques et des abris crasseux de l'admin, un tas de « préfabs » abandonnés, avec les tôles des toits enfoncés, près du TOC et des latrines des officiers et du bunker de la poste. Ensuite il y avait le bar qui n'avait plus de toit et le club des officiers, maintenant écroulé et désert. L'abri du Génie était juste un peu plus loin sur la route.

Il n'était pas comme les autres. C'était l'endroit le plus profond, le plus sûr, le plus propre de Khe Sanh, avec, par-dessus, 2 mètres de poutres, d'acier et de sacs de sable, et dedans une lumière abondante. Les troufions l'appelaient le Hilton Alamo et trouvaient que c'était bon pour les tantouzes alors que tous les journalistes qui arrivaient à la base essayaient d'y trouver un lit. Une bouteille de whisky ou un paquet de bières suffisait à vous y faire entrer pour quelques nuits, et une fois que vous étiez l'ami de la maison, des cadeaux de ce genre n'étaient plus que des marques d'amitié à quoi ils étaient très sensibles. Les Marines avaient prévu une « installation » pour la presse si près de la piste et si dangereuse que beaucoup de journalistes pensaient qu'il y avait un complot prémédité pour en faire tuer quelques-uns. Ce n'était qu'un trou étroit infesté de rats, à peine recouvert, et un jour qu'il était vide un obus de 152 l'a en partie éventré.

Je suis descendu dans l'abri du Génie, j'ai pris une bouteille de scotch et un gilet de combat et j'ai dit à un des sapeurs de donner ma couchette à qui voudrait pour ce soir-là.

« Tu nous en veux ou quoi ? demanda-t-il.

– Rien de ce genre. Je reviens demain.

– Okay, dit-il lorsque je partis. Comme tu voudras ! »

Nous allions tous les trois vers le cantonnement du 2/26 quand deux batteries des Marines se sont mises à tirer des obus de 105 et de 155 de l'autre côté de la base. Chaque salve me faisait tressaillir et Mayhew s'est mis à rire.

« Ceux-là vont dehors, a dit Mayhew.

– Et qu'est-ce que je disais ? » a crié *Day Tripper*. Nous sommes arrivés à la tranchée juste quand un obus est tombé quelque part entre la baraque du 37ᵉ Chasseurs ARVN et le dépôt de munitions. Il en tombait beaucoup d'autres, ainsi que des obus de mortier, mais nous ne les avons pas comptés.

« C'était vraiment une belle matinée, a dit *Day Tripper*. Oh ! mec, ils ne pouvaient pas nous laisser tranquilles pour une fois ?

– C'est parce qu'ils ne sont pas payés pour ça, a répondu Mayhew en riant. Puis ils font ça parce qu'ils savent dans quel état ça te met.

– Tu vas me dire que tu ne crèves pas de trouillle !

– Tu ne me verras jamais avoir la trouille, connard.

– Oh ! non. Il y a trois nuits de ça tu pleurais après ta maman pendant que ces salopards tiraient sur les barbelés.

– Coo-nneries ! Jamais je serai blessé au Vietnam.

— Oh ! non ? Okay, connard, et pourquoi ?
— C'que, dit Mayhew, ça n'existe pas. » La blague n'était pas nouvelle, mais cette fois il ne riait pas.

Maintenant la tranchée faisait presque tout le tour du camp. Au nord l'enceinte était surtout défendue par le 2e Bataillon du 26e Régiment de Marines, et la Compagnie *Hotel* était dans le secteur. Dans sa partie ouest, elle était en face des tranchées nord-vietnamiennes qui venaient jusqu'à 300 mètres de l'enceinte. Plus à l'est elle surplombait un torrent et plus loin il y avait la Colline 950, à trois kilomètres au nord, tenue par les NVA, dont la crête la plus haute était exactement parallèle à la piste de Khe Sanh. Les abris et les tunnels qui les reliaient étaient creusés le long de la pente qui montait du torrent et les collines commençaient à 200 mètres de l'autre côté de l'eau. A 200 mètres face aux tranchées des Marines se trouvait un tireur NVA avec une mitrailleuse de 50 dans un trou minuscule qui leur tirait dessus. Le jour, il tirait sur tout ce qui dépassait des sacs de sable; il tirait sur toutes les lumières qu'il voyait. On le voyait très bien de la tranchée et avec la lunette d'un fusil à longue portée on voyait même son visage. Les Marines le bombardaient à coups de mortier et de canon sans recul, il se mettait au fond de son trou comme une araignée et il attendait. Les hélicos lui envoyaient des roquettes, il remontait et recommençait à tirer. Finalement on a envoyé du napalm, l'air au-dessus de son trou est resté noir et rouge pendant dix minutes, le sol tout autour a été cautérisé, plus rien ne vivait. Quand ça s'est dissipé le tireur a jailli de son trou, il a tiré une seule rafale, et les Marines dans les tranchées l'ont acclamé. Ils l'appelaient *Lucky Nyaq*, et plus personne ne voulait qu'il lui arrive quelque chose.
Mayhew avait un ami, appelé Orrin qui était du Tennessee, quelque part dans des montagnes où sa famille avait trois petits camions et faisait un peu de transport. Le matin où Mayhew et *Day Tripper* étaient allés chercher Evans à la 1/26, Orrin avait reçu une lettre de sa

femme. Elle lui disait sans détours qu'elle n'était pas enceinte de sept mois, comme il le croyait, mais de cinq. Pour Orrin ça changeait tout. Elle s'était sentie tellement mal tout ce temps (disait-elle) qu'elle était allée voir le pasteur, et le pasteur l'avait finalement convaincue que la Vérité était la seule clef donnée par Dieu pour avoir bonne et belle conscience. Elle ne lui dirait donc pas qui était le père (et chéri, n'essaie pas, n'essaie jamais de me le faire dire), mais seulement que c'était quelqu'un qu'Orrin connaissait très bien.

Quand nous sommes arrivés à la compagnie, Orrin était assis sur les sacs de sable en haut de la tranchée, seul et à découvert, les yeux tournés vers les collines et vers *Lucky Nyaq*. Il avait un visage bovin, puéril et boudeur, l'œil sournois et une moue perpétuelle qui laissait parfois place à un sourire morne et à un rire sec et silencieux. C'était le visage d'un homme à chasser tout l'hiver pour laisser ensuite pourrir le gibier, un visage du Sud aberrant et mauvais. Il restait assis et maniait la culasse d'un 45 qui venait d'être nettoyé. Dans la tranchée personne ne s'approchait de lui ni ne lui adressait la parole sauf pour crier : « Saute, Orrin. Tu vas sûrement te faire descendre, connard. » Finalement le sergent artilleur est venu et lui a dit : « Si tu n'enlèves pas ton cul de ce mur, c'est moi qui vais te descendre.

– Ecoutez, lui dit Mayhew. Peut-être que vous feriez mieux d'aller chercher l'aumônier.

– Au poil, ça, dit Orrin. Qu'est-ce que cet enculé va faire pour moi ?

– Peut-être tu peux avoir une permission d'urgence ?

– Non, dit un autre. Faut qu'il y ait un mort dans la famille pour pouvoir y aller comme ça.

– Oh ! te fais pas chier, dit Orrin. Il va justement y avoir un mort dans ma famille. Dès que je serai rentré. » Et il s'est mis à rire.

C'était un rire terrible, très calme, intense, et c'est à cause de ce rire que tous ceux qui étaient là l'ont cru. A partir de ce moment, il est devenu ce putain de troufion cinglé qui allait passer à travers la guerre pour pouvoir rentrer chez lui et tuer sa vieille. Ça en faisait quelqu'un de spécial dans la compagnie. Beaucoup de types se sont mis à croire qu'il portait bonheur, que rien ne pouvait plus lui arriver, et ils restaient aussi près de lui que possible. Moi-même je l'ai ressenti, assez pour être content de passer la nuit dans le même abri. Cela avait un sens, j'y croyais et j'aurais été vraiment surpris plus tard en apprenant qu'il lui était arrivé quelque chose. Mais cela, on l'apprend rarement après avoir quitté une unité, c'est le genre de choses qu'autant que possible on évite de savoir. Peut-être a-t-il été tué, peut-être a-t-il changé d'avis, mais j'en doute. Quand je pensais à Orrin, je me souvenais seulement qu'il y allait y avoir un meurtre au Tennessee.

Une fois au cours d'une permission de quarante-huit heures à Danang, Mayhew était allé en zone interdite chercher de l'herbe et un matelas pneumatique au marché noir. Il n'a pas trouvé d'herbe et il a failli mourir de peur quand il a finalement trouvé le matelas. Il m'a dit que rien de ce qui s'était passé à Khe Sanh ne l'avait terrifié comme ce jour-là. Je ne sais pas ce qu'on lui avait dit que lui feraient les MP s'ils le prenaient sur le marché, mais d'après son histoire c'était la meilleure aventure qu'il ait eue depuis le jour où deux ans plus tôt, un garde-forestier s'était servi d'un hélicoptère pour le chasser de la forêt où il était allé avec un ami après la fermeture de la chasse au cerf. Nous étions assis dans l'humidité mesquine de l'abri à huit places où couchaient Mayhew et *Day Tripper*. Mayhew avait voulu que je passe la nuit sur son matelas et j'avais refusé. Il a dit que si je ne dormais pas dessus il allait le prendre, le jeter dehors dans la tranchée et le laisser là jusqu'au matin. Je lui ai répondu que si j'avais voulu un matelas pneumatique j'aurais pu en prendre un à Danang n'importe quand et que les MP ne se seraient même pas occupés de moi. J'ai dit que j'aimais dormir par terre, c'était un bon entraînement. Il m'a dit que c'étaient des conneries tout ça (il avait raison) et il a juré devant

Dieu que le matelas resterait toute la nuit dehors dans la merde qui s'accumule au fond des tranchées. Puis il a pris l'air très mystérieux et m'a dit de penser à ça pendant qu'il serait dehors. *Day Tripper* a essayé de savoir où il allait mais Mayhew n'a pas voulu le lui dire.

Pendant les courts moments où le sol ne grondait pas sous nos pieds, où il n'y avait pas de bombardements sur les collines, pas d'obus qui partaient de la base ou y tombaient, on pouvait s'asseoir et écouter les rats courir sur le sol de l'abri. On les avait empoisonnés, abattus, pris au piège ou tués d'un heureux coup de botte, et ils étaient encore dans l'abri. Il y avait une odeur d'urine, de très très vieille sueur, de rations C pourries, de toile moisie, de sécrétions intimes et un mélange d'odeurs particulières aux zones de combat. Nous étions beaucoup à croire que l'épuisement et la peur avaient une odeur propre ainsi que certains rêves. (Pour certaines choses nous étions de vrais bohèmes à la Hemingway. Quel que soit le vent soulevé par l'atterrissage d'un hélico, on pouvait toujours dire s'il y avait des sacs à macchabs autour d'une piste, et les tentes où vivaient les *Lurps* avaient une odeur différente de toutes les autres tentes du Vietnam.) Cet abri était au moins aussi puant que tous ceux que j'avais vus et au début je me suis mis à étouffer. Comme il n'y avait presque pas de lumière il fallait deviner la plupart des odeurs et ça devenait comme un passe-temps. Je n'avais pas réalisé à quel point *Day Tripper* était noir avant que nous ne soyons à l'intérieur.

« Ça pue vraiment très dur là-dedans, a-t-il dit. Faudrait que je trouve un déodorant plus – euh – *efficace*. »

Une pause.

« S'il y a une merde quelconque cette nuit, tu restes avec moi. T'auras de la chance si Mayhew ne te prend pas pour un *nyaq* et ne te fait pas sauter le caisson. Des fois il est assez barjo.

– Tu crois qu'on va être touchés ? »

Il a haussé les épaules. « *Il* pourrait bien faire quelques coups de sonde. *Il* a essayé ce coup-là sur nous il y a trois nuits et il a tué un gars. Un Frère. Mais ça c'est vraiment le bon abri. On en a reçu là-haut, juste sur le toit. Plein de terre qui nous est tombée sur la tête, mais c'est tout.

– Les types dorment avec leur vareuse ?

– Il y en a. Pas moi. Mayhew, ce dingue, il dort cul nu. Il est si dur, mec, ce p'tit enculé, les vautours sont là et il dort cul nu.

– C'est quoi ? Les vautours ?

– Ça dit que c'est un Enculé de sa Mère, vraiment gelé. »

Mayhew était parti depuis plus d'une heure, et quand *Day Tripper* et moi nous sommes sortis sur les planches de caisses de munitions qui formaient le fond de la tranchée nous l'avons vu dehors en train de parler à des troufions. Il s'est dirigé vers nous en riant, l'air d'un petit garçon dans une panoplie de combat trop grande pour lui, il nageait dans sa vareuse et les troufions se sont mis à chanter derrière lui ; « Mayhew est un rempilé... 'rrah pour lui ! »

« Hé ! *Day Tripper !* a-t-il crié. Hé, tu entends ça, l'enculé ?

– J'entends *quoi* ?

– Je suis juste allé prolonger. »

Le sourire a disparu du visage du Noir. Il a paru ne pas comprendre pendant une seconde, puis il a eu l'air en colère, presque dangereux.

« Répète ?

– Ouais, dit Mayhew. Je viens de voir le Vieux pour ça.

– Uh-Uh. Combien de temps tu rempiles ?

– Juste quatre mois.

– Juste quat'mois. C'est vraiment bien, Jim.

– Hé ! mec...

– Ne me parle plus, Jim.

– Oh ! dis donc, *Day Tripper*, fais pas le con. Ça me fout hors de l'armée trois mois plus tôt.

– Ce que tu veux. Jim.

– Oh ! mec, m'appelle pas comme ça. » Il m'a regardé. « Chaque fois qu'il se met en rogne il m'appelle comme ça. Ecoute, connard. Je me taille plus tôt du *Corps des Marines.* Et j'ai une permission chez moi. Le chef dit que je peux y aller le mois prochain.

– C'est pas à moi que tu parles. J'entends rien de tout ça. J'entends pas un mot que tu racontes, Jim.

– Aw...

– T'es qu'un connard de troufion. Pourquoi je te parle ? C'est comme si t'avais jamais entendu un mot que j'ai dit, jamais. Pas un mot. Et je *sais*... oh mec, en fait je *sais* que tu as déjà signé ce papier. »

Mayhew n'a rien dit. Il était difficile de croire qu'ils avaient tous les deux le même âge.

« Qu'est-ce que je vais faire de toi, pauvre connard ? Pourquoi... pourquoi tu vas pas simplement sauter par-dessus le barbelé là-bas ? Qu'ils te descendent et qu'on en finisse ! Tiens, mec, voilà une grenade. Pourquoi tu vas pas simplement derrière les chiottes et tu tires la goupille et tu t'allonges dessus ?

– T'es foutrement *incroyable*, mec. C'est seulement quatre mois !

– Quatre mois ? Baby, quatre *secondes* dans ce bordel et tu te fais descendre. Et après ton papa et tout ça. Tu n'as rien *compris*. T'es le plus minable, *minable* connard de troufion que j'aie jamais vu. Non, mec, le plus *minable !* Enculé de Mayhew, va, j'ai pitié de toi.

– *Day Tripper ?* Hé, ça ira pour moi. T'sais pas ?

– Sûr, *baby*. Mais tu me parles plus maintenant. Nettoie ton fusil. Ecris à ta maman. Fais *quequ'chose*. Tu me parleras plus tard.

– On peut fumer un peu de merde.

– *Okay*, baby. Disons plus tard. » Il est rentré dans l'abri et il s'est allongé. Mayhew a enlevé son casque et a gratté quelque chose écrit sur le côté. C'était : *Le 20 avril* JE ME BARRE !

Parfois, on sortait de l'abri ayant perdu toute conscience du temps passé et c'était la nuit. De l'autre côté des collines autour de la cuvette où était la base, on voyait des lueurs tremblotantes mais sans jamais trouver leur source, et on aurait dit une grande ville la nuit, vue de très loin. Des fusées tombaient tout autour de l'enceinte et jetaient une lumière blanche et morte sur les pentes qui montaient du plateau. Il y en avait parfois des douzaines au même moment, dégageant une fumée intense, jetant des étincelles chauffées au blanc, et il semblait que tout ce qui se trouvait à leur portée était soudain figé, comme des gens qui joueraient à être des statues. Il y avait le départ étouffé des fusées éclairantes, tirées à l'intérieur de l'enceinte par des mortiers de 60 pour tomber avec l'éclat du magnésium, suspendues quelques secondes au-dessus des tranchées NVA, qui dessinaient les formes plates et maigres des arbres acajou et donnaient au paysage une clarté mortelle avant de disparaître. On pouvait voir les explosions des mortiers, par-dessus les arbres, la fumée orange et grise, à trois ou quatre kilomètres, et plus loin à l'est le long de la DMZ les obus plus gros venus des bases d'appui, Camp Carrol et Rockpile, dirigés contre des mouvements de troupes supposés ou des batteries de roquettes ou de mortiers NVA. De nuit c'était magnifique. Même les obus qui vous tombaient dessus étaient magnifiques la nuit, magnifiques et ô combien mortels.

Je me souvenais de ce qu'avait dit un pilote de Phantom, les missiles sol-air qui étaient si beaux quand ils montaient vers son avion pour le tuer, je me souvenais aussi de comment les balles traçantes de 50 pouvaient être belles quand elles venaient vers vous la nuit dans un hélicoptère, si lentes et si gracieuses, montant sans effort, un rêve, si loin de quoi que ce soit pouvant vous faire du mal. On pouvait ressentir une véritable sérénité, une élévation qui vous emportait au-delà de la mort, mais cela ne durait jamais très longtemps. Une balle quelque part sur l'hélico vous faisait redescendre, mordre les lèvres, jointures blanchies et tout, et vous saviez où vous étiez. A Khe Sanh c'était très différent. On savait que si on en entendait un, le premier, on était en sûreté – en tout cas on avait la vie sauve. Si après ça vous étiez encore debout à regarder, vous méritiez tout ce qui pouvait vous arriver.

C'était la nuit que l'aviation et l'artillerie frappaient le plus lourdement, parce qu'alors nous savions que les NVA étaient en surface et se déplaçaient. La nuit on pouvait s'allonger sur des sacs de sable et regarder les C-47 équipés avec des Vulcans faire leur travail. Le C-47 était un appareil de reconnaissance standard pour lancer des fusées éclairantes, mais beaucoup avaient, aux portes, des mitrailleuses de 20 et de 762 mm, des Mike-Mikes qui tiraient trois cents coups à la seconde, style Gatling, « une balle dans chaque centimètre d'un terrain de foot en moins d'une minute », disaient les comptes rendus. Ils appelaient ça Puff le Dragon Magique, mais les Marines voyaient plus juste : ils appelaient ça le Fantôme. Toutes les cinq balles, il y avait une traçante : quand le Fantôme était à l'œuvre tout s'arrêtait et un torrent figé d'un rouge éclatant se déversait du ciel noir. Vu de très loin le torrent semblait se tarir entre deux giclées, s'évanouir lentement du ciel à la terre comme la queue d'une comète, et même le bruit s'éteignait quelques secondes après. Vu de près il était incroyable que quiconque puisse avoir le courage d'affronter ça nuit après nuit, semaine après semaine, et vous appreniez à respecter les Vietcong et les NVA qui restaient dessous, accroupis, chaque nuit depuis des mois. C'était terrifiant, pire que tout ce que le Seigneur a jamais infligé à l'Egypte, et la nuit on entendait les Marines en parler, regarder le spectacle, crier « Prends ça ! », puis rester tranquilles. Il y en avait un pour dire : « Le Fantôme comprend. » Les nuits étaient très belles. En fait, c'est la nuit qu'on avait le moins à craindre et qu'on avait le plus peur. La nuit on pouvait avoir de très mauvais moments.

Parce qu'en fait, quel choix on avait, quelle prodigieuse quantité de choses dont on pouvait avoir peur ! Au moment où vous aviez compris ça, vraiment compris, votre angoisse disparaissait instantanément. L'angoisse était un luxe, une blague dont on ne pouvait pas s'encombrer une fois qu'on savait combien la guerre offrait de morts et de mutilations variées. Certains avaient peur des blessures à la tête, certains craignaient les blessures à la poitrine ou à l'estomac, tout le monde redoutait la blessure des blessures : la Blessure. Les types priaient et priaient – juste toi et moi, mon Dieu. D'accord ? – offraient n'importe quoi pour que cela leur soit épargné : prends mes jambes, prends mes mains, prends mes yeux, prends ma foutue *vie*, Salaud, mais je t'en prie, je t'en prie, ne prends pas *celles-là*. Chaque fois qu'un obus tombait dans un groupe, personne ne pensait plus aux suivants, ils sautaient tous en arrière pour arracher leur pantalon et vérifier, avec un rire de soulagement hystérique même s'ils avaient les jambes fracassées, les genoux broyés, maintenus sur pied par le choc et le soulagement, la gratitude et l'adrénaline.

Partout, il y avait des choix, mais aucun que vous puissiez avoir l'espoir de faire. Et vous n'aviez guère de chance de trouver un style personnel dans le fait d'admettre ce dont vous aviez le plus peur. Vous pouviez mourir écrasé brutalement dans une fournaise, votre hélico tombé comme un poids mort, vous pouviez exploser de telle sorte qu'on ne retrouve jamais les morceaux, vous pouviez prendre une balle dans le poumon, proprement, et partir en n'entendant plus que le gargouillis de vos derniers soupirs, vous pouviez mourir au dernier stade de la malaria avec des battements lointains dans les oreilles, ce qui pouvait vous arriver après des mois de fusillades, de roquettes et de mitrailleuses. Nombreux, trop nombreux ceux qui avaient survécu pour en arriver là, et on espérait tous qu'au moins la mort serait sans ironie. On pouvait mourir n'importe où, dans une fosse, transpercé par un pieu, le monde à jamais figé sauf pour un ou deux gestes purement involontaires, comme si on pouvait d'un coup de pied tout effacer et revenir au monde. On pouvait tomber raide mort et les toubibs passeraient une demi-heure à chercher le trou qui vous avait tué, de plus en plus inquiets. On pouvait mourir d'une balle, d'une mine, d'une grenade, d'une roquette, d'un obus de mortier, réduit en bouillie si bien qu'il faudrait fourrer vos restes dans un poncho tout flasque pour les emmener aux Sépultures – l'étiquette serait la même. C'en était presque merveilleux.

Et la nuit, tout cela était d'autant plus vraisemblable. La nuit à Khe Sanh, attendre, penser à tous ceux d'en face (quarante mille disaient certains), penser qu'ils pourraient vraiment essayer – ça pouvait vous tenir éveillé. S'ils le faisaient, quand ils le feraient, peu importerait peut-être que vous soyez dans le meilleur abri de la DMZ, que vous soyez jeune et plein de projets, que vous soyez aimé, que vous soyez un non-combattant, un observateur. Car s'ils venaient, ce serait dans une marée sanglante et meurtrière, ils ne regarderaient pas vos papiers. (La plupart d'entre nous ne savaient que deux mots de vietnamien, *Bao Chi! Bao Chi!* – Journaliste! Journaliste! et même *Bao Chi Fap!* – Journaliste français! ce qui revenait à dire : Ne tirez pas! Ne tirez pas!) On en venait à aimer sa vie, à aimer et respecter sa simple existence, mais souvent on n'y prêtait plus attention, on avait l'imprudence des somnambules. Etre « bien » signifiait rester vivant, et parfois il s'agissait seulement de tenir suffisamment à soi à un moment donné. Pas étonnant qu'on se mette tous à croire à la chance, pas étonnant qu'on se réveille certains jours à quatre heures du matin en *sachant* que finalement c'était pour le *lendemain* – alors on pouvait cesser de se tourmenter et rester simplement allongé à transpirer dans un long frisson humide.

Mais une fois que ça se passait vraiment, c'était différent. Vous étiez comme les autres sans plus, sans pouvoir ni cracher ni cligner de l'œil. Et ça revenait chaque fois de la même manière aussi redoutée que bienvenue, les couilles et les tripes se tordaient ensemble, les sens tendus comme des antennes, en chute libre jusqu'au fin fond de l'essentiel, remontant d'un bond pour faire le point, comme le premier vrai frémissement du trip quand on a pris une infusion de psylocybine qui vous atteint à l'instant du plus grand calme pour déclencher toute la joie et toute la terreur du monde, tout ce qu'a *jamais* connu *quiconque* ayant *jamais* vécu, une fulgurance inexprimable qui vous traverse en affleurant tous les nerfs avant de s'en aller, comme si tout était dirigé de l'extérieur, par un dieu ou par la lune. Et, après, chaque fois, vous étiez si fatigué, si vide, sauf du sentiment d'être vivant, que vous ne vous souveniez de rien, vous saviez seulement que c'était comme une sensation que vous aviez connue un jour, autrefois. Une sensation restée longtemps obscure et dont le souvenir prenait forme et substance avec le temps pour finalement se découvrir un après-midi aux premières détonations d'une fusillade. La sensation que vous aviez eue, beaucoup plus jeune, beaucoup, en déshabillant une fille pour la première fois.

La lampe Coleman était en veilleuse depuis une heure, maintenant elle s'était éteinte pour de bon. Un lieutenant est entré et a balayé l'abri de sa torche, il cherchait quelqu'un qui était censé être au barbelé. Puis le pan de toile est retombé, masquant la lueur des fusées entre leurs tranchées et les nôtres, il n'y a plus eu que les bouts de cigarettes et la lampe de la radio de Mayhew.

« Parlons des traçantes, disait le speaker. C'est vraiment un plaisir de tirer avec. Elles illuminent le ciel! Mais savez-vous que les traçantes laissent un *dépôt* dans le canon? Un dépôt qui entraîne souvent des *défaillances* et même des *blocages*... »

« Hé! Mayhew, éteins-nous cette saloperie.

– Juste après les sports », a dit Mayhew. Il était nu, assis sur son lit et penché sur sa radio comme si la lampe et la voix étaient un vrai miracle. Il se lavait le visage avec un *Washant Dry*[1].

« C'est prouvé! dit un autre. Tu prends un Chevvy et tu le mets dans un Ford et un Ford dans un Chevvy et ils vont plus vite *tous les deux*. C'est prouvé! »

On était tous prêts à dormir. Mayhew était le seul à avoir enlevé ses bottes. Deux Marines que je n'avais encore jamais vus avant ce soir-là étaient sortis faire de la récup et revenus avec une civière neuve pour me faire un lit, ils me l'ont donnée sans me regarder

1. Serviette en sachet.

comme pour dire : Merde, c'est rien, on *aime* se promener à la surface. Ils faisaient tout le temps des choses comme ça pour vous, comme Mayhew qui voulait me donner son matelas, comme à Hué des troufions un jour avaient voulu me donner leur casque et leur vareuse parce que j'étais venu sans les miens. Quand on déchirait son treillis sur les barbelés ou en rampant pour se mettre à l'abri, on en avait un neuf ou au moins un propre quelques minutes après sans savoir d'où il venait. Jamais ils ne vous laissaient tomber.

« ... donc la prochaine fois, disait le speaker, pensez-y ! Ça *pourrait* vous sauver la vie. » Une autre voix a pris le relais : « Eh bien, maintenant, nous continuons avec notre fabuleux Son des Années Soixante, AFVN, la Radio des Forces Armées au Vietnam, et pour vous, pour tous les gars du Premier de la Quarante-Quatre, et spécialement pour notre Frère dans la Salle de Rapport, voici Otis Redding – l'immortel Otis Redding, qui chante *Dock of the Bay*[1]. »

« Parfait, mon gars, a dit *Day Tripper*.

– Ecoutez, dit un des Marines. Quand on pense à tous les types dans cette foutue guerre, le nombre des morts ne veut rien dire. *Rien !* Merde, t'as plus de chances ici que sur l'autoroute de L.A.

– Fraîche consolation », ai-je marmonné tout bas.

Mayhew a sursauté. « Hé ! mec, t'as froid ? Pourquoi tu ne le dis pas ? Tiens, ma vieille m'a envoyé ça. Je ne m'en suis presque pas servi. » Je n'ai pas eu le temps de dire un mot et il m'a jeté un carré de tissu argenté qui m'a couvert les mains comme une feuille de papier indien. C'était une couverture spatiale.

« Ta vieille ! a dit *Day Tripper*.

– Ouais, ma mère.

– La maman de Mayhew, dit *Day Tripper*. Qu'est-ce qu'elle t'a envoyé d'autre, la maman, une branlette ?

– Eh bien, elle m'avait envoyé les gâteaux de Noël que tu t'es goinfrés avant que j'aie eu le temps d'enlever les putains de papiers. »

1. *Le Port de la Baie.*

Day Tripper a ri en allumant une autre cigarette.

« Mec, dit Mayhew, j'suis tellement excité... » Nous avons attendu la suite, mais rien n'est venu.

« Hé! Mayhew, a crié un autre, t'as déjà baisé? La première ne compte pas.

– Oh! ouais, dit *Day Tripper*. Mayhew s'est trouvé un petit lot à China Beach, une petite poulette qui bosse là-bas dans les boîtes pour civils, elle l'*adore*. Pas vrai?

– Tu parles », a dit Mayhew. Il avait le sourire de Puck sur les vieilles illustrations. « Elle adore ça.

– Conneries, dit Orrin. Y a pas une fendue dans tout ce putain de pays qui aime ça.

– Okay, Jim », a dit Mayhew, et *Day Tripper* s'est mis à glousser.

La radio a lancé un avertissement dramatique, ne perdez pas vos fiches de paie ou vos tickets-monnaie, et le présentateur est revenu. « Voilà maintenant un disque demandé pour Hard Core Paul et les Pompiers, et pour un chouette CO, Fred le Chef... »

« Hé! Mayhew, mets-le plus fort. Mets ça plus fort.

– Hé! bouffeur de bite, tu viens de me dire de l'éteindre.

– Allez, mec, c'est dingue, ce disque. »

Mayhew a tourné le bouton. Ce n'était pas très puissant mais l'abri a été rempli. C'était une chanson qu'on avait souvent entendue cet hiver.

Il y a quelque chose qui se passe là,
Ce n'est pas vraiment très clair.
Il y a un homme et un fusil là-bas,
Il me dit que je dois faire gaffe.
Je crois, les enfants, qu'il est temps d'arrêter,
Quel est ce bruit?
Tout le monde regarde ce qui tombe du ciel...

« Savez ce qu'on disait à la baraque du capitaine? a dit Mayhew. Un gars m'a dit que les *Cav* viennent ici.

– C'est vrai, dit un autre. Ils arrivent demain.

– A quelle *heure* demain?

– Ça va, dit Mayhew. Me croyez pas. Ce gosse est un

gratte-papier. Il était hier au TOC et il les a entendus parler.

– Qu'est-ce que les *Cav* viennent foutre ici ? Ça va devenir un foutu parking d'hélicoptères. »

Les Marines n'aimaient pas les *Cav*, la 1re Division de Cavalerie (aéroportée), ils les aimaient encore moins que le reste de l'armée, et en même temps les soldats des *Cav* commençaient à croire que leur seule mission au Vietnam était d'aller repêcher les Marines en danger. Ils étaient venus au secours des Marines une douzaine de fois, les derniers six mois, et la dernière fois, à la bataille de Hué, ils avaient eu presque autant de morts et de blessés que les Marines. On parlait depuis février d'une opération de secours à Khe Sanh, et maintenant ces rumeurs étaient prises au sérieux, comme celles qui parlaient d'une attaque et donnaient des dates prétendument significatives pour les Nord-Vietnamiens. (Le 13 mars, l'anniversaire de la première attaque sur Dien Bien Phu était la seule prise au sérieux. Ce jour-là personne n'avait envie d'être dans les parages de Khe Sanh, et pour autant que je sache le seul journaliste à y être resté a été John Wheeler, de l'Associated Press.) Quand les rumeurs parlaient d'une attaque, tout le monde préférait les ignorer. Quand elles parlaient de renforts, aussi improbables qu'elles fussent, les Marines s'y accrochaient en privé alors qu'en public ils s'en moquaient.

« Mec, on va même pas voir de *Cav* approcher cette putain de base.

– Okay ! j'en ai rien à foutre, a dit Mayhew. Je vous dis seulement ce que m'a dit ce gosse.

– Merci, Mayhew. Maintenant ferme ta putain de gueule qu'on puisse dormir. »

Ce qu'on a fait. Dormir à Khe Sanh, parfois, c'était comme s'endormir après quelques pipes d'opium, une dérive flottante mais consciente, de sorte que même en dormant on se demandait si on dormait, on notait chaque bruit à la surface, chaque explosion, chaque frisson qui parcourait le sol, en classant chaque détail sans jamais se réveiller. Il y avait des Marines qui dormaient les yeux ouverts, les genoux levés, raides, se levant souvent en plein sommeil comme si on leur avait jeté un sort. Dormir n'était pas un plaisir, pas un vrai repos. C'était une commodité qui vous empêchait de tomber en morceaux de même que les rations C froides ou pleines de gras vous évitaient de mourir de faim. Cette nuit-là, probablement en dormant, j'ai entendu des tirs d'armes automatiques. Je n'ai pas eu l'impression de vraiment me réveiller, seulement de voir trois cigarettes briller dans le noir sans me souvenir qu'on les ait allumées.

« Coup de sonde », dit Mayhew. Il était penché sur moi, complètement rhabillé, son visage touchait presque le mien, et il m'est passé par la tête qu'il avait pu se précipiter pour me protéger de ce qui pourrait nous tomber dessus. (Ce n'aurait pas été la première fois qu'un troufion l'aurait fait.) Personne ne dormait plus, ils avaient tous rejeté les ponchos qui les couvraient. J'ai voulu prendre mes lunettes et mon casque, je me suis aperçu que je les avais déjà sur moi. *Day Tripper* nous regardait. Mayhew souriait.

« Ecoute cet enculé, écoute ça, cet enculé va faire fondre le canon, c'est sûr. »

C'était une mitrailleuse M-60 qui ne tirait pas des rafales, mais un tir ininterrompu complètement fou. Le tireur avait dû voir quelque chose: peut-être couvrait-il une patrouille de Marines qui essayait de regagner l'enceinte, peut-être était-ce une reconnaissance de deux ou trois hommes prise dans la lueur des fusées, ou quelque chose debout, qui bougeait, un infiltré ou un rat, mais on aurait cru que le mitrailleur se battait contre une division entière. Je ne pouvais pas entendre s'il y avait un tir adverse. Brusquement, la mitrailleuse s'est arrêtée.

« Allons voir, dit Mayhew en prenant son fusil.

– Va pas te mêler de ce qui se passe dehors, a dit *Day Tripper*. Ils ont besoin de nous, ils viennent nous chercher. Connard de Mayhew.

– Mec, tout est fini. Ecoute. Viens, me dit-il. Viens voir si on peut te faire avoir un article.

– Donne-moi une seconde. » J'ai mis ma vareuse et nous sommes sortis de l'abri. *Day Tripper* secouait la tête en répétant : « Connard de Mayhew... »

Avant, on aurait cru que ça tirait juste au-dessus de l'abri, mais les Marines de garde là-haut nous ont dit que c'était venu de plus loin, à quarante mètres dans la tranchée. Nous avons marché dans le noir, des silhouettes apparaissaient et disparaissaient autour de nous dans le brouillard, des présences flottantes, bizarres, nous avons eu l'impression de marcher longtemps avant que Mayhew se heurte au casque d'un autre.

« Tu peux faire gaffe où tu mets tes putains de pieds, dit-il.

– Dites : « Tu peux faire gaffe où tu mets tes putains « de pieds, *lieutenant.* » C'était un officier, il rigolait.

« Excusez-moi, lieutenant.

– Mayhew ?

– Oui, lieutenant.

– Qu'est-ce que vous foutez par ici ?

– On a entendu une merde.

– Qui est cet homme ? Où est son fusil ?

– C'est un journaliste, lieutenant.

– Oh !... Hello !

– Hello ! ai-je dit.

– Eh bien, vous avez manqué le meilleur ! Vous auriez dû venir il y a cinq minutes. On en a coincé trois à la hauteur du premier barbelé.

– Qu'est-ce qu'ils voulaient faire ? ai-je demandé.

– Sais pas. Peut-être couper le fil. Peut-être poser une mine, voler nos claymores, lancer des grenades, nous harceler un peu, sais pas. Saurai plus, maintenant. »

Alors nous avons entendu ce qui nous a d'abord semblé une petite fille en train de pleurer, un gémissement retenu, délicat, qui est devenu plus fort et plus intense, amassant la souffrance jusqu'à devenir un hurlement déchirant. Tous les trois nous nous sommes regardés, nous pouvions presque sentir nos frissons respectifs. Un cri terrible qui absorbait tous les autres bruits de la nuit. Qui que ce fût, rien ne comptait plus pour lui que ce qui le faisait hurler. Il y a eu un floc étouffé dans l'air au-dessus de nous et une fusée éclairante est descendue avec langueur sur le barbelé.

« Un *nyaq*, a dit Mayhew. Vous le voyez là, regardez là, sur le fil là-bas ? »

Je ne pouvais rien voir là-bas, aucun mouvement et le cri avait pris fin. Comme la fusée s'éteignait, le sanglot a repris, il est vite monté jusqu'au hurlement.

Un Marine nous a frôlés. Il avait une moustache et un morceau de parachute camouflé en guise de foulard, et un étui sur la hanche avec un lance-grenades M-79. Une seconde j'ai cru avoir des visions. Je ne l'avais pas entendu venir et j'essayais maintenant de voir d'où il était sorti, sans succès. Le M-79 était raccourci et avait une crosse spéciale. De toute évidence c'était un objet précieux, on voyait le travail fait dessus aux reflets des fusées renvoyés par la crosse. Le Marine avait un air sérieux, mortellement sérieux, il avait la main droite au-dessus de l'étui, en attente. Le cri s'était arrêté de nouveau.

« Attendez, a-t-il dit. Je vais l'arranger, cet enculé. »

Il avait maintenant la main sur la crosse. La plainte a repris, et le hurlement, nous avions compris : le Nord-Vietnamien criait sans arrêt la même chose et nous n'avions pas besoin de traducteur pour comprendre.

« Le mettre à sa place, cet enculé », a dit le Marine comme pour lui-même. Il a tiré son arme, ouvert la culasse et mis une cartouche qui ressemblait à une balle énorme et gonflée, tout en écoutant le cri avec une très grande attention. Il a posé le M-79 sur son avant-bras gauche et a visé une seconde avant de tirer. Il y a eu un éclair gigantesque sur le barbelé à 200 mètres de là, une gerbe d'étincelles orange, puis tout est redevenu silencieux sauf pour le grondement des bombes qui tombaient à plusieurs kilomètres et le bruit du M-79 qu'il a ouvert, refermé et remis dans son étui. Rien n'avait changé sur le visage du Marine, rien, et il est rentré dans l'obscurité.

« Il l'a eu, a dit Mayhew doucement. Mec, tu as *vu* ça ? »

Et j'ai dit oui (en mentant), c'est quelque chose, vraiment quelque chose.

Le lieutenant a dit qu'il espérait que je trouverais de bonnes histoires dans le coin, que je ne devais surtout pas me casser la tête, et il a disparu. Mayhew a regardé une dernière fois le barbelé mais le silence qui venait d'en face a fini par lui dire quelque chose. Il s'est passé mollement les doigts sur le visage, on aurait dit un gosse devant un film de terreur. Je lui ai touché le bras et nous sommes rentrés à l'abri pour prendre un peu de cette espèce de sommeil.

5

Aux plus hauts niveaux de l'Etat-Major, on considérait la situation à Khe Sanh avec beaucoup d'optimisme, le même optimisme qui nous avait fait traverser le Têt en souriant au milieu du carnage. Cela provoquait souvent des malentendus entre la presse et les officiers supérieurs des Marines, surtout lorsque cela faisait passer de lourdes pertes pour des pertes légères, des embuscades et des défaites pour des ruses tactiques et des replis provisoires et qu'un temps affreux était appelé très beau, voire excellent. Il est difficile de se trouver sur la côte dans la tiédeur de Danang et de s'entendre dire par quelque PIO Marine qu'il fait aussi chaud dans la DMZ dont vous venez d'arriver – d'autant qu'une douche brûlante et des vêtements propres n'ont pas pu faire disparaître le frisson glacé qui vous serre les fesses depuis trois jours. Pas besoin d'être un tacticien endurci pour comprendre qu'on a froid au cul.

Les interviews avec le commandant du 26e Régiment de Marines, le colonel David Lownds, semblaient montrer un officier complètement insensible à la gravité de sa position, mais Lownds était en fait un homme d'une complexité trompeuse avec un don pour « branloter la presse » (comme disait un des officiers de son état-major). Il pouvait paraître humble, les yeux baissés, distrait, stupide même (il y avait des journalistes qui en privé l'appelaient « le lion de Khe Sanh »), comme si un Haut Commandement cynique l'avait soigneusement choisi comme façade pour ces qualités-là. Quand on le mettait en face des risques d'échec que pourrait rencontrer la défense de Khe Sanh, il disait des choses comme : « Je ne prévois pas de renforts », ou « Je ne m'inquiète pas. J'ai les Marines. » C'était un petit homme aux yeux vagues et mouillés, rappelant un peu le rongeur de la fable, avec une seule caractéristique frappante : une moustache militaire bien fournie et soigneusement taillée.

Il affichait une parfaite ignorance de Dien Bien Phu, ce qui rendait fous les journalistes, mais ce n'était qu'une feinte. Lownds connaissait très bien Dien Bien Phu et ce qui s'y était passé, mieux que la plupart de ses interlocuteurs. La première fois que je l'ai vu c'était pour lui apporter à Khe Sanh un message vieux de quinze jours, envoyé par son gendre, un capitaine des Marines que j'avais rencontré à Hué. Il avait été gravement blessé dans les combats le long des canaux au sud-ouest de la Citadelle, et le message n'était guère plus qu'une salutation. En tant que colonel commandant de régiment, Lownds avait évidemment tous les détails récents sur l'état du capitaine, mais il semblait content d'avoir l'occasion de parler avec quelqu'un qui avait été là-bas, qui avait vu son gendre – dont il était fier – et il était très touché par le message. De plus il commençait à se fatiguer des journalistes et des critiques implicites dans la plupart des questions qu'on lui posait, et là-dessus je ne pouvais pas m'empêcher de sympathiser avec lui. Il y avait à Khe Sanh des décisions et des attitudes qui faisaient tuer des soldats, mais je doutais que ce fussent celles du colonel. En fait, il était lui-même un peu troufion, il y avait maintenant longtemps qu'il était à cette place et cela commençait à se voir sur son visage. Les histoires publiées sur lui ne prenaient jamais la peine de mentionner son courage personnel ni la prudence extrême et inhabituelle avec laquelle il risquait la vie de ses hommes.

Non, pour trouver les optimistes vraiment irréfléchis, ceux qui écartaient les faits, faisaient tuer les soldats en masse et vous mettaient dans des rages folles et impuissantes, il fallait aller plus loin que Khe Sanh. Le moral des hommes de Khe Sanh était bon (ils survivaient, pour la plupart, à la force du poignet), mais cela ne donnait à aucun général le droit de dire qu'ils attendaient avec impatience le combat, l'attaque prévue. Pendant une tournée de cinq jours à travers la DMZ, fin février début mars, c'est tout ce que ces généraux ont été capables de dire. « Excellent », « vraiment bon », « extraordinaire », « le meilleur » : des mots comme ça vous dégoulinaient dessus jusqu'à ce que vous puissiez à peine vous empêcher de prendre une de ces têtes grises aux cheveux courts pour l'enfoncer dans la carte d'état-major la plus proche.

Sur cette tournée j'étais avec Karsten Prager, de *Time.* Prager avait un peu plus de trente ans et couvrait la guerre par intermittence depuis plus de trois ans. C'était un Allemand venu faire ses études aux Etats-Unis et qui n'avait plus aucune trace d'accent. Au lieu de quoi il avait une parole brusque, hachée, comme sur les docks de Brooklyn. Quand je lui ai demandé comment il avait pu perdre son accent allemand en si peu de temps, il avait répondu : « Eh pien, ch'ai un ton terriple pour les lanques. » Il avait des yeux durs et malins assortis à sa voix et un dédain pour les bravades du commandement qui pouvait rendre gênantes les interviews.

Nous avons survolé ensemble la DMZ de Quang Tri à Camp Carrol et Rockpile, touchant chacune des bases de combat reconverties en bases d'appui pour Khe Sanh. On se trimbalait dans des hélicos déglingués de la Marine, des H-34 maladroits (on se fout de la fatigue du métal, avons-nous décidé, les 34 sont de bonnes bêtes), par-dessus les collines glacées, pilonnées, baignées de brume, des collines qui avaient reçu plus de 120 millions de livres d'explosifs lâchés par les B-52 pendant les trois semaines précédentes – une surface lunaire, pleine de trous, de cratères et d'excellents tireurs nord-vietnamiens. D'après l'expérience et les estimations de nos météorologues, la mousson aurait dû prendre fin, s'en aller au sud, dégager le ciel de la DMZ et réchauffer les collines, mais cela ne venait pas, la mousson restait là. (« Le temps ? » disait un de ces colonels. Le temps est de plus en plus à notre avantage ! ») Nous étions gelés, on pouvait à peine pisser sur ces pitons fortifiés, et le plafond était au plus bas avant midi et après 15 heures. A la fin du voyage, avant d'arriver à Dong Ha, la tige d'aluminium qui maintenait les sièges s'est brisée, nous a flanqués par terre en faisant exactement le bruit d'un obus de 50 qui touche un hélico. Nous avons eu une sacrée trouille et après nous avons bien ri, vraiment. Deux fois les pilotes ont cru voir quelque chose bouger sur les collines et nous sommes descendus pour en faire cinq ou six fois le tour avec des gémissements et des petits rires de peur et de froid. L'équipage était commandé par un jeune Marine qui se déplaçait dans l'appareil sans avoir un câble de sécurité accroché à sa combinaison, si assuré malgré les secousses et le roulis qu'on n'avait pas le temps d'admirer son sang-froid de risque-tout, qu'on était pris instantanément par sa maîtrise et sa grâce et qu'on s'émerveillait de le voir s'accroupir devant la porte ouverte et réparer les sièges brisés avec des pinces et du fil de fer. A 800 mètres de haut, il restait debout dans le tourbillon de la porte (a-t-il pensé à sauter dehors ? Combien de fois ?), les mains sur les hanches, très naturellement, comme s'il attendait tranquillement au coin d'une rue. Il savait qu'il était fort, un artiste, il savait qu'on l'admirait, mais il ne le faisait pas pour nous; c'était pour lui, tout seul, il était celui qui ne tomberait jamais d'aucun de ces foutus zincs.

A Dong Ha, sans avoir pu nous laver, nous raser ni nous changer depuis des jours, nous sommes allés au quartier général de la 3ᵉ Division de Marines et Prager a demandé une entrevue immédiate avec le général Tompkins, le commandant. L'aide de camp du général était un lieutenant poseur et pète-sec, propre et net et astiqué jusqu'à reluire, qui nous a regardés d'un air incrédule. Une antipathie immédiate et réciproque – j'ai d'abord pensé que nous n'irions pas plus loin, mais une minute plus tard il nous menait à contrecœur dans le bureau du général.

Le général Tompkins était à son bureau, vêtu d'un vieux maillot de corps, et son sourire nous a fait nous sentir quelque peu cinglés, debout devant lui, crasseux, mal rasés, avec nos treillis en loques. Quand le lieutenant est sorti de la pièce, c'est comme si une lourde porte s'était refermée sur le froid, et le général nous a fait asseoir. Malgré sa bonne santé agressive et son visage dur et tanné, il m'a rappelé Everett Dirksen[1]. Quelque chose de rusé, de rieur dans son sourire, une malice dans son regard, un roulement sourd dans sa voix, chaque phrase dite avec mesure et hauteur. Derrière lui plusieurs drapeaux pendaient au mur, un autre était tout entier couvert par une remarquable carte en relief de la DMZ où certains petits secteurs étaient recouverts, mis à l'abri des regards non autorisés.

Nous nous sommes assis, le général nous a offert des cigarettes (par paquets) et Prager a envoyé ses questions. J'avais déjà entendu tout ça, c'était la synthèse de ce que Prager avait rassemblé ces quatre derniers jours, je n'avais jamais compris l'intérêt de poser des questions importantes aux généraux, sur n'importe quel sujet, ce sont aussi des officiels et leurs réponses sont presque toujours prévues d'avance. J'écoutais à moitié, d'une oreille intermittente, Prager s'est lancé dans un discours compliqué traitant des variations de la météo, de capacité aérienne, de la hausse et de la portée de nos grosses pièces d'artillerie, des leurs, des problèmes d'approvisionnement, des renforts et (en s'excusant) du désengagement et de l'évacuation. Le général touchait le bout de ses doigts les uns aux autres à mesure que la question se développait, il a souri en hochant la tête quand elle a entamé sa troisième minute, l'air impres-

1. Sénateur US, considéré par la gauche comme un guignol politique.

sionné par la connaissance que Prager avait de la situation et finalement, quand la question a pris fin, il a posé ses mains sur son bureau, toujours souriant.

« Quoi ? » a-t-il dit.

Prager et moi nous sommes lancé un coup d'œil.

« Il vous faut m'excuser, les gars. Je suis un peu dur d'oreille. Je ne saisis pas toujours tout. »

Et Prager a recommencé, trop fort pour être naturel, mon esprit s'est reporté sur la carte, dans la carte en fait, de sorte que le bruit des canons à l'extérieur des fenêtres du général, l'odeur de merde enflammée, de toile humide dans l'air glacé, ont ramené un instant mon esprit à Khe Sanh.

J'ai pensé aux troufions qui étaient assis en rond un soir autour d'une guitare et chantaient *Where Have All The Flowers Gone*[1]? Jack Lawrence de CBS leur avait demandé s'ils savaient ce que cette chanson signifiait pour tant de gens et ils avaient dit : Oui, oui; ils savaient. J'ai pensé aux graffiti que John Wheeler avait découverts sur un mur de latrine – « Je crois que je tombe amoureux de Jake », – aux soldats qui avaient remonté la tranchée en courant pour me faire un lit avec une civière, à la couverture spatiale de Mayhew, au gosse qui avait envoyé à sa petite amie une oreille de *nyaq* et ne comprenait pas pourquoi elle ne lui écrivait plus. J'ai pensé aux treize bataillons de Marines en manœuvres dans la DMZ, ce qu'ils renfermaient de douceur et de brutalité, tout ce qu'ils faisaient pour vous mettre à l'aise, même quand ils pensaient que vous étiez fous d'être venus là. Je pensais aux Marines de Khe Sanh, ce devait être environ leur quarante-cinquième nuit de bombardement, le déluge n'avait pas duré si longtemps. Prager parlait toujours, le général approuvait de la tête, se touchait le bout des doigts et la question tirait à sa fin. « Général, ce que je voudrais savoir c'est cela, qu'est-ce qui se passe s'ils décident d'attaquer Khe Sanh et d'attaquer en même temps chacune des

1. *Où sont parties toutes les fleurs?* (Chanson de Peter, Paul et Mary.)

bases que les Marines ont montées pour appuyer Khe Sanh, dans toute la DMZ ? »

Et j'ai pensé : S'il vous plaît, général, dites « Dieu nous en garde ! » Levez les bras au ciel, que des frissons involontaires secouent votre carcasse sèche et dure. Souvenez-vous de Langvei. Souvenez-vous de Mayhew.

Le général a souri, la suprême astuce qui en annonçait une bien bonne, sans nul doute. « *C'est... exactement... ce que... nous voulons qu'il fasse* », a-t-il dit.

Nous l'avons remercié pour son temps et ses cigarettes et nous sommes allés chercher un endroit où dormir ce soir-là.

L'après-midi du jour où nous sommes rentrés à Danang il y a eu une importante conférence de presse au centre de presse tenu et contrôlé par les Marines, un petit ensemble de baraques près du fleuve où s'installaient la plupart des journalistes qui couvraient la Ire Région. Un brigadier général du IIIe MAF, l'état-major des Marines, venait nous informer des développements dans la DMZ et à Khe Sanh. Le colonel chargé des « opérations de presse » était visiblement nerveux, on débarrassait la salle à manger pour la conférence, on installait des micros, des chaises, on disposait des brochures. Ces comptes rendus officiels faisaient habituellement à votre vision de la guerre le même effet que les fusées éclairantes à votre vision nocturne, mais celui-là devait être spécial et des correspondants étaient venus de toute la Ire Région. Parmi eux Peter Braestrup du *Washington Post,* autrefois du *New York Times.* Il avait été capitaine de Marines en Corée – les ex-Marines sont comme les ex-catholiques ou les agents fédéraux hors service – et Braestrup se sentait toujours particulièrement concerné par les Marines. L'échec des Marines à se retrancher à Khe Sanh, leur absence choquante de protection contre l'artillerie, l'avaient rendu de plus en plus amer. Il s'est assis calmement, le colonel a présenté le général et la conférence a commencé.

Le temps était excellent. « Le soleil se lève sur Khe

Sanh à dix heures tous les matins. » (Un grognement collectif a parcouru les sièges des journalistes.) « Je suis heureux de pouvoir vous dire que la Route 9 est maintenant ouverte et complètement accessible. » (Prendriez-vous la Route 9 jusqu'à Khe Sanh, général ? Je parie que non.)

« Et les Marines de Khe Sanh ? a demandé quelqu'un.

– Je suis content qu'on en arrive là, a dit le général. Je suis resté plusieurs heures à Khe Sanh ce matin, et je tiens à vous dire que les Marines là-bas sont *impeccables* ! »

Il y a eu un drôle de silence. Nous savions tous ce que nous l'avions entendu dire, ce type avait dit que les Marines de Khe Sanh étaient impeccables (« Impeccables ? Il a dit ça, non ? »), mais aucun de nous ne pouvait imaginer ce qu'il voulait dire.

« Oui, tous les deux jours, ils prennent un bain ou se lavent convenablement. Ils se rasent tous les jours, sans exception. Leur humeur est bonne, ils sont pleins de courage, leur moral est excellent et ils ont des yeux qui font des étincelles ! »

Braestrup s'est levé.

« Général ?

– Peter ?

– Général, et les défenses de Khe Sanh ? Voilà, vous avez construit un magnifique club pour officiers, avec l'air conditionné, et il est en ruine. Vous avez construit un bar, et il a sauté. » Il avait commencé calmement mais il avait du mal à contenir sa colère. « Vous avez là-bas un poste sanitaire qui est une honte, placé carrément sur la piste, exposé tous les jours à des centaines d'obus, non protégé par en haut. Vous avez des hommes dans la base depuis juillet, vous attendez une attaque au moins depuis novembre et ils vous bombardent durement depuis janvier. Général, pourquoi ces Marines ne sont-ils pas enterrés ? »

La pièce était silencieuse. Braestrup s'est rassis avec un sourire farouche. Au début de la question, le colonel avait soudain sauté de côté sur sa chaise, comme si on lui avait tiré dessus. Maintenant, il essayait de mettre sa tête devant celle du général pour lui envoyer le genre de regard signifiant : « Vous voyez, général ? Vous voyez le genre de têtes de nœuds avec qui je dois travailler tous les jours ? » Braestrup regardait maintenant le général en face pour attendre sa réponse – la question n'avait pas été de pure forme – et la réponse ne s'est pas fait attendre.

« Peter, a dit le général, je pense que vous tapez sur un tout petit clou avec un marteau énorme. »

6

Le mitrailleur de porte, qui se penchait à l'extérieur pour regarder vers le sol, s'est mis à rire. Il a écrit un mot qu'il m'a tendu. C'était : « On a vraiment pissé tout ce qu'on a pu sur ces collines. »

La mousson prenait fin, une chaleur torride se rabattait sur les soldats et l'épreuve de Khe Sanh était presque finie. En survolant les régions les plus à l'ouest de la DMZ on pouvait lire l'histoire de ce terrible hiver au spectacle des collines.

Pendant la plus grande partie du temps que les Nord-Vietnamiens avaient contrôlé la Route 9 et isolé les Marines de Khe Sanh, on n'avait vu de ces collines que ce que laissaient voir les brumes intermittentes : un territoire désolé, froid, hostile, aux couleurs ternies par une mousson sans pluie ou bien noyées par le brouillard. C'étaient autrefois les terrains de chasse des empereurs annamites – des tigres, des cerfs et des écureuils volants les avaient peuplés. J'essayais d'imaginer ce que pouvait être une chasse royale, mais je ne pouvais la voir que comme un conte oriental pour enfants : une évocation de l'empereur, de l'impératrice, des princes petits et grands, des favoris et autres courtisans, tout caparaçonnés pour la chasse; des silhouettes légères sur une tapisserie, la promesse de mise à mort sans que le sang coule, un divertissement serein avec des cavaliers galants, un jeu de mort avec le sourire. De nos jours encore on entendait des Marines comparer ces collines avec celles de leur pays et parler du plaisir qu'il y aurait à y chasser autre chose que des hommes.

Je pense surtout que les Marines avaient surtout de la haine pour les collines, non pas intermittence, comme beaucoup d'entre nous, mais une haine constante, comme une malédiction. Mieux valait se battre dans les jungles ou sur les plaines arides qui longeaient le fleuve Cua Viet que sur ces hauteurs. Une fois j'ai entendu un soldat les appeler collines « de la colère », il avait probablement trouvé ça dans un film ou une émission de TV, mais de son point de vue il n'avait pas tort, c'était un mot juste. Et lorsque nous les avons ravagées, démolies, en partie incendiées de sorte que rien ne pourrait plus jamais y vivre, beaucoup de Marines ont dû se sentir bien, avoir une sensation de puissance. Ils les avaient parcourues, ces collines, pliés en deux, les jambes douloureuses, ils étaient tombés dans des embuscades, ils avaient sauté sur des mines sur leurs pistes, ils s'étaient fait acculer sur leurs crêtes désertes, ils avaient subi le feu de l'ennemi en se cramponnant aux feuillages qui les couvraient, ils avaient pleuré de peur, restés seuls, d'épuisement et de honte à reconnaître la terreur que la nuit, chaque fois, leur apportait, et maintenant, au mois d'avril, ils s'étaient en quelque sorte vengés.

Jamais nous n'avons proclamé la politique de la terre brûlée, jamais nous n'avons proclamé la moindre politique sauf celle de trouver et d'anéantir l'ennemi, mais nous avons suivi cette politique avec la plus parfaite évidence. Nous avons pris ce que nous avions sous la main et nous avons lâché dans un rayon de cinquante kilomètres autour de Khe Sanh la plus grande quantité d'explosifs de l'histoire militaire. Grâce à la technique de bombardement par saturation, ces collines ont reçu plus de 110 000 tonnes de bombes pendant les onze semaines du siège de Khe Sanh. Les plus petites en ont été littéralement retournées, les plus hautes défigurées, aplaties, et les plus grandes en ont gardé des cicatrices et des cratères en si grand nombre qu'un envoyé d'une civilisation lointaine pourrait y voir la régularité rituelle et obsessionnelle de symboles religieux, un centre noir et profond déversant des rayons de terre plus claire, retournée, sur tout le tour, des formes comme celles des soleils aztèques, suggérant que leurs auteurs ont été des hommes avec un profond respect de la nature.

Un jour, dans un Chinook allant de Cam Lo à Dong Ha, j'étais assis près d'un Marine qui a pris une bible dans son sac et s'est mis à lire avant même le décollage. Il avait une petite croix dessinée au crayon-bille sur son gilet et une autre, encore moins visible, sur son couvre-casque. Il avait un air bizarre pour un Marine se battant au Vietnam. D'abord il ne bronzait jamais, même en passant plusieurs mois au soleil, – il se couvrait de rougeurs, bien qu'il fût brun. Et il était très gros, il avait bien dix kilos de trop, même si on voyait à ses bottes et à son treillis qu'il en avait perdu pas mal dans le coin. Ce n'était pas l'assistant d'un aumônier ni rien, juste un troufion gras, pâle et religieux. (On n'en rencontrait guère de vraiment religieux, alors qu'on l'aurait cru, avec tous ces gosses venus du Sud et du Midwest, sortis de leurs fermes et des petites villes agricoles.) Nous avons bouclé nos ceintures et il s'est plongé dans sa lecture, je me suis penché par la porte pour regarder la série interminable des cratères géants qui parsemaient le sol, les énormes balafres du napalm ou des produits chimiques qui avaient dévoré le feuillage. (Il y avait une unité spéciale de l'aviation pour la défoliation. On les appelait les Cow-Boys et ils avaient pour devise : « Nous sommes les seuls à éteindre les forêts. ») Quand j'ai sorti des cigarettes pour lui en offrir une, il a levé les yeux de sa bible et secoué la tête avec ce rire bref, absurde, qui me disait avec certitude qu'il avait connu pas mal de combats. Il était peut-être même allé à Khe Sanh, ou sur la 861 avec le 9e. Je ne pense pas qu'il ait compris que je n'étais pas un Marine, je portais une vareuse qui recouvrait les insignes de correspondant cousus à mon treillis, mais il a pris l'offre d'une cigarette pour un geste de courtoisie qu'il a voulu me rendre. Il m'a passé sa bible ouverte, presque en gloussant, et m'a indiqué un passage. C'était dans les Psaumes, verset 91 : 5, et cela disait :

Tu ne craindras pas la terreur de la nuit, ni le jour le vol de la flèche.
Ni la peste qui marche dans l'ombre, ni la ruine qui vient en plein midi.
Mille tomberont près de toi, dix mille à ta main droite, mais elle ne s'approchera pas de toi.

Okay! ai-je pensé, c'est bon à savoir. J'ai écrit « Magnifique! » sur un morceau de papier que je lui ai donné et il a tendu le pouce en l'air; il pensait de même. Il a repris son livre et je suis retourné à la porte, avec pendant tout le voyage jusqu'à Dong Ha l'envie mauvaise de chercher dans les Psaumes un passage pour le lui montrer, celui qui parle de ceux qui se sont souillés de leurs propres œuvres et qui se sont prostitués avec leurs inventions.

Le sauvetage de Khe Sanh a commencé le 1er avril. L'opération a reçu pour nom de code Pégase, elle comprenait environ dix mille Marines et trois bataillons d'ARVN au complet, mais elle devait son style et son nom à la 1re Division de Cavalerie (aéroportée). Une semaine plus tôt, dix-huit mille hommes de la *Cav* avaient quitté leur base de Camp Evans, près de Dong Ha, pour une vallée à dix-sept kilomètres au nord-est de Khe Sanh, juste hors de portée des gros canons enterrés dans les montagnes laotiennes. Les *Cav* avaient une flopée d'hélicoptères – d'ailleurs c'est tout ce qu'ils avaient – des grues volantes apportaient des engins de terrassement, des Chinooks apportaient les plus grosses pièces d'artillerie et il a poussé en quelques jours une base avancée qui avait meilleure allure que la plupart des installations permanentes de la 1re Armée, complète avec une piste d'un kilomètre et des abris bien enterrés et ventilés. Ils l'ont appelée LZ *Stud*[1] et, quand elle a été terminée, Khe Sanh n'était plus le centre de son propre territoire, mais un objectif parmi d'autres.

C'était presque comme si la guerre était finie. La veille du commencement de Pégase, le président Johnson avait annoncé la suspension des bombardements au Nord et donné une date limite à son administration. Les ingénieurs du 11e Marines avaient commencé à descendre la Route 9, à désamorcer les mines et à réparer les ponts, sans rencontrer de résistance. Les bombardements de Khe Sanh s'étaient réduits à quelques obus épars chaque jour et cela faisait plus de quinze jours que le général Westmoreland avait révélé qu'à son avis l'attaque de Khe Sanh ne viendrait jamais. La 304e Division NVA avait quitté la région, de même que la 325e C. Il semblait que tous les NVA eussent disparu, sauf une force symbolique. Et on voyait partout l'insigne militaire le plus rassurant de tout le Vietnam, la patte d'épaule jaune et noire de la *Cav*. Maintenant on était avec les pros, avec l'élite. Les bases d'attaque et d'opérations poussaient à raison de trois ou quatre par jour, chaque fois plus près de Khe Sanh.

C'était vraiment presque trop beau, et au troisième jour Pégase est devenu quelque chose de bizarre. En tant qu'opération, elle révélait les goûts du commandant de la *Cav*, le major général John Tolson, un officier d'une intelligence et d'une subtilité peu communes, et qui avait une vitesse et une précision incroyables, surtout pour quelqu'un qui venait de passer près de trois mois avec les Marines. Pégase avait une ampleur et une tactique qui atteignaient presque à l'élégance. Stendhal aurait adoré ça (il l'aurait appelée « une affaire d'avant-postes »), mais bientôt on aurait plutôt dit un spectacle qu'une opération militaire – une non-opération inventée pour non secourir le non-siège de Khe Sanh. Quand j'ai dit au général Tolson que je ne saisissais pas vraiment ce que faisait la *Cav*, il s'est mis

1. Etalon.

à rire et m'a dit que j'étais probablement plus malin que je ne pensais. Pégase n'avait pas d'objectif, a-t-il dit. Son but était l'engagement. Mais avec quoi ?

Peut-être, comme nous l'avions prétendu, les B-52 les avaient-ils tous chassés, avaient-ils brisé les reins de leur désir d'attaquer. (Nous avions dit avoir tué treize mille NVA avec ces raids.) Peut-être avaient-ils quitté la région de Khe Sanh dès janvier, laissant les Marines immobilisés, puis traversé la 1re Armée pour se préparer à l'Offensive du Têt. Beaucoup de gens pensaient que quelques bataillons actifs et bien employés avaient pu suffire à maintenir les Marines derrière leurs barbelés et dans leurs abris pendant tout ce temps. Peut-être étaient-ils venus voir ce qui rendait une attaque impossible avant de rentrer au Laos. Ou à A Shau. Ou à Quang Tri. Ou à Hué. Nous ne savions pas. Ils étaient quelque part, mais ils n'étaient plus autour de Khe Sanh.

On a trouvé des caches d'armes insensées, des roquettes dans leurs caisses, des lanceurs avec leurs emballages d'usine, des AK 47 encore enrobées de Cosmoline, tout cela montrant que des bataillons entiers étaient partis en vitesse. Les *Cav* et les Marines au-delà de la Route 9 découvraient du matériel indiquant que des compagnies s'étaient enfuies en bloc. On a trouvé par terre des paquetages parfaitement alignés qui contenaient des journaux et souvent des poèmes écrits par les soldats, mais presque rien pour dire où ils étaient allés, ni pourquoi. Etant donné la quantité d'armes et de fournitures découvertes (le record de toute la guerre), il y a eu étonnamment peu de prisonniers, bien que l'un d'eux ait dit à ceux qui l'interrogeaient que 75 pour 100 de son régiment avaient été tués par les 8-25, près de quinze cents hommes, et que les survivants étaient affamés. On l'avait tiré d'un trou d'araignée près de la cote 881 Nord, et il semblait content d'avoir été pris. Un officier américain qui était présent à l'interrogatoire a raconté que ce gosse n'avait guère plus de dix-sept ou dix-huit ans, et qu'il était répugnant que le Nord envoie des hommes aussi jeunes participer à une guerre d'agression. A ma connaissance pourtant il n'y a eu personne, Marines ou *Cav*, officiers ou hommes de troupe, pour rester insensible au spectacle de ces prisonniers. On comprenait brutalement ce qu'avaient dû être les épreuves et les souffrances de cet hiver.

Pour la première fois depuis onze semaines les Marines de Khe Sanh ont quitté l'enceinte de la base, ont fait trois kilomètres jusqu'à la Colline 471 et l'ont prise d'assaut après ce qui fut la seule bataille sérieuse de cette période. (Les bases, y compris *Stud*, recevaient de temps en temps des obus et des roquettes; les *Cav* ont eu quelques appareils descendus par les tireurs NVA et presque chaque jour il y avait des fusillades brèves, souvent violentes. La plupart du temps sur la plupart des pistes on voyait l'après-midi un ou deux cadavres en sac qui attendaient d'être enlevés, mais ce n'était plus pareil, et c'était ça l'ennui. Après le massacre de l'hiver, ce répit inattendu faisait peur, on craignait de se laisser aller, ou d'être le dindon de la farce. Si ça devait arriver, une chose était que ça arrive à Hué ou à Khe Sanh, une tout autre d'être un des rares choisis. POURQUOI MOI ? était un graffiti courant sur les casques.) On pouvait entendre un soldat des *Cav* dire à peu près : « On m'a dit que les Marines se sont foutus dans la merde sur la Route 9 », alors qu'en fait il voulait dire : *Bien sûr* les Marines se sont foutus dans la merde, qu'est-ce qu'ils feraient *d'autre* dans cette guerre? Dans leur attitude, les *Cav* admettaient bien qu'ils pourraient se faire tuer, mais pas du tout comme les Marines. Une histoire circulait chez les TAOR de Pégase au sujet d'un Marine qui s'était fait embrocher par les NVA au flanc d'une colline : les hélicos des Marines ont refusé d'aller le chercher, ce sont les *Cav* qui y sont allés. Que ce fût vrai ou non, cette histoire montrait la complication des rivalités entre Marines et *Cav*, et quand les *Cav* ont envoyé une unité relever les Marines de la 471, les derniers clichés romantiques laissés par les films de guerre ont été balayés d'un seul coup : pas de cris, pas de moqueries, pas d'obscénités joyeuses, pas même « Hé, d'où tu es? De Brooklyn!? Sans blague! Moi aussi! »

Les rangs des arrivants et des partants se sont croisés sans un mot.

La mort de Martin Luther King a fait intrusion dans la guerre comme aucun événement extérieur ne l'avait jamais fait. Les jours suivants ont vu plusieurs petites émeutes sans rapport entre elles, un ou deux meurtres au couteau, le tout officiellement démenti. Le centre de loisirs des Marines de Danang, à China Beach, a été interdit pour vingt-quatre heures. A *Stud,* nous étions autour de la radio pour écouter les tirs d'armes automatiques retransmis de plusieurs villes américaines. Un colonel du Sud, qui était avec l'équipe du général, me dit que c'était une honte, une grande honte, mais je devais bien admettre (n'est-ce pas ?) que cela faisait longtemps qu'il l'avait cherché. Un sergent noir des *Cav* qui m'avait emmené dîner dans son unité la veille au soir a fait comme si j'étais mort le jour où la nouvelle est arrivée, mais le soir même il est venu à la tente des journalistes pour me dire que ça ne devrait pas se passer comme ça. J'ai sorti une bouteille de scotch de mon sac, nous sommes allés nous asseoir sur l'herbe et nous avons regardé les fusées descendre sur les collines de l'autre côté du fleuve. Il y avait encore des brumes nocturnes que la lueur des fusées transformait en une neige épaisse, tandis que les ravins faisaient comme des pistes de ski.

Il venait de l'Alabama et il avait presque décidé de faire carrière dans l'armée. Il avait bien vu ce que cela pourrait vouloir dire un jour, même avant le meurtre de King, mais il avait toujours espéré passer à côté d'une manière ou d'une autre.

« Maintenant qu'est-ce que je vais faire ? a-t-il dit.

– Moi, je suis génial pour poser des questions.

– Mais tu vois ça. Est-ce que je vais prendre ces armes pour les retourner contre les miens ? Merde ! »

Voilà – et tous les sous-offs noirs devaient être dans le même cas. Assis dans l'obscurité, il m'a dit que quand il était passé près de moi, dans l'après-midi, ça l'avait rendu malade. Il n'avait pas pu s'en empêcher.

« Merde, je vais pas tirer vingt ans dans cette armée. Il y a pas moyen. Tout ce que je voulais, c'est me tirer des pattes quand on me pousserait au cul. Et puis j'ai pensé, putain de merde, pourquoi il faudrait ? Mec, une fois là-bas ça va être vraiment la merde. »

On tirait sur la colline, quelques rafales de M-79 et le bap-bap-bap assourdi d'une AK-47, mais c'était de l'autre côté, il y avait toute une division américaine entre ça et nous. Le sergent pleurait, il essayait de détourner son visage pendant que j'essayais de ne pas regarder.

« C'est pas une bonne nuit pour tout ça, ai-je dit. Qu'est-ce que je pourrais dire ? »

Il s'est levé, il a regardé la colline et il s'est tourné pour partir.

« Oh ! mec, cette guerre se fait vieille. »

A Langvei, nous avons trouvé un Américain mort depuis deux mois, allongé à l'arrière d'une carcasse de jeep. C'était au sommet d'une hauteur en face de la colline où étaient creusés les abris des Forces spéciales pris par les NVA en février. Ils étaient toujours dedans, à 700 mètres. Le cadavre était le pire que j'aie jamais vu, complètement noir, la peau du visage tendue comme du cuir découvrait toutes ses dents. Nous nous sommes sentis outragés qu'il n'ait pas été enterré ni même recouvert et nous sommes allés plus loin prendre position tout autour de la colline. Les ARVN ont fait une sortie vers les abris et ont été repoussés par des tirs de mitrailleuses. Nous sommes restés sur la colline à regarder pendant qu'on arrosait les bunkers de napalm, puis nous avons installé un canon sans recul pour tirer dans les meurtrières. Je suis rentré à *Stud*. Le lendemain, une compagnie des *Cav* a essayé d'approcher : deux files de soldats ont traversé le terrain plat et la pente avant les bunkers, mais il y avait entre les collines un passage n'offrant presque aucun abri, et ils ont été repoussés. Le même soir, ils ont reçu force roquettes mais sans perdre grand monde. Je suis revenu le troisième jour avec Rick Merron et John Lengle d'*Associated Press.* La nuit, les bunkers avaient été durement bombardés et maintenant deux petits hélicoptères, des *Loaches,* restaient suspendus à quelques mètres en face des meurtrières et tiraient à feu continu.

« Mec, un seul *nyaq* avec un 45 pourrait foutre à ces *Loaches* une tannée dont ils ne reviendraient pas », a dit un jeune capitaine. C'était incroyable, ces appareils minuscules étaient les plus belles machines volantes de tout le Vietnam (il fallait bien s'arrêter de temps en temps pour admirer la mécanique), elles restaient suspendues au-dessus des bunkers comme des guêpes devant leur nid. « C'est du sexe, a dit le capitaine. Du sexe à l'état pur. »

Un des *Loaches* s'est élevé soudain dans le ciel, il est passé au-dessus de la colline, a traversé le fleuve et est entré au Laos. Il a fait un cercle, très vite, un plongeon, puis il est revenu directement sur nous et est resté en l'air. Le pilote a parlé avec le capitaine par radio.

« Capitaine, il y a un *nyaq* sur la piste en train de se barrer au Laos. Permission de le tuer.

– Permission accordée.

– Merci », dit le pilote; l'appareil a brisé le fil qui le tenait et s'est élancé vers la piste en orientant ses armes.

Une roquette est passée en sifflant, elle a manqué la colline et nous avons couru aux abris. Deux autres sont venues, les deux ont raté, et nous sommes partis une fois de plus vers la colline d'en face en guettant d'un œil dans les fentes les lueurs tremblotantes des mitrailleuses et de l'autre les pièges que le sol pouvait cacher. Mais ils avaient abandonné les hauteurs pendant la nuit, nous les avons prises sans un coup de feu, debout sur le toit des bunkers, nos regards plongeant vers le Laos par-dessus les restes de deux tanks russes éventrés, nous sentant soulagés, vainqueurs et ridicules. Quand Merron et moi sommes rentrés à *Stud* ce même après-midi, le cadavre vieux de deux mois est venu avec nous. Dix minutes avant que l'hélico nous eût ramassés, personne ne l'avait encore recouvert. Le sac était couvert de mouches qui ne se sont envolées qu'avec la secousse du décollage. Nous sommes descendus avec lui au Service des Sépultures, et là un des types a ouvert le sac et s'est exclamé : « Merde, c'est un *nyaq* ! Qu'est-ce qu'ils veulent en foutre *ici* ?

– Regarde, Jésus ! il a notre uniforme.

– J'en ai rien à foutre, ça c'est pas un Américain, c'est un de ces foutus *nyaqs* !

– Une minute, a dit l'autre. C'est peut-être un moricaud... »

L'hélico qui nous ramenait à Khe Sanh avait à peine touché la piste que nous étions à nouveau en train de courir. J'ai dû voir les Marines jouer au softball[1], traîner un peu partout, faire sécher leur linge, mais en tout cas j'ai rayé tout ça et j'ai couru. C'était la seule manière d'agir à Khe Sanh. Je savais où était la tranchée et j'y suis allé tout droit.

« Ça doit être l'entraînement de la *Cav*, a dit un troufion, ce qui m'a fait ralentir.

– Y a plus besoin de se presser », m'a dit un Marine noir. Ils avaient tous enlevé leurs chemises, il devait y en avoir des centaines dispersées sur la plaine. Cela semblait impossible, mais tout devait aller bien; j'avais remarqué en courant le poids de mon gilet et de mon paquetage. Près de cinq cents Rangers vietnamiens étaient assis près de la piste avec tout leur matériel autour d'eux. L'un d'entre eux a couru vers un Américain, probablement un conseiller, et l'a serré très fort dans ses bras. Ils devaient repartir dans la matinée. Le remplaçant du colonel Lownds devait arriver à la base d'un moment à l'autre, des soldats du 26e étaient déjà partis pour Hoi An, au sud de Danang. La nouvelle salle de diagnostic de Charlie Med venait d'être terminée, profondément enterrée, bien éclairée, mais seuls quelques hommes y étaient soignés chaque jour. Je suis allé

1. Sorte de baseball moins violent.

sur la position de la Compagnie *Hotel,* mais ils étaient partis, remplacés par une compagnie des *Cav.* Ils avaient nettoyé le fond de la tranchée tout au long de l'enceinte dans leur coin et le vieux bunker avait l'odeur d'un abri fraîchement creusé. Pas étonnant que les Marines traitent les *Cav* de tantouzes et se sentent mal quand ils sont aux environs. J'étais en train de me soulager par terre près d'une décharge quand un sergent des Marines s'est approché de moi.

« Voudrez bien pisser dans le tube la prochaine fois », a-t-il dit.

Cela ne m'était même pas venu à l'idée, je ne me souvenais pas d'avoir jamais vu un tube à pisse à Khe Sanh.

« Est-ce que la *Cav* occupe toute l'enceinte ? ai-je demandé.

– Hmmmmm.

– Vous avez dû être soulagés de ne plus avoir à vous occuper de ça.

– Merde, je me sentirais salement mieux si on avait encore des *Marines* ici. Foutus *Cav,* ils savent que dormir pendant la garde.

– Vous les avez vus faire ?

– Non, mais c'est ce qui se passe.

– Vous ne les aimez pas beaucoup ?

– Je ne dirais pas ça. »

Au loin sur la piste, à 400 mètres de là, un homme était assis sur des caisses de munitions. Il était seul. C'était le colonel. Je ne l'avais pas vu depuis presque six semaines, et il avait l'air fatigué. Il avait le même regard que les autres Marines de Khe Sanh et les bouts de sa moustache étaient tortillés jusqu'à en faire deux pointes acérées durcies par du café au lait séché. Oui, dit-il, ça allait sûrement faire du bien de sortir de là. Il restait à contempler les collines, je pense qu'elles avaient fini par l'hypnotiser ou presque, et ce n'étaient plus les mêmes qui l'avaient entouré pendant les dix derniers mois. Elles avaient contenu si longtemps un mystère si terrifiant que lorsqu'on a soudain découvert qu'elles étaient redevenues paisibles, la transformation a été aussi brutale que si elles avaient été balayées par un fleuve en crue.

On a laissé pendant un mois une garnison américaine symbolique à Khe Sanh et les Marines se sont remis à patrouiller dans les collines comme ils le faisaient un an plus tôt. Enormément de gens voulaient savoir comment la Base de Combat de Khe Sanh avait pu être l'Ancre Occidentale de notre Défense et devenir le mois suivant un bout de terre sans intérêt – on leur a seulement dit que la situation avait changé. Beaucoup de gens soupçonnaient une sorte de marché secret passé avec le Nord : il n'y eut presque plus aucune activité le long de la DMZ après l'abandon de Khe Sanh. La Mission a parlé de victoire et le général Westmoreland a dit qu'il y avait eu « un Dien Bien Phu à l'envers ». Début juin, les ingénieurs ont remballé la piste et rapporté le tarmac récupéré à Dong Ha. Les bunkers ont été bourrés d'explosifs qu'on a fait sauter. Les sacs de sable et les barbelés qui restaient ont été abandonnés, c'était maintenant l'été dans les montagnes et la jungle poussait avec une énergie brutale, comme s'il y avait une impatience quelque part à couvrir les moindre traces de ce qu'avait laissé l'hiver.

POST-SCRIPTUM : CHINA BEACH

C'était une grande plage incurvée en face de la baie de Danang. Même pendant la mousson le temps restait clair et chaud l'après-midi, mais là, au mois d'août, les vents secs et brûlants ramassaient sur la plage du sable aux grains acérés pour vous le jeter dans les yeux et vous cingler la peau. Tous les Marines de la Ire Région avaient le droit de passer quelques jours à China Beach une fois au moins au cours de leurs treize mois. C'était un endroit où ils pouvaient nager ou faire du surf, se soûler, se défoncer, baiser, se remettre d'aplomb, traîner dans les bordels civils, faire de la voile ou simplement dormir sur la plage. Parfois ce n'était qu'un R & R, des vacances sur place, d'autres fois c'était la récompense d'un exploit exceptionnel, d'une bravoure hors du commun. Certains Marines, ceux qui se battaient mieux que les autres, arrivaient à venir là presque tous les mois, envoyés par leurs commandants de compagnie qui préféraient ne pas les avoir dans les jambes entre deux opérations. Grâce à leurs médailles et citations ils avaient des permissions de trois jours — un sursis avec en plus la promesse de manger chaud, d'avoir des douches chaudes, le temps de flâner et des kilomètres de plage. Parfois des hélicos des *Cav* rasaient la plage pour asticoter les Marines, et un jour qu'ils ont vu une fille superbe en bikini, un d'entre eux s'est même posé. Mais on y voyait très peu de femmes, guère que des Marines, et certains jours il y en avait des milliers qui pataugeaient dans l'écume en riant et en criant ou qui faisaient rouler des bouées le long de la plage en s'amusant comme des enfants. Il y en a qui restaient dormir à moitié dans l'eau et à moitié sur le sable. Ces images et la guerre n'allaient pas ensemble, tout le monde le savait, et il y avait quelque chose de terrible à les voir ainsi s'abandonner aux vagues.

En haut de la plage, il y avait une longue bâtisse basse en béton sans fenêtres qui servait de cafétéria et qui avait le meilleur juke-box du Vietnam. Les Marines noirs y passaient plus de temps que sur la plage à se pavaner, à engloutir des piles de hamburgers graisseux, des frites froides, des verres en carton géants pleins de lait malté, de jus de pamplemousse ou de jus de tomate (c'est si joli, m'a dit l'un d'eux). On restait assis à une table en écoutant la musique, content d'être à l'ombre, et de temps en temps des troufions qui vous avaient vu à une opération venaient vous parler. Cela faisait plaisir de les rencontrer, mais ils avaient chaque fois de mauvaises nouvelles, et certains jours c'était terrible de voir ce que la guerre leur avait fait. Cette fois, les deux qui venaient vers moi avaient l'air d'aller bien.

« Vous êtes journaliste, non ? »

J'ai fait oui de la tête.

« On vous a vu une fois à Khe Sanh. »

Ils étaient du 26e Marines, de la Compagnie *Hotel*, et ils m'ont raconté tout ce qui était arrivé à leur unité depuis avril. Ils n'étaient pas de la même escouade qu'Orrin et *Day Tripper* mais ils savaient que tous les deux avaient pu rentrer chez eux. Un des types qui étaient sortis me chercher une civière pour me faire un lit était au Japon, dans un grand hôpital. Je n'arrivais pas à me souvenir du nom du soldat dont je voulais surtout avoir des nouvelles, j'avais probablement peur de ce qu'ils allaient me dire, mais je le leur ai décrit. C'était un petit mec aux cheveux blonds qui essayait de se faire pousser une moustache.

« Oh ! tu veux dire Stoner.

– Non, pas celui-là, il était toujours avec *Day Trip-*

per; celui que je veux dire a rempilé en mars. Un drôle de petit cinglé. »

Ils se sont regardés, et j'ai regretté d'avoir posé la question.

« Je vois qui tu veux dire, a dit l'un des deux. Il était toujours en train de courir et de chanter des vraies conneries de cinglé ? Ouais, je vois. Il s'est fait tuer. C'était quoi le nom de ce connard ?

– Je ne sais pas lequel, dit l'autre.

– Merde, oui, il s'est fait lessiver à cette foutue *brillante* opération venue de Hoi An. T'souviens, en mai ?

– Oh ! ouais. Lui.

– L'a pris une putain de roquette RPG en plein coffre. Dieu de *merde,* je le trouverai, son nom. »

Mais je m'en souvenais déjà, et je restais assis sans rien dire en tripotant une bouteille de lotion pour bronzer.

« C'était Montefiori, dit l'un des deux.

– Non, mais ça commençait par un M, dit l'autre.

– Winters !

– Non, connard de merde, Winters ça commence avec un M ?

– Morrisey, le gosse.

– Maintenant tu te fous de ma gueule. Morrisey est rentré au pays la semaine dernière... »

Ils ont continué comme ça, ils ne pouvaient vraiment pas s'en souvenir. Retrouver le nom d'un copain mort, pour eux, c'était juste une question de fierté ou de politesse, il fallait qu'ils essaient, mais quand ils croyaient que je ne les voyais pas ils se regardaient en souriant.

ILLUMINATIONS

Nous étions tous sanglés sur nos sièges dans le Chinook, cinquante d'entre nous, et quelque chose, quelqu'un, dehors, cognait dessus avec un énorme marteau. Comment pouvaient-ils? pensais-je, nous sommes à 1000 pieds de haut! Mais c'était bien ça, et ça continuait, ça secouait l'hélicoptère, ça le faisait plonger et virer avec une horrible sensation de perte de contrôle qui me retournait l'estomac. Il fallait que je rie, c'était trop excitant, c'était ce que j'avais voulu, presque ce que j'avais voulu sauf pour cet écho frémissant de métal arraché que je pouvais entendre par-dessus le bruit des rotors. Et ils allaient s'en occuper, j'étais sûr qu'ils allaient arrêter ça. Il le fallait, j'allais vomir.

C'étaient tous des renforts qu'on envoyait nettoyer après les grandes batailles des Collines 875 et 876, les batailles qui avaient déjà reçu un nom de grande bataille, la bataille de Dak To. Et j'étais un nouveau, un vrai bleu, depuis trois jours au Vietnam, gêné par mes bottes trop neuves. En face de moi, à trois mètres, un jeune soldat a essayé de sauter hors des sangles, il est tombé en avant avec un sursaut et il est resté pendu comme ça, le canon de son arme pris dans le filet en plastique rouge à l'arrière du siège. Quand l'hélico est remonté en virant il est retombé durement en arrière contre le filet et une tache sombre grande comme la main d'un enfant est apparue au milieu de sa veste d'uniforme. Elle a grandi — je savais ce que c'était, mais pas vraiment – elle est remontée vers ses aisselles puis elle a descendu les manches et couvert ses épaules en même temps. Elle a inondé sa taille et puis ses jambes, elle a couvert la toile de ses bottes jusqu'à ce qu'elles soient aussi noires que ses vêtements l'étaient devenus, pendant que des gouttes lentes et lourdes coulaient du bout de ses doigts. Je croyais entendre les gouttes tomber sur le plancher métallique de l'hélicoptère. Hé!... Oh! mais ce n'est rien du tout, ce n'est pas réel, c'est juste une espèce de *chose* qu'ils font qui n'est pas réelle. Un des mitrailleurs de porte était écroulé sur le sol comme une poupée de chiffons. Sa main avait l'aspect d'une livre de foie cru et sanglant venue de chez le boucher. Nous nous sommes posés sur la même piste d'où nous étions partis à peine quelques minutes plus tôt mais je ne m'en suis pas aperçu avant qu'un type me secoue par l'épaule et alors je n'ai pas pu me lever. Je ne sentais plus mes jambes sauf qu'elles tremblaient, le type a cru que j'étais blessé et il m'a aidé à me lever. L'hélico avait été touché huit fois, le sol était couvert de débris de plastique, un des pilotes devant était mourant et le jeune soldat était à nouveau pendu aux sangles, il était mort, mais (je le savais) pas vraiment mort.

Il m'a fallu un mois pour perdre ce sentiment d'être le spectateur de quelque chose moitié jeu moitié spectacle. Ce premier après-midi, avant de monter dans le Chinook, un sergent noir a essayé de m'en empêcher. Il m'a dit que je n'avais pas assez d'expérience pour m'approcher du genre de saloperies qui se promenaient en l'air dans ces collines. (« T'es un journaliste? » a-t-il demandé, et j'ai dit : « Non, un écrivain », imbécile et pompeux, et il a ri en disant : « Attention. Là où tu vas tu ne peux rien gommer. ») Il a montré du doigt les corps des soldats morts alignés sur deux longues rangées près de la base d'hélicos, si nombreux qu'on n'avait pu tous les couvrir décemment. Mais ils n'étaient pas encore réels, et cela ne m'a rien appris. Le Chinook est descendu, faisant voler mon casque que j'ai rattrapé pour rejoindre les renforts qui attendaient d'embarquer. « Okay! mec, a dit le sergent. Tu veux y aller, tu vas y aller. Tout ce que je peux dire, c'est que je te souhaite d'être blessé proprement. »

La bataille de la colline 875 était finie et les quelques survivants étaient ramenés par Chinook sur la piste de Dak To. Le 173e Aéroporté avait perdu plus de quatre cents hommes, presque deux cents morts, tout ça l'après-midi précédent et pendant les combats qui avaient duré toute la nuit. Il faisait très froid là-haut, un froid humide, et quelques filles de la Croix-Rouge de Pleiku avaient été envoyées réconforter les rescapés. Les soldats descendaient un par un des hélicoptères et les filles les saluaient en souriant derrière les tables où elles servaient. « Hi, soldat! Comment t'appelles-tu? » « D'où es-tu, soldat? » « Je parie qu'un café bien chaud ne te ferait pas de mal ».

Les hommes du 173e passaient sans répondre, regardant droit devant eux, les yeux rougis de fatigue, le visage pincé, vieilli par tout ce qui s'était passé pendant la nuit. L'un d'eux est sorti du rang pour dire deux mots à une grosse fille à la voix forte qui portait un tee-shirt Peanuts sous sa blouse d'uniforme et elle s'est mise à pleurer. Les autres sont juste passés près des filles et des grandes gamelles kaki pleines de café. Ils ne savaient plus où ils étaient.

Un vieux sous-off des Forces spéciales racontait une histoire : « On était de retour à Bragg, au mess des sous-offs, et il y a cette instit qui entre et elle est vraiment chouette. Dusty qui est là lui prend les épaules et se met à la lécher partout sur la figure comme si c'était une glace. Et vous savez ce qu'elle dit? Elle lui a dit : « Je t'aime bien. Tu n'es pas comme les autres. »

A une époque ils vous auraient offert du feu sur la terrasse de l'hôtel Continental. Mais ce temps-là a disparu depuis bientôt vingt ans et, de toute façon, qui le regrette vraiment ? Maintenant il y a un cinglé d'Américain qui ressemble à George Orwell, il est toujours à cuver son alcool sur un des fauteuils d'osier, affalé sur une table. Parfois il se redresse d'un coup en criant et puis s'écroule à nouveau. Il rend tout le monde nerveux, surtout les serveurs; les anciens qui ont servi les Français et les Japonais et les premiers journalistes américains et les types de l'OSS (« ces sales types bruyants de l'hôtel Continental », disait Graham Green), et les garçons vraiment jeunes qui débarrassaient les tables et maquereautaient un feu. Le petit liftier salue encore les pensionnaires tous les matins par un tranquille *« Ça va ? »* mais on lui répond rarement, et le vieux porteur (il nous vend de l'herbe, aussi) reste assis dans l'entrée et nous dit : « Comment allez-vous demain ? »

L'*Ode à Billy Joe*[1] sort des haut-parleurs montés sur les colonnes aux angles de la terrasse, mais l'air semble trop lourd pour bien transmettre le son qui stagne dans les coins. Il y a un sergent-chef de la 1re Division d'Infanterie, ivre, épuisé, qui vient d'acheter une flûte au vieil homme en short kaki coiffé d'un casque colonial qui vend des instruments sur la rue Tu Do. Le vieillard s'est penché par-dessus les bacs de fleurs semés de mégots qui bordent la terrasse pour jouer *Frère Jacques* sur un instrument à cordes en bois; le sergent lui a acheté la flûte et il en joue calmement, pensivement, et mal.

Les tables sont pleines de civils américains, des ingénieurs du bâtiment qui gagnent 30000 dollars par an grâce aux contrats du gouvernement et qui les doublent sans effort avec le marché noir. Ils ont des visages qui ressemblent aux photos aériennes des mines de silice, les veines apparentes et des bouts de chair qui pendent. Leurs maîtresses sont parmi les filles les plus belles et les plus tristes du Vietnam. Je me suis toujours demandé à quoi elles ressemblaient avant de se mettre avec les ingénieurs. On les voyait là, assises aux tables,

1. Chanson de Bobby Gentry.

projeter leurs sourires durs et vides dans ces visages brutaux, bosselés, terrifiants. Pas étonnant que pour les Vietnamiens ces hommes se ressemblent tous. Au bout d'un temps pour moi aussi ils se ressemblaient tous. Au nord de Saigon, sur la route de Bien Hoa, il y a un monument aux morts vietnamiens de la guerre qui est un des rares exemples de grâce qui reste dans le pays. C'est une humble pagode située au-dessus de la route et qu'on approche par de longues volées de marches en pente douce. Un dimanche, j'ai vu une bande de ces ingénieurs monter ces marches à moto en faisant rugir leurs Harleys en riant et en hurlant sous le soleil de l'après-midi. Les vietnamiens avaient un nom spécial pour les distinguer des autres Américains, qui se traduit un peu comme « les Terribles », mais on me dit que cela n'approche même pas du caractère odieux rendu par l'original.

Il y avait un jeune sergent des Forces spéciales, affecté au détachement C de Can Tho, lequel servait de quartier général FS pour la IVe Armée. Il avait passé en tout trente-six mois au Vietnam. C'était sa troisième prolongation et il comptait revenir aussitôt que possible une fois sa période actuelle terminée. La fois d'avant, il avait perdu un doigt et une partie d'un pouce dans une fusillade, et de toute façon il avait reçu assez de blessures pour gagner les trois *Purple Hearts* qui vous donnaient le droit de ne plus servir au Vietnam. Après tout ça je pense qu'ils ne voulaient plus risquer de l'envoyer au combat mais il faisait si bien raquer les gens qu'ils lui ont donné à tenir le mess des hommes de troupe. Il s'en tirait bien et il semblait content, sauf que son travail l'avait fait beaucoup grossir, ce qui le mettait à part des autres soldats. Il adorait chahuter avec les Vietnamiens de la base, il leur sautait dessus par-derrière, pesant sur eux de tout son poids, il les bousculait, leur tirait les oreilles, quelquefois il leur donnait des coups dans l'estomac, un peu fort, le tout avec un petit sourire crispé voulant dire qu'il voulait seulement jouer. Les Vietnamiens souriaient aussi, jusqu'à ce qu'il leur tourne le dos. Il disait qu'il adorait les Vietnamiens, qu'après trois ans il les *connaissait* vraiment bien. Pour lui le Vietnam était le plus beau pays du monde. Et chez lui, en Caroline du Nord, il avait une grande vitrine avec un couvercle de verre où il gardait ses médailles, ses décorations, ses citations, les photos prises pendant ses trois services et d'innombrables batailles, les lettres de ses anciens commandants, quelques souvenirs. La vitrine, disait-il, était au milieu de son salon et tous les soirs sa femme et ses trois enfants poussaient la table de la cuisine pour dîner en face.

A 800 pieds, nous avons compris qu'on nous tirait dessus. Quelque chose a touché le dessous de l'hélico sans pénétrer. Ils n'avaient pas de balles traçantes mais nous pouvions voir en bas les petits éclairs brillants. Le pilote a fait un cercle en descendant très vite, il a écrasé le bouton qui déclenchait les mitrailleuses montées de chaque côté du Huey. Il y avait une traçante toutes les cinq balles, elles s'éloignaient et plongeaient avec une grâce incomparable, de plus en plus près, jusqu'à toucher les petits éclats de lumière venus de la jungle. Le tir d'en bas s'est arrêté, nous avons atterri à Vinh Long et le pilote a bâillé en disant : « Je crois que je vais me coucher tôt ce soir pour voir si au réveil j'aurai un peu d'enthousiasme pour cette guerre. »

Un capitaine des Forces spéciales de vingt-quatre ans me racontait son truc. « J'y suis allé, j'ai tué un VC et libéré un prisonnier. Le lendemain le major m'appelle et me dit que j'ai tué quatorze VC et libéré six prisonniers. Tu veux voir ma médaille ? »

Il y avait un petit restaurant avec l'air conditionné au coin de Le Loi et du Tu Do, en face de l'hôtel Continental et de l'ancien Opéra qui abritait maintenant la

Chambre basse du Parlement vietnamien. Certains d'entre nous l'appelaient le Milk Bar de Graham Greene (une scène d'*Un Américain bien tranquille* se passe dedans) mais c'était en fait Le Givral. Tous les matins, ils cuisaient eux-mêmes leurs baguettes et leurs croissants et le café n'était pas trop mauvais. Quelquefois, j'y rencontrais un ami pour le petit déjeuner.

C'était un Belge, un type de trente ans, grand, aux gestes lents, né au Congo. Il disait connaître et aimer la guerre, il affectait une sensibilité de mercenaire. Il photographiait cette histoire du Vietnam depuis maintenant six ou sept ans et de temps en temps il passait au Laos fouiller la jungle avec le gouvernement à la recherche des redoutés Pathet Lao, qu'il prononçait *Paddy Lao.* Quand d'autres gens racontaient des histoires sur le Laos, on aurait dit le pays du lotus, un endroit où personne ne voulait de mal à personne, mais il disait que chaque fois qu'il allait en opération il s'attachait une grenade sur le ventre parce qu'il était catholique et qu'il savait ce que lui feraient les *Paddy Lao* s'il était pris. Dans le genre, il était un peu fou, et il avait tendance à dramatiser ses histoires de guerre.

Il portait toujours des lunettes noires, et les gardait probablement pendant les combats. Il vendait ses photos aux agences et j'en ai vu quelques-unes dans des magazines américains. Il était très gentil, avec une sorte de négligence un peu bourrue, toute amabilité le gênait, et il était si peu gracieux en compagnie, tellement content de choquer les autres, qu'il n'arrivait pas à comprendre pourquoi beaucoup d'entre nous l'aimaient bien. Dans toute conversation il recherchait l'ironie, ainsi qu'à faire sentir l'exquise perfection que pouvait atteindre la guerre quand toute sa machinerie fonctionnait correctement. Là il était en train de décrire le final d'une opération qu'il venait de quitter dans la Zone de guerre C, au-dessus de Cu Chi.

« Il y avait un tas de VC morts, dit-il. Des douzaines et des douzaines ! Beaucoup venaient de ce même village qui vous a fait pas mal d'ennuis récemment. VC du haut en bas – Michael, dans ce village, même les foutus *canards* sont VC. Alors le commandant américain a fait enlever vingt ou trente corps en l'air avec une sangle et les a jetés dans le village. Je dois dire qu'ils sont tombés d'au moins 60 mètres de haut, tous ces Vietcong morts, juste au milieu du village. »

Il souriait (je ne voyais pas ses yeux).

« Ah ! la guerre psychologique ! » a-t-il dit en se donnant un baiser sur le bout des doigts.

Bob Stockes de *Newsweek* m'a raconté ça : au grand hôpital des Marines à Danang, il y a ce qu'on appelle la « Salle du Mensonge blanc » où l'on met certains des cas les plus graves, ceux qu'on pourra sauver mais qui ne seront plus jamais les mêmes. On apporte un jeune Marine encore inconscient, plein de morphine, sans jambes. Pendant qu'il traverse la salle il se réveille un instant et voit un aumônier catholique debout près de lui.

« Mon père, ça va pour moi ? »

L'aumônier ne sait pas quoi dire. « Il faut que tu en parles avec les médecins, mon fils.

– Mon père, est-ce que mes jambes sont okay ?

– Oui, dit l'aumônier. Bien sûr. »

Mais le lendemain après-midi, le choc est passé et le gosse est au courant. Il est sur son lit quand l'aumônier passe par là.

« Mon père, j'aimerais vous demander quelque chose.

– Quoi donc, mon fils ?

– Je voudrais avoir cette croix. » Et il montre du doigt la petite croix d'argent au revers de l'aumônier.

« Bien sûr, mais pourquoi ?

– Oh ! c'est la première chose que j'ai vue hier en revenant à moi, et j'aimerais l'avoir. »

L'aumônier enlève la croix et la lui tend. Le Marine la serre dans son poing et fixe l'aumônier.

« Vous m'avez menti, mon père. Espèce d'enculé, vous m'avez menti. »

Il s'appelait Davies et il était mitrailleur dans une escouade hélicoportée affectée à l'aéroport de Tan Son. Sur le papier, d'après le règlement, il était cantonné dans un des grands « hôtels » BEQ[1] de Cholon, mais il y laissait simplement ses affaires. Il vivait en fait dans une petite maison vietnamienne à deux étages au fond de Cholon, le plus loin possible des règlements et des administrations. Tous les matins, il venait à la base dans un bus de l'armée aux fenêtres grillagées et il partait en mission, le plus souvent dans la Zone d'Opérations C, sur la frontière cambodgienne, et presque tous les soirs il rentrait à sa maison de Cholon retrouver son « épouse » (qu'il avait trouvée dans un bar) et quelques Vietnamiens dont on disait qu'ils étaient de sa famille. Sa *mamma-san* et son frère étaient là en permanence, ils habitaient le premier étage, tandis que d'autres allaient et venaient. Il voyait rarement le frère mais il trouvait régulièrement une pile d'étiquettes et de marques de fabrique arrachées à des caisses en carton : les produits américains que le frère voulait qu'il lui apporte du PX.

La première fois que je l'ai vu, il était seul à une table de la terrasse du Continental, en train de boire une bière. Il avait une moustache épaisse, tombante, des yeux vifs et tristes, il portait une chemise en coutil et un *jean* beige. Il avait aussi un Leica et un exemplaire de *Ramparts*[2], et au début je l'ai pris pour un journaliste. Je ne savais pas encore qu'on pouvait acheter *Ramparts* au PX, je l'ai emprunté et nous nous sommes mis à parler quand je le lui ai rendu. C'était le numéro qui parlait des catholiques de gauche comme Jésus-Christ, et Fulton Sheen – tous les deux en couverture. « *Catholique ?* » a dit une des filles du bar plus tard dans la soirée. « *Moi aussi* », et elle a gardé la revue. C'était quand nous sommes allés dans Cholon sous la pluie pour essayer de trouver Hoa, sa femme. *Mamma-*

1. *Bachelor Enlisted Men Quarters.* (Quartier des simples soldats célibataires.)
2. Journal de la nouvelle gauche en Californie.

san nous avait dit qu'elle était allée au cinéma avec des amies, mais Davies savait ce qu'elle faisait.

« J'ai horreur de ces saletés, dit-il. C'est tellement pas cool.

– Alors ne te laisse pas faire.

– Ouais. »

Sa maison était au fond d'une ruelle étroite et longue dont le bout n'était plus qu'une sorte de garenne sentant le poisson et la fumée de camphre, surpeuplée mais propre. Davies ne voulait pas adresser la parole à *Mamma-san* et nous sommes montés tout droit au deuxième étage. C'était une seule et longue pièce, l'endroit où dormir n'était séparé que par quelques légers rideaux. En haut des marches il y avait un grand poster de Lenny Bruce et dessous, comme un autel, une table basse avec un Bouddha et de l'encens en train de se consumer.

« Lenny », a dit Davies.

Un mur était presque entièrement recouvert par un collage que Davies avait fait avec l'aide de quelques amis. On y entrevoyait des bonzes se faisant brûler, des entassements de cadavres vietcong, des Marines blessés en train de hurler et de pleurer, le cardinal Spellman qui saluait d'un hélicoptère, Ronald Reagan, les deux moitiés du visage séparées par un plant de cannabis, des photos de John Lennon avec des lunettes cerclées de fer, Mick Jagger, Jimi Hendrix, Dylan, Eldridge Cleaver, Rap Brown, des cercueils recouverts du drapeau américain avec des swastikas et des dollars à la place des étoiles, des morceaux dépareillés coupés dans des photos de *Playboy*, des titres de journaux (DES PAYSANS TUENT DES PORCS POUR PROTESTER CONTRE LA CHUTE DES COURS), des légendes sous des photos (Le président plaisante avec des journalistes), des belles filles avec des fleurs, une pluie de signes pacifistes, Ky au garde-à-vous et saluant, un petit champignon atomique à la place du sexe, une carte de l'ouest des Etats-Unis avec la forme du Vietnam inversée, posée sur la Californie, et sur toute la hauteur l'image d'un personnage qui commençait en bas avec des bottes de cuir luisant, des genoux rouges, se continuait par une minijupe, des seins nus et des épaules gracieuses puis un long cou surmonté du visage brûlé, noirci, d'une Vietnamienne morte.

Quand les amis de Davies sont arrivés, nous étions déjà défoncés. Nous les avons entendus rire et plaisanter avec *Mama,* à l'étage en dessous, puis ils ont monté les marches, trois Noirs et deux Blancs.

« Il y a vraiment une *drôle* d'odeur ici, a dit l'un deux.

– Hi, bande de petits cons.

– Cette herbe c'est vraiment zéro, a dit Davies. Chaque fois que j'en prends, de cette herbe, je fais un mauvais trip.

– Ça n'a rien à voir avec l'herbe, a dit quelqu'un. C'est pas l'herbe.

– Où est Hoa ?

– Ouais, Davies, qu'est-ce qu'elle fout ta vieille ?

– En train de siffler du thé dans les bars de Saigon, et j'en ai foutrement marre. » Il essayait d'avoir l'air en colère mais n'arrivait qu'à se rendre malheureux.

Quelqu'un a fait passer un joint avant de s'étirer. « Quelle journée tordue aujourd'hui, a-t-il dit.

– Où t'es allé ?

– Bu Dop.

– Bu Dop ! » a dit un des Noirs, se dirigeant vers le joint en roulant des hanches et des épaules, secouant la tête en mesure, « Bu Dop, budop, bu dop, bu dop dop *dop !*

Fouky, Fouky Bu dop !

– Hé ! mec, on peut se faire une OD[1] avec de l'herbe ?

– J' sais pas, *baby.* Peut-être qu'on pourrait se faire embaucher au Centre d'Essais d'Aberdeen à fumer de la came pour Oncle Sugar.

– Houh, je suis raide. Hé ! Davies, t'es raide ?

– Ouais. »

Il a recommencé à pleuvoir, si fort qu'on n'entendait pas les gouttes, seulement le torrent d'eau qui se déversait sur le toit en tôle. Nous avons fumé encore un peu,

1. Overdose.

puis les autres sont partis. Davies avait l'air de dormir les yeux ouverts.

« Cette foutue truie, a-t-il dit. Sale pute. Mec, c'est moi qui allonge tout le fric pour la maison et les gens d'en bas. Je ne sais même pas qui c'est, et bon Dieu, vraiment... J'en ai vraiment marre.

– T'en as plus pour longtemps, maintenant, dit l'un d'eux. Pourquoi tu tires pas un trait ?

– Tu veux dire me tirer, comme ça ?

– Pourquoi pas ? »

Davies est resté longtemps silencieux.

« Ouais, a-t-il dit enfin. Ça va pas. Ça va vraiment pas. Je crois que je vais m'en aller d'ici. »

Un lieutenant-colonel qui commandait une brigade du 4e Régiment d'Infanterie : « Je parie que vous vous êtes toujours demandé pourquoi, dans cette partie du pays, nous les appelons les *Dinks.* Moi-même j'y ai pensé. Je vous dirai que je n'ai jamais *aimé* les entendre appeler Charlie. Voyez, j'avais un oncle appelé Charlie, et je l'aimais bien. Non, Charlie c'était vraiment trop bon pour ces petits salopards. Alors j'ai juste pensé, à quoi ils ressemblent *vraiment ?* et j'ai trouvé rinky-dink[1]. C'est parfait pour eux, *Rinky-Dink.* Sauf que c'était trop long, alors on a coupé un peu. Et voilà pourquoi on les appelle des *Dinks.* »

Un matin avant l'aube, Ed Fouhy, ancien chef d'agence de la CBS à Saigon, est allé au 8e Port aérien de Tan Son Nhut prendre le premier vol militaire pour Danang. L'embarquement s'est fait au lever du soleil et Fouhy a bouclé sa ceinture près d'un gosse vêtu d'un treillis tout froissé, un de ces soldats comme on en voit dont l'extrême fatigue est allée au-delà de l'épuisement, à tel point que le sommeil ne lui rendra plus jamais le genre de repos dont il a besoin. Chacun de leurs gestes

1. Petit con, rigolo.

léthargiques vous dit qu'ils sont crevés et qu'ils le resteront jusqu'à la fin de leur service, jusqu'à ce que les grands oiseaux les ramènent dans le Monde. Ils ont les yeux vagues, les traits presque bouffis, et quand ils sourient c'est l'ombre d'un sourire.

Il y avait une question standard qu'on pouvait poser pour engager la conversation avec un soldat, et Fouhy a tenté le coup. « Il y a combien de temps que tu es là ? »

Le gosse a levé la tête à moitié – la question n'était sûrement pas *sérieuse.* Son fardeau était vraiment très lourd, et les mots lui venaient lentement.

« Depuis toute cette foutue journée », a-t-il dit.

« Les gars, un de ces jours vous devriez écrire un article sur moi », a dit le gosse. Il était mitrailleur d'hélicos, 1,90 m avec une tête énorme, mal proportionnée à son corps et des dents rangées comme des piquets qui balisaient un sourire perpétuel, inégal et humide. Il devait sans arrêt s'essuyer la bouche du revers de la main et comme pour vous parler il mettait sa figure à deux centimètres de la vôtre, il fallait que j'enlève mes lunettes pour qu'elles ne soient pas mouillées. Il venait de Kilgore, au Texas, et c'était son dix-septième mois consécutif dans ce pays.

« Pourquoi il faudrait une histoire sur toi ?

– Parce que je suis foutrement bon, a-t-il, et c'est pas de la merde, je vous le dis. Me suis payé cent cinquante-sept *nyaqs.* Et j'ai eu cinquante caribous. » Il a souri et a pris quelques secondes pour éliminer sa salive. « Tous garantis », a-t-il ajouté.

L'hélico est descendu à Ba Xoi et nous sommes partis, pas mécontents de le quitter. « 'Coutez, a-t-il dit en riant, si vous grimpez sur une de ces crêtes, faites gaffe à baisser la tête. Hein ? »

« Dis, comment t'as fait pour devenir correspondant et te retrouver dans cette foutue saloperie de putain de merde ? »

C'était vraiment un grand Noir, l'air dur même quand il souriait, avec une perle en or à la narine gauche. Je lui ai dit que sa perle me faisait un effet pas possible et il m'a répondu que ce n'était pas grave, c'était pareil pour tout le monde. On était assis près de la base d'hélicos d'une piste au-dessus de Kontum. Il essayait d'aller à Dak To, j'allais à Pleiku, et on voulait tous les deux sortir de là avant la nuit. On allait chacun son tour en courant jusqu'à la base pour voir les hélicos qui atterrissaient et décollaient continuellement, sans plus de chance l'un que l'autre, et après une heure de bavardage il m'a passé un joint et nous avons fumé.

« Je suis là maintenant depuis plus de huit mois, dit-il. Je parie que j'ai vu plus de vingt combats. Et c'est tout juste si j'ai tiré une fois.

– Comment ça se fait ?

– Me-erde, si je tire, je pourrais tuer un des Frères, tu piges ? »

J'ai approuvé de la tête – jamais un Vietcong ne m'a traité de moricaud – et il m'a dit qu'il y avait plus d'une douzaine de *Black Panthers* rien que dans sa compagnie, lui compris. Je n'ai rien répondu et il a ajouté qu'il n'était pas seulement un membre des *Panthers,* mais un agent qu'ils avaient envoyé là pour recruter. Je lui ai demandé s'il avait eu de la chance, il a dit beaucoup, vraiment beaucoup. Un vent violent balayait la piste et le joint n'a pas duré très longtemps.

« Hé ! *baby,* c'est que des conneries que je t'ai racontées là. Merde, je ne suis pas une Panthère. Je te faisais marcher, c'est tout, pour voir ce que tu dirais.

– Mais les *Panthers* ont des types ici. J'en ai rencontré.

– C'est possible », a-t-il dit, et il a ri.

Un Huey est arrivé et il a trotté voir où il allait. C'était Dak To et il est revenu prendre ses affaires.

« A plus tard, *baby.* Et bonne chance ! » Il a sauté dans l'hélico qui a décollé et il s'est penché en riant à la porte, il a tendu le bras et l'a replié vers lui, la paume en dehors et le poing serré pour faire le signe.

Un jour, je suis sorti avec les ARVN pour une opération dans les rizières au-delà de Vinh Long, quarante Vietnamiens terrifiés et cinq Américains, le tout entassé dans trois Hueys qui nous ont laissés enfoncés jusqu'à la taille dans la boue des rizières. Je n'étais encore jamais entré dans une rizière. Nous nous sommes déployés pour gagner le bas-fond marécageux qui menait à la jungle. Nous étions encore à dix mètres du premier abri, un muret de la rizière, quand on nous a tiré dessus depuis les arbres. C'était probablement la partie efficace d'un feu croisé qui n'avait pas bien fonctionné. Un des ARVN a été touché à la tête, il est tombé dans l'eau déjà mort et il a disparu. Nous sommes arrivés au mur en perdant deux hommes. Il n'y avait aucun moyen d'arrêter leur feu, pas la place d'envoyer une patrouille les prendre de flanc, alors on a appelé les hélicos de tir et on s'est accroupis derrière le mur pour attendre. Un tir nourri venait toujours des arbres mais nous n'avions rien à craindre tant que nous restions baissés. Et je pensais : Oh! mec, alors c'est ça un rizière, oui, ouh! quand soudain j'ai entendu une guitare électrique m'éclater dans l'oreille et une voix de Noir féroce et prenante qui chantait d'un ton câlin : *Now, c'mon baby, stop acting so crazy*[1]. Quand j'ai réalisé, je me suis retourné et j'ai vu un caporal noir penché sur un magnéto à cassettes, qui souriait. « Pourquoi pas ? a-t-il dit. On n'ira *nulle* part tant que les hélicos ne seront pas là. »

C'est donc comme ça que j'ai entendu Jimi Hendrix pour la première fois, mais dans une guerre où tant de gens discutaient *Satisfaction* d'Aretha comme d'autres parlent de la Quatrième de Brahms, c'était plus qu'une histoire, c'était une référence. « Dis donc, ce Jimi Hendrix c'est vraiment mon truc, disait quelqu'un. Il a sérieusement remué sa merde ! » Hendrix avait fait partie du 101e Aéroporté, et au Vietnam les régiments aéroportés étaient pleins de petits Noirs brillants coiffés

1. *Allons, viens donc, baby, arrête de faire le fou.*

comme lui, vraiment durs et vraiment bien, des types qui s'occupaient toujours de vous quand les choses allaient mal. Cette musique comptait beaucoup pour eux. Je ne l'ai jamais entendu jouer à la Radio des Forces armées.

J'ai rencontré un gosse de Miles City, dans le Montana, qui lisait tous les jours le *Stars and Stripes,* il épluchait la liste des morts pour voir si par hasard quelqu'un de chez lui s'était fait tuer. Il ne savait même pas s'il y avait quelqu'un d'autre de Miles City au Vietnam mais il vérifiait quand même parce qu'il était sûr que s'il y avait quelqu'un d'autre et qu'il se fasse tuer, lui-même s'en tirerait. « Je veux dire, tu ne vois pas deux mecs d'un trou perdu comme Miles City se faire tuer au Vietnam ? »

Le sergent était resté par terre près de la clairière pendant presque deux heures avec un toubib blessé. Il avait appelé sans arrêt pour un appareil sanitaire et rien n'était venu. Finalement un hélico d'une autre unité, un LOH, s'est montré, et il a pu le joindre par radio. Le pilote lui a dit qu'il devrait attendre un de ses propres appareils, ils n'allaient pas descendre, et le sergent a dit au pilote que s'il ne venait pas les prendre il allait lui tirer dessus et le *faire* descendre en vitesse. Ils ont donc été ramassés, mais il y a eu des répercussions.

Le nom de code du commandant était Mal Hombre, et plus tard dans l'après-midi il a appelé le sergent d'un endroit dont le code radio était *Violent Meals*[1].

« Bon Dieu ! sergent, a-t-il dit à travers les parasites. Je croyais que vous étiez un soldat professionnel.

– J'ai attendu aussi longtemps que j'ai pu, colonel. Un moment de plus et je perdais mon homme.

– Cette unité est parfaitement capable de laver son linge sale. C'est clair, sergent ?

1. Repas violents.

– Colonel, depuis quand un soldat blessé s'appelle-t-il " du linge sale " ?

– Repos, sergent », a dit Mal Hombre, et le contact radio a été interrompu.

Il y avait un sergot dans les Forces spéciales de Can Tho, un jeune Indien timide venu de Chinle, en Arizona, avec de grands yeux humides de la couleur d'une olive bien mûre et une façon de parler très calme, disant les choses avec une vraie gentillesse, aimable avec tout le monde sans jamais se montrer stupide ou faible. Une nuit, alors que la base et la piste étaient bombardées, il est venu me demander s'il y avait quelque part un aumônier. Ce n'était pas qu'il fût très religieux, dit-il, mais pour cette nuit il s'inquiétait. Il venait juste de se porter volontaire pour une « équipe suicide », deux jeeps qui allaient traverser la piste avec des mortiers et des canons sans recul. Ça sentait mauvais, j'étais obligé de l'admettre, nous étions si peu nombreux dans la base qu'ils avaient dû me mettre avec les défenseurs. Ça pourrait être dur. Il avait juste une impression, il avait vu ce qui arrivait toujours à ceux qui avaient cette impression, en tout cas il *pensait* que c'était celle-là, une sensation dure, la pire qu'il ait jamais eue.

Je lui ai dit que les seuls aumôniers auxquels je pensais étaient en ville, et nous savions tous les deux que nous étions coupés de la ville.

« Oh ! a-t-il dit. Ecoute, alors. Si c'est mon tour ce soir...

– Tout ira bien.

– Ecoute quand même. Si ça arrive... je crois que ça va venir... tu peux t'assurer que le colonel dise à mes vieux qu'en tout cas j'ai cherché un aumônier ? »

J'ai promis, on a chargé les jeeps qui sont parties. On m'a dit plus tard qu'il y avait eu une brève fusillade mais que personne n'avait été blessé. Ils n'ont pas eu à se servir des sans-recul. Ils sont tous rentrés à la base deux heures plus tard. Le lendemain au petit déjeuner il s'est assis à une autre table, il a parlé haut et fort des *nyaqs,* brutalement, et il ne m'a pas regardé. Mais à midi il est venu et m'a serré le bras en souriant, ses yeux fixés quelque part juste à droite des miens.

Cela faisait maintenant deux jours, depuis le début de l'Offensive du Têt, qu'ils arrivaient par centaines à l'hôpital provincial de Can Tho. C'étaient pour la plupart des très jeunes, des très vieux ou des femmes, et souvent ils avaient des blessures horribles. Les plus légèrement touchés étaient soignés d'urgence dans la cour de l'hôpital, et les cas les plus graves étaient simplement déposés dans un couloir pour y mourir. Il y en avait trop, c'était tout, les médecins travaillaient sans trêve et maintenant, l'après-midi du deuxième jour les Vietcong avaient commencé à bombarder l'hôpital.

Une des infirmières vietnamiennes m'a tendu une boîte de bière fraîche et m'a demandé de la porter dans la salle où opérait un des chirurgiens militaires. La porte était ouverte et je suis entré sans attendre. J'aurais probablement dû regarder avant. Une petite fille était étendue sur la table, ses yeux secs grands ouverts sur le mur. Sa jambe gauche manquait et un morceau d'os brisé dépassait d'environ vingt centimètres à partir du moignon. Le jambe était par terre, à demi enveloppée dans un bout de papier. Le médecin était un major, il était seul. Il avait l'air d'avoir passé la nuit dans un baquet de sang. Ses mains glissaient tellement que j'ai dû porter la boîte de bière à sa bouche et l'incliner à mesure qu'il levait la tête. Je ne pouvais pas regarder la fille.

« Ça va bien ? m'a-t-il demandé d'une voix calme.

– Ça va pour l'instant. Je pense que je serai malade comme un fou un peu plus tard. »

Il a posé la main sur le front de la petite fille en disant : « Hello ! petite chérie. » Il m'a remercié pour la bière. Il croyait sûrement sourire mais rien ne bougeait sur son visage. Cela faisait près de vingt heures qu'il travaillait de cette façon.

Le rapport des Renseignements était posé, fermé, sur la table verte, et quelqu'un avait griffonné sur la couverture : « Qu'est-ce que tout ça veut dire ? » Il n'y avait guère à se demander qui avait fait ça, le S-2 était connu pour son ironie. Il y en avait beaucoup comme lui, des capitaines et des majors vraiment jeunes, qui avaient assez d'esprit pour faire reculer leur désespoir, pour faire barrage à l'amertume. Mais tôt ou tard ils se retrouvaient incapables de réconcilier leur amour du service et leur mépris pour cette guerre, et beaucoup devaient finalement donner leur démission et quitter l'armée.

Nous étions assis sous la tente en attendant que la pluie cesse, le major, cinq soldats et moi. La pluie maintenant tombait constamment, marquant la fin d'une saison de mousson sèche, on pouvait regarder les collines par l'ouverture de la tente et penser aux Marines qui patrouillaient là-haut. Quelqu'un est venu annoncer qu'une des patrouilles avait découvert une petite cache d'armes.

« Une cache d'armes ! a dit le major. Voilà ce qui a dû se passer : un des troufions était en train de courir et il est tombé par terre. C'est à peu près le seul truc qu'on a pour découvrir ces merdes. »

Il avait vingt-neuf ans, jeune pour son rang, et c'était son deuxième séjour. La fois d'avant il était capitaine et commandait une compagnie régulière des Marines. Il savait tout ce qu'on peut savoir sur les troufions, les patrouilles, les caches d'armes et la valeur de la plupart des renseignements.

Il faisait froid, même sous la tente, et les simples soldats semblaient gênés de se trouver allongés avec un inconnu, un journaliste. Le major avait la tête froide, ils le savaient, on ne leur ferait pas d'histoires avant la fin de la pluie. Ils bavardaient tranquillement entre eux au bout de la tente, loin de la lueur de la lanterne. Les rapports arrivaient sans cesse : des Vietnamiens, des patrouilles de reconnaissance, du Corps d'Armée, des rapports de situation, les pertes, trois pertes signalées en vingt minutes. Le major a regardé tout ça. « Savez-vous qu'un Marine mort nous coûte 18000 dollars ? », a-t-il dit. Les troufions se sont tous retournés vers nous. Ils savaient comment le major avait dit ça, ils le connaissaient. C'est moi qu'ils voulaient voir.

La pluie a cessé, et ils sont sortis. Dehors, l'air était encore frais, mais lourd en même temps, comme s'il allait venir une chaleur terrible. Le major et moi, nous sommes restés près de la tente pour regarder un F-4 arriver en piqué, lâcher ses bombes au pied d'une colline, se redresser et reprendre son vol.

« Il y a un rêve que je fais, a dit le major. Je l'ai déjà fait deux fois. Je suis dans une grande salle d'examen là-bas à Quantico. On me tend les questionnaires d'un test d'aptitude. J'en prends un et je regarde, et la première question c'est : « Combien de sortes d'animaux « pouvez-vous tuer à mains nues ? »

On voyait un rideau de pluie à un kilomètre de nous. D'après le vent, le major lui donnait trois minutes pour arriver jusqu'à nous.

« Après mon premier séjour, j'ai fait les pires saletés de cauchemars. Vous savez, toute la sauce. Des trucs sanglants, des sales bagarres, des mecs qui crevaient, *moi* qui crevais... Je croyais que c'était le pire, a-t-il dit. Mais maintenant, ça me manquerait plutôt. »

LES COLLÈGUES

1

Il y a un bout de bougie qui brûle dans un coin de l'abri, fixé en haut d'un casque avec un peu de cire et dont la lueur s'écoule sur une vieille machine à écrire; le Vieux est en train d'en pisser une : « Tat-tat-tat, tatta-tatta-tat comme si ton môme ou ton frère ou ton béguin n'avait peut-être jamais voulu grand-chose pour lui n'avait jamais rien demandé sauf ce qu'il savait lui revenir certains ont un nom pour ça ils appellent ça Courage quand enfin les grands canons se taisent sur l'Europe qu'est-ce que ça fera peut-être après tout que ce gosse-là de Cleveland en Ohio ne revienne pas tat-tat. » On entend les obus arriver juste dehors, un peu de gravier sur la machine mais la bougie ne s'éteint pas et jette une faible lumière sur la tête penchée et les quelques mèches de cheveux blancs qui lui restent. Deux hommes le regardent, debout près de la porte, le colonel et le Kid. « Pourquoi, colonel? demande le Kid. Pourquoi fait-il ça? En ce moment il pourrait être à Londres, tranquille. – Je ne sais pas, fils, répond le colonel. – Peut-être il croit que c'est ce qu'il a à faire, lui aussi. Peut-être parce que c'est quelqu'un qui se sent vraiment concerné... »

Je n'ai jamais rencontré un journaliste au Vietnam qui reste insensible à ce qui se passe quand on réunit les mots « guerre » et « correspondant ». Ce prestige est peut-être vide et un peu fou, mais il y a des fois où c'est tout ce qui vous reste, une infection bénigne qui s'infiltre partout, sauf dans vos terreurs et vos dépressions les plus profondes. En admettant, pour le besoin de la cause, qu'au départ c'était un peu dingue pour nous tous d'être venus là, il y avait ceux dont la folie était de ne pas toujours savoir dans quelle guerre ils se trouvaient et qui avaient des phantasmes intimes à propos d'autres guerres, plus anciennes, la Première et la Seconde, des guerres aériennes, des guerres dans le désert, dans les îles, d'obscures actions coloniales contre des pays qui, depuis, ont plusieurs fois changé de nom, des guerres punitives, des guerres saintes et des guerres dans des endroits où il faisait si frais qu'on pouvait se promener en imperméable et avoir l'air convenable – en d'autres termes des guerres qui nous paraissaient antiques et débiles, à ceux d'entre nous qui de la guerre du Vietnam en avaient plus qu'assez. Il y avait partout des correspondants qui pouvaient vous assommer avec leur style atroce et leur façon de poser, mais ces aberrations ne dépassaient que rarement notre compréhension. Là-bas tous les styles venaient à leur manière de la même romance, obsédée, obsédante : Ces Types Dingues Qui Couvrent La Guerre.

Dans toute autre guerre, ils auraient aussi fait des films sur nous, *Rendez-vous avec l'Enfer !*, *La Dépêche de Dong Ha*, peut-être même *Un Risque-Tout au Front* avec Tim Page, Sean Flynn et Rick Merron[1], trois jeunes photographes qui prenaient des Hondas pour aller et revenir des combats. Mais le Vietnam est gênant, tout le monde sait à quel point, et quand les gens ne veulent même pas en entendre parler, on sait qu'ils ne vont pas payer pour s'asseoir dans le noir et avoir le nez dedans. (*Les Bérets verts* ne comptent pas. Il ne s'agissait pas vraiment du Vietnam, mais de Santa Monica.) Alors nous avons tous été forcés de faire nos propres films, autant de films que de correspondants, et celui-ci c'est le mien. (Un jour, au poste de secours du

1. Suicidé à New York en 1978.

bataillon à Hué, un Marine légèrement blessé aux jambes par des éclats d'obus attendait d'embarquer sur un hélicoptère – longtemps, à cause des morts et des blessés graves qui partaient en premier. Deux rafales d'un tireur isolé ont claqué sur la piste, nous obligeant à nous abriter derrière des sacs de sable. « J'ai *horreur* de ce film », a-t-il dit, et j'ai pensé : « Pourquoi pas ? ») Mon film, mes amis, mes collègues. Mais voyez-les en situation :

Il y avait une crête appelée *Mutter's Ridge* qui courait en haut d'une de ces collines de la DMZ que les Américains désignaient habituellement par leur altitude mesurée en mètres, Colline Trois Cents Quelque Chose. Les Marines y étaient depuis le petit matin quand la compagnie *Kilo* et quatre journalistes ont été crachés par un hélico sur une piste improvisée au plus haut de la crête. Si l'opération avait été montée par l'armée de terre, nous aurions déjà été en train de creuser, journalistes compris, mais les Marines ne faisaient pas comme ça, ils étaient mieux entraînés à connaître les coups mortels qu'à survivre. Ils disaient tous que Charlie était sûrement tout près sur la colline d'en face, qu'il nous avait dans son viseur, mais les troufions restaient tous à découvert, ils se promenaient en haut de la crête pour « coordonner » l'opération, établir des positions et installer une piste convenable, avec des scies fonctionnant sur accus et des charges explosives. Toutes les deux ou trois minutes, l'un d'entre eux dégringolait jusqu'à l'endroit où les journalistes étaient assis, en dessous de la piste, pour nous prévenir avec indifférence de la prochaine explosion en disant : « Uh ! écoutez, il y a le feu à la mèche, les gars, alors si vous voulez bien juste tourner le dos et vous couvrir un peu la tête ? » Il restait là un moment pour bien nous regarder et il remontait en courant à la piste pour tout raconter aux autres

« Hé ! tu vois les quatre mecs là-bas ? C'est des journalistes.

– Des journalistes ? Conneries.

– Okay ! enculé, descends voir. Au prochain qu'on fait sauter. »

Il y avait quelques Marines allongés pas loin de nous qui échangeaient des histoires de guerre en bandes dessinées et se parlaient en s'appelant les uns les autres Connard et P'tit Malin, Débile ou Bâton Merdeux ou Enculé, ce dernier prononcé avec une grâce particulière, comme si c'était le mot le plus tendre de leur vocabulaire. Un soldat noir des plus suaves, désigné par les mots ENFANT D'AMOUR inscrits sur son casque, examinait un *Playboy* en lambeaux, s'arrêtant pour dire : « Oh...*mec!* Celle-là peut venir s'asseoir sur ma tête quand elle veut. Quand... elle... veut. » Aucun ne nous avait encore adressé la parole, mais ils parlaient pour nous en un sens, essayant de nous juger en maintenant cette délicatesse bizarre qu'ils avaient et qui disparaissait tôt ou tard. C'était comme un rituel, dont tous les préliminaires devaient être respectés, satisfaits, et pas seulement parce qu'ils étaient timides. Pour ce qu'ils en savaient, les uns ou les autres, nous étions cinglés, peut-être même dangereux. Ce n'était pas absurde : ils étaient *obligés* d'être là, cela ils le savaient. Nous n'étions *pas* obligés, et cela aussi ils en étaient sûrs. (Ce qu'ils ne comprenaient jamais avant un certain temps c'est que notre liberté de mouvement était une porte s'ouvrant dans les deux sens – à ce moment précis nous étions tous les quatre en train de nous regarder, genre il ne se passe rien ici, et nous parlions de partir.) Un GI pouvait traverser toute une base pour vous regarder s'il n'avait jamais encore vu de journaliste, c'était comme d'aller voir les *nyaqs*, ça valait le déplacement.

De plus, nous étions quatre assis, une sorte de réunion professionnelle plutôt informelle, un autre journaliste était dans l'hélicoptère de commandement qui essayait d'obtenir une vue générale de la situation et un sixième, Dana Stone, le photographe d'AP, grimpait sur la colline à ce moment même avec l'escouade choisie pour reconnaître la piste. Pour un journaliste isolé, c'était quelque chose que de se joindre à une unité avant opération, car cette unité, de la taille d'une compagnie ou plus encore, pouvait l'absorber, ainsi que la curiosité que sa présence provoquait invariablement, et quand l'opération était terminée la plupart des soldats ne savaient même pas qu'il avait été là. Mais quand six correspondants de guerre s'amènent au commencement d'une opération, surtout quand elle a lieu pendant une longue période sans grand contact avec l'ennemi, il y a des effets si complexes que l'ambivalence constante de la plupart des soldats et des officiers à l'égard des journalistes n'en donne pas même un début d'explication. Tous, depuis le colonel jusqu'au soldat le plus obscur, sentaient l'importance nouvelle de ce qui les attendait, et, selon toutes les apparences, dans la mesure où ils étaient au courant, ils étaient contents de nous voir. Mais notre présence était énervante, tout de même, elle agaçait certains niveaux de la peur dont autrement ils auraient pu ne jamais rien connaître. (« Pourquoi *nous ?* Je veux dire, il y en a *six* de ces salauds, dans quelle merde on *va ?* ») Quand ça se ramenait à ça, du haut en bas de l'échelle, même le pigiste le plus isolé avait un certain pouvoir, un pouvoir que seuls les journalistes les plus insensibles et pompeux désiraient vraiment – pouvoir d'inspirer aux officiers d'étranges inquiétudes sur leur carrière et de poser une lame acérée en travers de l'estimation viscérale de survie faite par chaque Marine. Alors peu importait que nous soyons habillés exactement comme eux et que nous allions au même endroit qu'eux, nous étions aussi exotiques et inquiétants que la magie noire. Nous venions avec des appareils photo et des questions comme pour promettre d'ôter l'anonymat à ce qui allait se passer, et nous étions comme des chiens de garde. Le simple fait que nous les ayons choisis semblait promettre les batailles les plus terrifiantes, car tous ils étaient sûrs que les correspondants de guerre ne perdent jamais leur temps. Cette blague-là, nous l'avions tous pigée.

C'était le mois d'août, et dans la Ire Région la chaleur ne pardonnait pas. Cette année-là les moussons du Nord n'avaient presque pas apporté de pluie (tant d'articles employaient cette phrase, « sinistres souvenirs d'une mousson sans pluie », que c'était devenu un cliché, toujours bon à faire rire), et on ne voyait au-delà des espaces dénudés entre les collines, dans les vallées et les ravins, que de très faibles traces de verdure – les collines passaient du brun pâle à un jaune décoloré par le soleil, elles bâillaient comme des plaies noires et desséchées là où les bombardements de l'hiver leur avaient ouvert les flancs. Il s'était passé très peu de chose dans ce secteur depuis le début du printemps, quand un décrochage étrange avait eu lieu à Khe Sanh et qu'une opération de plusieurs divisions dans la vallée d'A Shau s'était brusquement arrêtée au bout de quinze jours, comme un discours coupé au milieu d'une phrase. A Shau recelait le grand dépôt de matériel du Nord; ils avaient enterré là des tanks, des camions et de la grosse artillerie antiaérienne, et si la Mission avait par réflexe annoncé le succès de cette opération, pour une fois cela avait été fait sans grand enthousiasme, indiquant que le Commandement lui-même devait reconnaître le caractère inviolable du lieu. On admit à l'époque que beaucoup de nos hélicoptères avaient été abattus, mais on en parla comme d'une lourde perte en équipements comme si nos hélicos étaient des entités sans équipage, qui se promenaient d'eux-mêmes dans les airs et qui, lorsqu'ils s'écrasaient, ne versaient rien de plus précieux que de l'essence.

Depuis cette époque, il n'y avait rien eu de plus important dans la Zone Ouest que des opérations/balai de la taille d'une compagnie, généralement sans contact. Comme toutes les périodes les plus calmes de la guerre, cette morte-eau du printemps et de l'été avait laissé tout le monde tendu et il s'est mis à circuler des histoires de fantômes, comme celle des hélicoptères NVA (une patrouille de Marines était censée en avoir vu un se poser sur la base abandonnée de Khe Sanh et y rester pendant qu'une douzaine de soldats en sortaient et faisaient le tour de l'enceinte, « juste comme s'ils faisaient un tour de garde »). Pour les correspondants aussi la saison avait été médiocre (indépendamment de l'accalmie, les directions d'agences commençaient à faire clairement comprendre à leurs bureaux de Saigon que cette histoire perdait de son mordant, d'autant qu'il y avait l'abdication de Johnson, les assassinats du printemps et les prochaines élections) : nous racontions que cette histoire du Vietnam était vraiment terminée, ou bien nous nous plaignions de nous faire tirer dessus, tout ça pour nous retrouver en page neuf. C'était une bonne période pour parcourir le pays – un jour ici, une semaine là, à traîner avec les soldats – une bonne période pour enquêter tranquillement dans les recoins les plus sombres et les plus cachés de la guerre. Il nous était venu aux oreilles qu'une grande masse de NVA traversait la DMZ pour essayer peut-être d'échafauder une nouvelle offensive contre Hué, et des bataillons du 5e de Marines se déployaient en accord approximatif avec des bataillons du 9e pour trouver les NVA et les tuer. On aurait dit ce que nous avions toujours appelé une « bonne opération », et six d'entre nous y étaient allés.

Mais pour l'instant il n'y avait rien sur place, pas de redoutables Cong, pas d'obus, pas de photos à envoyer, pas d'articles à écrire, aucun signe de présence sur cette crête surchauffée depuis au moins six mois. (Quelques milles au nord et un peu à l'est, une compagnie du 9e était prise dans une mauvaise fusillade qui allait durer jusqu'au soir, les laissant avec onze morts et près de trente blessés, mais nous n'en savions rien sur le moment. Si nous l'avions su nous aurions peut-être fait l'effort de nous y rendre, en tout cas certains d'entre nous, pour ensuite l'expliquer froidement en termes professionnels en taisant toutes les autres raisons qui entre nous allaient sans dire. Si un Marine avait exprimé une impulsion semblable, nous l'aurions probablement traité de psychotique.) Sur *Mutter's Ridge* la seule violence était celle du soleil et des associations d'idées avec ce terrible hiver qu'apportait la vue du paysage, depuis Cam Lo sur la Route 9 jusqu'à Khe Sanh : le Bagne. Quelques Marines s'étaient joints au groupe près de nous mais ils restaient calmes, s'arrêtant devant les étiquettes cousues sur nos chemises kaki pour les lire sans s'adresser à personne, mais à voix haute, juste pour nous montrer qu'ils savaient que nous étions là.

« *Associated Press,* ouais, et UPI, uh-huh, et *Esquire,* ouh, ils ont envoyé un mec, *ceux-là,* pourquoi foutre, vous leur dites comment on s'habille? et – hé! mec, qu'est-ce que ce *truc* est censé vouloir dire? » (Sean Flynn avait seulement *Bao Chi* sur ses étiquettes, les mots vietnamiens pour « journaliste ».) C'est plutôt tiré par les cheveux, croyez pas, c'est au cas où tu serais pris ou quoi? »

En fait, *Bao Chi* était la seule référence dont Sean Flynn avait besoin au Vietnam, la seule qu'il désirait, mais il n'est pas entré là-dedans. Au lieu de quoi il a expliqué que lorsqu'il avait commencé à prendre des photos ici, en 1965, la plupart des opérations étaient dirigées par les Vietnamiens du Sud et les journalistes étaient identifiés de cette manière pour qu'on ne les confonde pas avec les conseillers américains et que les ARVN ne leur tirent pas dessus lors de l'hystérie coutumière des retraites habituelles.

« Mec, sont vraiment comme ça les bougnoules », a dit un des Marines en s'éloignant.

Flynn essuyait l'objectif de son appareil avec un coin du foulard australien qu'il portait toujours sur le terrain, mais le moindre geste faisait lever une poussière si fine qu'elle semblait ne jamais retomber, donnant à la lumière une sorte de viscosité et se prenant au coin des yeux. Les Marines regardaient fixement Flynn et on voyait qu'il les faisait rêver, comme tout le monde au Vietnam.

C'était (vraiment) le fils du Captain Blood mais cela ne disait pas grand-chose aux troufions puisque la plupart, les jeunes, avaient tout juste entendu parler d'Errol Flynn. Il était tout simplement évident à qui le regardait que c'était ça que les Marines appelaient « un mec qui a sérieusement remué sa merde ». Tous les quatre, sur cette crête, nous avions plus ou moins l'air d'être chez nous : John Lengle, celui de l'AP, avait couvert toutes les opérations importantes des Marines depuis dix-huit mois, Nick Wheeler de UPI était là depuis deux ans, moi depuis presque un an, nous étions tous assez jeunes pour qu'on nous prenne pour des bidasses, mais Flynn était spécial. Nous avions tous un cinéma guerrier dans la tête, les Marines aussi, et ça pouvait les déboussoler complètement, l'intrusion de ce personnage d'un prestige insolent, vraiment dérangeant, comme de lever les yeux pour s'apercevoir qu'on était dans la même tranchée que John Wayne ou William Bendix. Mais on s'habituait vite à ce côté-là de Flynn.

La première fois qu'il était venu au Vietnam, pendant l'été de 1965, c'en avait été assez pour faire un événement et il y avait eu beaucoup d'articles sur ses premières sorties au combat. La plupart arrivaient à ressortir tous les clichés et dans toutes il y avait le mot « fanfaron ». Il était encore facile de raconter des histoires sur lui, et il y avait toujours beaucoup de gens qui ne demandaient que ça, mais quand on le connaissait, tous ces bavardages devenaient déprimants. Il y avait bon nombre de journalistes sérieux (lourdingues) qui ne pouvaient pas se permettre d'admettre qu'un type d'aussi grande allure avait aussi autre chose en lui. Ils préféraient ne pas le prendre au sérieux, au contraire de ce qu'ils faisaient pour eux-mêmes (Sean trouvait cela très bien) et ils l'accusaient de venir au Vietnam pour jouer, comme si cette guerre était pour lui comme l'Afrique ou le Midi de la France ou un de ces endroits où il était allé faire les films d'après quoi tout le monde le jugeait. Mais il y avait beaucoup de gens qui étaient au Vietnam pour jouer, bien plus que les lourdingues n'osaient l'avouer, et Flynn ne jouait qu'au niveau le plus vrai. Ce n'était pas qu'il était si différent des autres : il était profondément fasciné par la guerre, *cette* guerre, mais il l'admettait, il savait où il mettait les pieds et il se conduisait comme s'il n'y avait aucune honte à avoir. Cela lui donnait une vision du Vietnam à la fois pénétrante, sombre et définitive, et il en connaissait la violence mieux que la plupart de ses détracteurs n'auraient pu le comprendre. Tout cela était inscrit à l'évidence sur son visage, surtout la violence, alors que ces gens ne voyaient que sa beauté – vous faisant comprendre que les journalistes, en tant que groupe, ne sont pas nécessairement plus observateurs ou imaginatifs que les comptables. Flynn suivait son chemin et trouvait ses amis parmi ceux qui ne lui demandaient jamais de s'expliquer, les GI et les apaches de la presse, où il avait une sorte de célébrité. (Il y avait parfois des intrus : des officiers des services d'information d'une déférence gênante, ou une séance avec le colonel George Patton Jr, une épreuve genre mon-père-et-votre-père-se-connaissaient.) Les soldats étaient toujours contents de le voir. Ils l'appelaient *Seen*, très souvent, et lui disaient qu'ils avaient vu un de ses navets à Singapour ou à Formose, en R & R, une chose que seul un troufion pouvait se permettre de raconter, parce que pour Flynn tout cela était terminé, les obligations et les compromis, et il n'aimait pas en parler. A un moment, pendant ces années passées au Vietnam, il a compris qu'il existait vraiment des gens qui comptaient pour lui et sur qui il pouvait compter. Cela dut être comme un don inattendu qui en a fait quelqu'un que son père, au plus beau jour de sa vie, aurait pu envier.

C'était encore un peu trop tôt pour que les Marines s'assoient et se mettent à bavarder, il fallait qu'ils nous sondent encore un peu et on commençait à s'ennuyer. Quand ils eurent fini de dégager la piste, il n'y eut plus rien pour nous donner de l'ombre et nous avons tous attendu avec impatience que la patrouille de reconnaissance atteigne le sommet pour aller retrouver Dana Stone, insister un peu pour avoir un hélico et partir. Le voyage de retour jusqu'au centre de presse de Danang pouvait prendre deux heures ou deux jours, selon le pilote, mais nous étions sûrs d'aller plus vite avec Stone parce qu'il avait des amis sur tous les aérodromes et toutes les bases d'hélicos dans la 1re Région. Pour beaucoup d'entre nous, Danang était la Ville Rêvée : il y avait des douches, de quoi boire, des steaks congelés venus par avion, des chambres à air conditionné, China Beach et – pour Stone – un vrai foyer, une femme, un chien, une petite maison pleine d'objets familiers. Sur *Mutter's Ridge* il faisait une chaleur étouffante, l'eau se faisait de plus en plus rare et l'ennui régnait, donc il n'y avait vraiment pas le choix. A en juger par les débris noircis et délavés des caisses de munitions (les leurs et les nôtres) qui jonchaient le sol autour de nous, cette crête avait une histoire et Dana nous en avait un peu parlé.

Dana Stone était un bûcheron échappé du Vermont (il parlait toujours d'y retourner – surtout après une mauvaise journée sur le terrain – d'envoyer faire foutre ces conneries). Il avait vingt-cinq ans et des yeux de sexagénaire profondément enfoncés derrière des lunettes cerclées d'acier, un regard dont la finesse et l'expérience disparaissaient presque dans un visage anguleux. Nous étions sûrs qu'il était sur la piste, loin devant la patrouille, une habitude à lui et un soulagement pour les Marines, car c'était de loin l'homme le mieux équipé de tous pour détecter un piège ou une embuscade. Mais cela n'avait rien à voir avec le fait qu'il était devant. Dana était l'homme en mouvement, il était incapable de se ralentir, c'était le plus petit de ceux qui remontaient la piste mais son énergie le faisait avancer comme si c'était une descente. Les GI qui avaient oublié son nom le décrivaient comme « ce petit rouquin tout maigre, dingue et enculé, salement drôle », et Stone était drôle, même s'il vous faisait payer chacun des rires qu'il vous arrachait. C'était un spécialiste des mauvais tours – il enfonçait brutalement son pouce dans votre jaune d'œuf au petit déjeuner ou dans votre cognac après dîner, il jetait des pierres sur le toit en tôle de votre chambre au centre de presse, il vous lançait des traînées enflammées d'essence à briquet courant sur le sol à travers la pièce, il substituait une boîte de jambon aux haricots à celle des pêches au sirop quand vous étiez pratiquement mort de soif – c'était sa manière de vous saluer, de vous faire du bien en vous faisant marcher. Il vous réveillait à l'aube avec force secousses en disant : « Ecoute, j'ai besoin de tes lunettes une minute, c'est vraiment important », et il disparaissait avec pendant une heure. Il prenait aussi de très belles photos (il appelait ça des « clichés », en accord avec l'éthique des agences qui vous défend de ne jamais vous montrer fier d'avoir fait un bon travail) et depuis trois ans qu'il était photographe de guerre il avait passé en opérations plus de temps à ma connaissance que n'importe qui d'autre, se faisant plus d'une fois sauter littéralement les appareils qu'il avait sur le dos sans être jamais blessé. Maintenant il ne pouvait plus rien lui arriver sur le terrain qu'il n'ait déjà vu, et s'il avait un humour agressif ou même sinistre, on savait au moins d'où cela venait, de quelle santé cela témoignait. Et ce matin-là, alors que nous attendions l'attaque près de la piste du camp de base, il s'est mis à nous parler de l'époque où il était venu sur *Mutter's Ridge,* alors que cette crête n'avait pas encore de nom. C'était en fait deux ans plus tôt *jour pour jour,* exactement au *même endroit de la crête.* Cette fois-là, il y était monté avec la 9ᵉ, et ils s'étaient *vraiment retrouvés en plein dans la merde.* (C'était vrai, nous savions tous que c'était vrai, il nous mettait dedans une fois de plus, et on a même vu un sourire lui effleurer les lèvres.) Ils avaient été cloués toute la nuit sur la crête sans renforts ni ravitaillement ni aide aux blessés, et il y avait eu des *pertes incroyables,* quelque chose comme 70 p. 100. Flynn s'est mis à rire et a dit : « Dana, espèce de salaud », mais Stone aurait continué de la même manière avec son accent du Vermont sans relief, il nous aurait parlé de cette histoire, à nous qui allions monter là-haut, comme s'il ne s'agissait de rien d'autre qu'une course de chevaux, sinon qu'il a levé la tête et qu'il a vu que nous n'étions plus seuls : quelques types de la compagnie *Kilo* étaient venus nous poser des questions sur nos appareils ou autres détails, et ils en avaient entendu une partie. Stone est devenu très rouge, comme chaque fois qu'il se rendait compte qu'il était allé un peu trop loin. « Oh ! c'était juste un tas de conneries, je ne me suis même pas *approché* de cette crête », a-t-il dit, et il a tendu le doigt vers moi, « c'était juste pour le foutre en rage parce que c'est sa dernière opération et qu'il se bouffe déjà les couilles. » Il a ri, mais sans lever les yeux.

Et maintenant, pendant que nous l'attendions, un

Marine est venu vers Lengle et moi nous demander si nous voulions regarder quelques photos qu'il avait prises. Les Marines se sentaient bien avec Lengle qui avait l'air d'une vedette de basket universitaire, deux mètres de haut et l'air tout jeune (en fait il avait trente ans) – un type du Nevada à qui son image de bon garçon valait un solide atout professionnel. Les photos étaient dans un petit classeur en simili, et on pouvait voir à l'attitude du Marine debout près de nous et qui souriait d'avance à mesure que nous tournions les pages plastifiées, que c'était un de ses objets favoris. (Il avait aussi gardé quelques « souvenirs de premier choix », a-t-il dit en laissant les détails à notre imagination.) Il y avait des centaines de ces albums au Vietnam, des milliers, et on aurait dit qu'ils contenaient tous les mêmes images : la photo Zippo obligée (« Allez, on brûle ces paillotes et on se barre »); la photo de tête coupée, la tête souvent posée sur la poitrine du mort ou présentée par un Marine souriant, ou une série de têtes alignées avec une cigarette allumée dans chaque bouche, les yeux ouverts (« comme s'ils vous regardaient, mec, ça fout la trouille »); le suspect traîné dans la poussière par un half-track ou pendu par les pieds au milieu d'une clairière; les très jeunes morts avec une AK-47 entre les mains (« Quel âge vous donnez à ce gosse? demandaient les soldats. Douze ans, treize? On peut pas savoir avec les *nyaqs* »); la photo d'un Marine avec une oreille à la main, ou deux, ou tout un collier d'oreilles, un « chapelet d'amour », disait son propriétaire; et la photo que nous avions sous les yeux, la fille vietcong morte, son pyjama arraché et les jambes raides dressées vers le ciel.

« Fini pan-pan pour *mamma-san* », dit le Marine, la même phrase usée qui revenait chaque fois qu'un cadavre était celui d'une femme, tellement automatique qu'à mon avis il l'a dite sans s'en rendre compte.

« Tu as fait poser celle-là, a dit Lengle.

– Pas moi, a dit le Marine en riant.

– Allons donc, canaille! Tu veux dire que tu l'as trouvée comme ça?

– Eh bien, c'est un autre mec qui l'a arrangée comme ça, et c'était drôle, parce que ce mec s'est fait descendre le même jour un peu plus tard. Mais regarde, regarde cette salope, elle est carrément coupée en deux !

– Oh ! elle est mignonne, a dit John, une vraie merveille.

– Je pensais en envoyer quelques-unes au *Stars and Stripes*. Vous croyez qu'ils les passeraient ?

– Eh bien... » On s'est mis à rire, comment faire autrement ? La moitié des troupes d'assaut au Vietnam avaient ce genre de choses dans leurs paquetages, les photos c'était le minimum de ce qu'ils faisaient après un combat, au moins ça ne pourrissait pas. J'ai parlé à un Marine qui avait pris beaucoup de photos après une opération sur le fleuve Cua Viet et plus tard, quand ça s'est mis à le travailler et à le rendre nerveux, il les a données à l'aumônier. Mais le prêtre a seulement dit qu'il serait pardonné, il a mis les photos dans son tiroir et les y a laissées.

Deux Marines parlaient photo avec Flynn et Wheeler – où acheter tel objectif, la bonne vitesse pour tel cliché – je ne pouvais pas suivre. Les troufions étaient suffisamment branchés sur les média pour prendre au sérieux les photographes plutôt que les reporters, et j'ai rencontré des officiers qui refusaient de croire que j'étais un correspondant puisque je n'avais jamais d'appareil. (Pendant une opération récente, cela m'a fait presque jeter de l'hélico du commandement où le colonel, pour des raisons bien personnelles, préférait les photographes. Pendant cette opération une compagnie de son bataillon a engagé le combat avec une compagnie vietcong et l'a repoussée sur un promontoire, acculé à la mer, la prenant entre leur feu et celui des hélicoptères. Ce colonel, en particulier, adorait faire voler l'hélico assez bas pour qu'il puisse décharger son 45 sur les Cong, et il voulait toujours qu'on en prenne des photos. Il a été deux fois déçu ce jour-là : non seulement je n'avais pas d'appareil mais quand nous sommes arrivés tous les VC étaient morts, il y en avait peut-être cent cinquante répandus sur la plage ou qui ballottaient au gré des vagues. Il a quand même tiré quelques chargeurs, pour ne pas se rouiller.)

Maintenant les Marines nous entouraient, ils étaient quinze environ et l'un d'eux, un gosse petit et lourd avec un visage sombre et plat et l'allure d'un gnome sur-développé, s'est avancé pour nous fixer d'un air dur.

« Vous, là, vous êtes des reporters, hein ? Les gars, vous y êtes vraiment pas, dit-il. Mon vieux m'envoie des trucs des journaux et il dit que vous êtes vraiment pleins de merde, tous. »

Deux Marines l'ont charrié, la plupart ont ri, et Lengle a ri avec eux. « Et alors, cam'rade, qu'est-ce que tu veux ? Je veux dire qu'on essaie, on essaie vraiment à tous les coups.

– Alors pourquoi vous dites jamais comment ça se passe ?

– Enculé de Krynski », a dit un des Marines en lui donnant un bon coup derrière la tête. D'après son casque, c'était le Vengeur lui-même qui arrivait juste à temps pour se mettre à notre service. On aurait dit un élève du catéchisme – des yeux bleu clair, un petit nez retroussé, des cheveux filasse et un air si confiant, une telle innocence qu'on espérait qu'il y aurait toujours quelqu'un pour prendre soin de lui. Il semblait terriblement gêné de ce qu'on venait de nous dire.

« Ecoutez donc pas ce trou du cul. Bon Dieu, Krynski, tu connais foutrement rien là-dessus. Ces mecs sont vraiment de première bourre, c'est pas de la merde.

– Merci, l'ami, a dit Lengle.

– Moi j'voulais rien leur dire, a dit Krynski. Va pas te bouffer les couilles comme ça. »

Mais le Vengeur ne lâchait pas prise. « Mec, ces types prennent vachement des risques, ils bouffent des rations C comme nous, ils couchent dans la boue, tout dans la même merde. Ils ont pas à rester là pour t'écouter râler. Ils sont même pas obligés d'être ici !

– Mais alors qu'est-ce que *ça* veut dire ? a dit Krynski, l'air vraiment perplexe. Tu veux dire que ces mecs sont *volontaires* pour venir ici ?

– Et alors, pauvre merde, qu'est-ce que tu crois ? Tu crois que c'est des connards de troufions comme toi ?

– Oh ! mec, tu me fais marcher, sûr. Vous les gars vous avez *demandé* à venir ?

– Sûr.

– Combien de temps vous devez rester ?

– Comme on veut.

– Moi j'voudrais bien rester aussi longtemps que je veux, a dit Enfant de l'Amour. Je serais rentré en mars dernier.

– Tu es arrivé quand ? ai-je demandé.

– En mars dernier. »

Le lieutenant qui surveillait les explosions s'est penché depuis la piste pour crier après un dénommé Collins.

« Oui, lieutenant ? a dit le Vengeur.

– Collins, amène-toi là-haut.

– Oui, lieutenant. »

Il y avait maintenant du mouvement sur la piste, la patrouille avait rejoint le terrain découvert. Stone est sorti le premier, courant à reculons avec son appareil braqué, repérant très vite le sol derrière lui entre deux photos. Puis venaient quatre Marines qui en portaient un cinquième sur une civière improvisée. Ils l'ont amené jusqu'au milieu de la clairière et l'ont posé délicatement sur l'herbe. Au début, nous avons cru qu'il était mort, piégé sur la piste, mais il avait une couleur si terrifiante que ce n'était pas ça. Les morts eux-mêmes gardent une sorte de lumière horrible qui met du temps à s'éloigner, à disparaître peu à peu dans la peau, qui met longtemps à s'éteindre complètement, alors que ce gosse n'avait plus aucune couleur nulle part. C'était incroyable qu'une chose aussi blanche et inerte soit encore vivante.

« Collins, a dit le lieutenant, allez trouver le Vieux. Dites-lui qu'on a un cas de brûlure vraiment grave. N'oubliez pas, dites-lui vraiment grave.

– Oui, lieutenant », a répondu le Vengeur en suivant la crête au petit trot vers le poste de commandement.

Dana a pris encore quelques photos et s'est assis pour

changer de pellicule. Son treillis était entièrement trempé de sueur mais il ne montrait aucun autre signe de fatigue. Le reste de la colonne débouchait maintenant de la piste, les hommes se laissaient tomber dans la clairière comme si un tireur les avait touchés l'un après l'autre, les paquetages d'abord, puis quelques pas en titubant avant de s'écrouler. Quelques-uns souriaient au soleil comme d'innocents rêveurs, d'autres tombaient à plat ventre et ne bougeaient plus, sauf pour quelques soubresauts dans les jambes; le radio a traversé toute la clairière jusqu'à l'installation radio, il a défait doucement l'équipement qu'il avait sur le dos, il a très soigneusement posé son casque par terre pour lui servir d'oreiller, après avoir choisi son endroit, et il s'est endormi immédiatement.

Stone a couru pour le photographier. « Vous savez quelque chose, les mecs ? dit-il.

– Quoi donc ?

– Il fait plus chaud qu'une vache.

– Merci. »

On a vu approcher le colonel, un petit homme chauve avec des yeux durs et une petite moustache noire. Il était boudiné dans sa vareuse et quand il est venu des petits groupes de Marines se sont éloignés pour aller mettre eux aussi leur vareuse avant que le colonel ait le temps de leur en parler. Le colonel s'est penché pour fixer longuement le Marine inconscient qui était maintenant à l'ombre d'un poncho tenu par deux soldats pendant qu'un troisième humectait son torse et son visage avec l'eau d'une gourde.

« Eh ! Bon Dieu, disait le colonel, cet homme n'a rien du tout, donnez-lui un peu de sel, mettez-le-debout, faites-le marcher, nous sommes dans les Marines, pas chez ces putains de *Girl Scouts,* et pas un de ces putains d'hélicos ne va venir *ici* aujourd'hui. (Tous les quatre, nous avons dû avoir l'air un peu choqué par ce qu'il disait, et Dana nous a pris en photo. En fait on tirait du côté du gosse : s'il restait là, nous aussi, et toute la nuit.) Les soldats essayaient de dire au colonel que ce n'était pas simplement un cas d'insolation, s'excusant tout en restant fermes et refusant de laisser le colonel rentrer au poste de commandement. (Tous les quatre, nous avons souri et Dana a pris une photo. « Va-t'en, Stone », a dit Flynn. « Reste juste comme ça », a dit Stone en courant faire un gros-plan avec son objectif collé au nez de Flynn. « Encore une. ») Le Marine allongé avait l'air horriblement mal, il essayait un peu de bouger les lèvres et le colonel lançait des regards furieux à la forme fragile et inerte comme si elle essayait de le faire chanter. Quand le Marine eut refusé de remuer autre chose que les lèvres pendant un quart d'heure, le colonel a commencé à fléchir. Il a demandé aux soldats s'ils avaient déjà entendu dire qu'un homme était mort de cette manière.

« Oh ! oui, colonel. Oh ! ouh, je veux dire qu'il a vraiment besoin d'autres soins que ceux que nous pouvons lui donner ici.

– Mmmmmm... » a dit le colonel. Puis il les a autorisés à demander un hélico et il est retourné d'un air décidé – je suis sûr qu'il le croyait – vers son poste de commandement.

« Je crois qu'il se serait senti mieux s'il avait pu achever le gosse, a dit Flynn.

– Ou l'un d'entre nous, ai-je dit.

– Tu as de la chance qu'il ne t'ait pas eu hier soir », a dit encore Flynn. La veille au soir, quand Flynn et moi étions arrivés ensemble au camp de base, le colonel nous avait fait venir dans le bunker de commandement pour nous montrer quelques cartes et nous expliquer l'opération, et un capitaine nous avait offert du café dans des gobelets en polystyrène. J'avais emporté le mien dehors et je l'avais fini pendant que nous bavardions avec le colonel qui se montrait très cordial, très amical d'une façon que j'avais déjà vue et en laquelle je n'avais pas vraiment confiance. Je regardais autour de moi pour savoir où jeter ma tasse vide quand le colonel m'a vu.

« Donnez-moi ça, offrit-il.

– Oh ! ça va, colonel, merci.

– Non, allez je la prends.

– Non, vraiment, je vais juste trouver un...

– *Donnez-la moi!* » a-t-il dit, et je l'ai fait, mais Flynn et moi avons évité de nous regarder avant qu'il ne soit retourné dans son bunker, et alors nous avons explosé et nous nous sommes raconté les pires histoires de colonels que nous connaissions. Je lui ai parlé du colonel qui avait menacé un sergot de la cour martiale parce qu'il refusait d'arracher le cœur d'un Vietcong mort pour le donner à un chien, et Flynn m'a parlé d'un colonel de la Division *Americal* (dont Flynn disait toujours qu'elle était commanditée par *General Foods*) qui estimait que chaque personne sous ses ordres devait avoir l'expérience du combat; il obligeait les cuisiniers, les employés de bureau, les magasiniers et les chauffeurs à prendre tous des M-16 et à sortir en patrouille de nuit, et une fois tous ses cuisiniers se sont fait descendre dans une embuscade.

On pouvait entendre maintenant le bruit de notre Chinook qui approchait, et nous étions en train de vérifier qu'il ne nous manquait rien quand j'ai senti soudain comme un éclair atroce, une terreur absolue. J'ai regardé les hommes et les choses tout autour pour en chercher la source si elle était réelle. Stone avait dit vrai, c'était ma dernière opération, j'étais aussi tendu que n'importe qui à sa dernière sortie, tout ce qui pouvait se trouver entre ici et Saigon me terrifiait, mais cela c'était différent, autre chose.

« Foutue chaleur... a dit quelqu'un. Je... oh! mec, je ne... peux... foutre pas... *y arriver!* »

C'était un Marine, et dès que je l'ai vu j'ai su que je l'avais déjà vu, peut-être une minute avant, debout au bord de la clairière qui nous regardait nous apprêter à partir. Il était avec d'autres soldats, mais je l'avais nettement distingué des autres, sans le comprendre ou sans me l'avouer. Les autres aussi nous avaient regardés l'air amusé ou curieux ou envieux (on se taillait – les morts, les blessés et les correspondants dehors – on allait à Danang), ils étaient tous plus ou moins bien disposés, mais celui-là était différent, je l'avais vu, je l'avais su et je l'avais écarté, mais pas vraiment. Maintenant qu'il passait près de nous, je voyais qu'il avait un gros abcès qui semblait s'être ouvert et qui avait rongé une bonne part de sa lèvre inférieure, mais ce n'était pas pour ça que je l'avais remarqué. Si j'avais vu ça j'aurais pu le trouver un peu plus misérable que les autres, rien de plus. Il s'est arrêté une seconde et il nous a regardés avec un sourire mauvais, terrifiant, un regard chargé de haine à l'état pur.

« Espèce d'enculé, a-t-il dit. Vous êtes des *dingues !* »

Il a dit cela avec une urgence terrible, et tandis qu'il nous fixait je m'attendais à ce qu'il lève un doigt pour nous réduire en poussière l'un après l'autre, je comprenais que malgré tout ce temps la guerre pouvait encore m'offrir un spectacle qui m'oblige à baisser les yeux, quelque chose que j'avais déjà vu en espérant ne jamais le revoir, que j'avais mal compris et qui m'avait blessé, quelque chose que j'avais cru avoir enfin vraiment compris et que j'avais maintenant devant moi. Je savais ce que c'était et je me retrouvais aussi impuissant cette fois que la première.

Bon, c'est vrai, oui, je m'étais laissé aller à cette vie de correspondant de guerre, à suivre les soldats pour m'approcher de la guerre, pour la toucher, me perdre en elle et me mesurer avec elle. C'est ce que j'avais toujours voulu, peu importe pourquoi, c'était une part de moi, comme ce film est une part de moi, et je l'avais fait, j'étais maintenant de bien des façons un frère pour ces pauvres troufions épuisés, je savais ce qu'ils savaient, je l'avais fait et c'était vraiment quelque chose. Partout où j'étais allé il y avait eu des Marines ou des soldats pour me dire ce que le Vengeur avait dit à Krynski : *T'es bien, mec, vous êtes au poil, vous avez des couilles au cul.* Devant vous ils ne savaient pas toujours que dire ou que penser, quelquefois ils vous disaient « Monsieur » jusqu'à ce qu'on les supplie d'arrêter, ils sentaient ce que votre position de volontaire-reporter avait de dément, cela les menait au fou rire et parfois au respect. S'ils vous acceptaient, ils s'arrangeaient toujours pour que vous le sachiez, et quand l'hélico vous emportait ils vous disaient au revoir, et bonne chance. Ils vous remerciaient même, certains d'entre eux, et que répondre à ça ?

Et ils vous demandaient toujours avec une émotion d'une intensité bouleversante : dites-le, s'il vous plaît, racontez-le, car ils avaient vraiment le sentiment qu'on ne parlait pas d'eux, qu'ils traversaient tout ça sans que personne n'en sache rien, là-bas dans le Monde. C'était peut-être une bande de tueurs bornés et brutaux (ce que disaient en privé beaucoup de journalistes), mais ils étaient assez malins pour savoir ça. A Hué, il y avait eu un Marine qui m'avait suivi quand j'étais allé vers le camion qui allait m'emporter vers la piste, il était prisonnier de cette horreur depuis presque deux semaines alors que je faisais des aller-retour de deux ou trois jours d'affilée. On commençait à se connaître et quand il m'a rattrapé il m'a pris la manche si brutalement que j'ai cru qu'il allait m'accuser, ou pire, essayer de m'empêcher de partir. Il avait le visage complètement vidé par la fatigue, mais il lui restait assez d'émotion pour dire : « Okay ! mec, tu te barres, tu te barres d'ici, bouffeur de bites, mais, écoute-moi, tu le racontes ! Tu racontes ça, mec. Si tu ne le racontes pas... »

Qu'est-ce qu'ils prenaient, tout s'était écroulé, un bataillon avait eu 60 p.100 de pertes, tous les NCO du début avaient disparu, les soldats disaient à leurs officiers d'aller crever, d'aller se faire enculer, d'aller chercher d'autres imbéciles pour les faire courir, ce n'était pas un de ces endroits où j'avais à dire à quelqu'un de ne pas m'appeler « Monsieur ». Ils comprenaient ça, ils le comprenaient bien mieux que moi, mais aucun n'avait de haine contre moi, pas même quand je partais. Je suis revenu trois jours après, les combats avaient diminué, les pertes étaient réduites à zéro et le même Marine m'a lancé un signe de victoire qui n'avait rien à voir avec le corps des Marines, avec la bataille qui s'éteignait ou avec le drapeau américain qui avait été hissé la veille sur le mur sud de la Citadelle, il m'a tapé dans le dos et m'a versé à boire d'une bouteille trouvée quelque part dans une paillote. Même ceux qui préféraient éviter notre compagnie, ceux qui méprisaient les exigences de notre travail, qui trouvaient que nous gagnions notre vie sur leur mort, qui croyaient que nous étions tous des traîtres et des menteurs et les plus gluants des parasites, même ceux-là finissaient par reculer et nous faire une concession, la dernière, par admettre que nous avions ce lien le plus précieux : « Je dois quand même dire ça, vous les gars, vous avez des couilles au cul. » Peut-être était-ce là ce qu'ils voulaient dire, rien de plus, que nous avions nos propres ressources et qu'elles nous servaient à continuer notre chemin, ce qui transformait un aveu fait à contrecœur en brevet de courage – de nouveau tout allait bien.

Mais il y avait souvent le souvenir de ce mauvais moment, très mauvais, ce regard qui vous avait fait détourner les yeux, un acte plein de haine et en même temps le plus pur que j'aie jamais connu. Il ne s'y trouvait plus aucun étonnement, aucune gaieté, cela ne venait pas d'une source aussi trouble que la morale ou les préjugés, n'avait pas de motif, pas d'origine consciente. On le sentait venir sur soi de sous la capuche d'un poncho, on le voyait dans le regard d'un soldat blessé allongé dans un hélicoptère, chez des hommes qui avaient très peur ou qui venaient de perdre un ami, dans la douloureuse apparition d'un soldat à la lèvre éclatée par le soleil, incapable de supporter plus longtemps la chaleur.

Au début j'ai tout mélangé, je n'ai rien compris et je me suis plaint, je me suis senti méconnu. « Va te faire foutre, toi aussi, ai-je pensé. Ça aurait aussi bien pu être moi, moi aussi je prends des risques, tu ne vois pas ? » Et puis j'ai compris que c'était justement cela dont il s'agissait, que l'explication était aussi simple que ça, encore une des sinistres leçons de cette guerre. Ils ne me jugeaient pas, ils ne me reprochaient rien, je ne les dérangeais même pas, pas personnellement en tout cas. Seulement ils me haïssaient, ils me haïssaient comme on peut haïr n'importe quel sombre imbécile capable de se mettre au milieu de tout ça, quand il a le choix, n'importe quel imbécile qui a si peu besoin de sa vie qu'il peut jouer avec.

« Vous êtes des *dingues!* » avait dit ce Marine, et quand cet après-midi-là nous avons décollé de *Mutter's Ridge*, je sais qu'il est resté longtemps à nous regarder nous éloigner avec la même haine instinctive, qu'il s'est tourné vers quiconque se trouvait là ou qu'il a parlé tout seul et qu'il a sorti ce qu'en fait j'ai entendu dire une fois juste après le départ d'une jeep pleine de journalistes; j'étais resté seul, un tirailleur s'était tourné vers un autre pour nous gratifier d'un souhait dur et glacé :

« Ces putains de mecs, a-t-il dit. Je voudrais qu'ils crèvent. »

2

Dis-moi quelqu'un qui n'est pas un parasite,
Je sortirai dire une prière pour lui.

BOB DYLAN : *Vision de Johanna.*

Je pense sans arrêt à tous ces gosses qui se sont fait lessiver par dix-sept ans de films de guerre avant de venir au Vietnam se faire lessiver pour de bon. Vous ne savez pas ce que peut être un cinglé des média avant d'avoir vu comment certains de ces troufions se remuaient pendant un combat quand ils savaient qu'il y avait une équipe de télévision dans le coin. En fait, ils se faisaient un film de guerre dans leurs têtes, un petit numéro de claquettes sous les balles, les tripes et la gloire à la John Wayne, ils se faisaient trouer leur peau pleine de boutons pour la TV. De la démence, mais ce n'était pas la guerre qui les avait rendus fous. Pour la plupart de ceux qui se battaient, la guerre n'était plus une aventure dès les premières fusillades, mais il y avait toujours ceux qui ne pouvaient pas lâcher ça, les quelques-uns qui faisaient leur cirque devant les caméras. Beaucoup de correspondants ne valaient pas mieux. Tous, nous avions vu trop de films, nous avions vécu trop longtemps dans la Cité TV, dans la soupe des média, nous étions presque incapables de faire certains rapprochements. Les premières fois où je me suis fait tirer dessus ou que j'ai vu des morts au combat, rien ne s'est vraiment passé, toutes les réponses sont restées bloquées dans ma tête. C'était une violence familière, identique, simplement changée de décor, une sorte de jeu de la jungle avec des hélicoptères géants et des effets spéciaux fantastiques, des acteurs allongés dans des sacs de toile qui attendaient que la scène se termine pour se relever et partir sur leurs deux jambes. Sauf que dans cette scène (on finissait par le voir), on ne pouvait rien couper.

Il fallait désapprendre beaucoup de choses avant de pouvoir apprendre quoi que ce soit, et même une fois un peu aguerri on ne pouvait pas éviter une certaine confusion entre la guerre elle-même et les moments où elle ressemble trop à un film, comme *Un Américain bien tranquille* ou *Catch-22* (classique au Vietnam parce qu'on y dit que dans une guerre chacun pense que tous les autres sont fous), comme dans tous ces combats filmés par la télévision (« On nous tire dessus depuis la forêt ! » « Où ça ? – Là-bas ! » – « Où *ça ?* – Là-*bas !* » – Où ÇA ? – Là-BAS !! » Une fois Flynn a entendu ça durer pendant un quart d'heure, nous en avons fait une comptine. La vision se brouille, les images sautent et basculent comme prises par une caméra qui tombe, on entend une centaine de sons horribles au même moment – cris, sanglots, hurlements hystériques, la tête est pleine de vrombissements qui menacent de tout engloutir, des voix tremblantes essaient de lancer des ordres, les bruits secs et sourds des coups de feu (mythe : quand c'est près ça siffle, quand c'est tout près ça craque), le battement des rotors, la voix minuscule et brouillée qui vient de la radio : « Eh, Rog(er) pour vous, on note la position, à vous. »

Ce genre de *feedback* vous traquait dans tout le Vietnam, vous menaçait souvent de folie, mais bizarrement il vous laissait souvent un peu moins fou que vous n'auriez cru. Parfois ça pouvait faire une intrusion subtile, féroce. Un après-midi, pendant la bataille de Hué, j'étais avec David Greenway, un correspondant de *Time*, et nous avons jugé nécessaire de passer d'une position des Marines à une autre. Nous étions juste en face du mur sud de la Citadelle que les bombardements avaient fait en grande partie s'écrouler dans la rue, exposant en même temps des lambeaux pourris de cadavres de Nord-Vietnamiens enterrés là. Nous devions remonter cette rue en courant sur environ quatre cents mètres, en sachant que nous serions exposés tout du long au feu des tireurs embusqués, qu'ils soient sur les restes du mur à notre droite ou sur les toits à notre gauche. Quand nous étions arrivés en courant une heure plus tôt à notre position actuelle, David était passé le premier, et maintenant c'était mon tour. Nous étions accroupis avec les Marines derrière quelques buissons pelés, et je me suis tourné vers mon voisin le plus proche, un Noir, et j'ai dit : « Ecoute, on va y aller maintenant. Tu peux nous couvrir ? » Il m'a lancé un de ces regards stupéfaits et perçants. « Tu peux y aller si tu veux, *baby,* mais me-erde... » et il s'est mis à tirer. David et moi avons couru pliés en deux, nous abritant tous les quarante mètres environ derrière des pans de murs écroulés grands comme des rochers, et à mi-chemin je me suis mis à rire en regardant David et en secouant la tête. David était le plus courtois des journalistes, un Bostonien de bonne famille, très bien élevé, une sorte de patricien, même s'il s'en moquait. Nous étions bons amis et s'il y avait de quoi rire il était prêt à me croire sur parole, il a ri lui aussi.

« Qu'est-ce qu'il y a ? dit-il.

— Oh ! mec, tu réalises que je viens de demander à ce mec là-bas de *nous couvrir ?* »

Il m'a regardé en haussant légèrement le sourcil. « Oui, a-t-il dit. Oui, tu l'as fait. N'est-ce pas *merveilleux ?* »

Et nous aurions continué à rire en remontant cette rue si ce n'est que vers la fin nous devions passer devant un endroit terrible, une maison effondrée par les bombardements et d'où était tombée une jeune fille qui était étendue, morte, sur un tas de planches brisées. Le bois brûlait et les flammes s'approchaient de ses pieds nus. Elles allaient l'atteindre dans quelques minutes et de l'endroit où nous étions cachés nous ne pourrions pas éviter de le voir. Nous nous sommes dit que tout valait mieux que ça et nous avons continué à courir, mais seulement après que David eut fait demi-tour, mis un genou en terre et pris une photo.

Quelques jours plus tard, le reportage de David sur Hué est paru dans *Time,* réécrit dans cette prose uniforme imposée par tous les journaux et tous les magazines, placé quelque part entre les cinq ou six articles envoyés cette semaine-là par les cinq ou six journalistes de *Time* au Vietnam. Environ cinq mois plus tard un texte que j'avais écrit sur cette bataille est paru dans *Esquire*, on aurait dit qu'ils avaient retrouvé une dépêche perdue depuis la guerre de Crimée. Je l'ai vu imprimé pour la première fois le jour où nous sommes rentrés de *Mutter's Ridge,* alors que le numéro de *Time* avec l'article de David était en vente à Saigon et à Danang une semaine après les événements qu'il décrivait. (Je me souviens précisément de ce numéro parce que le général Giap était en couverture et que les Sud-Vietnamiens en ont interdit la vente jusqu'à ce qu'on ait barré d'un X noir chaque exemplaire, ce qui défigurait le visage de Giap mais ne le cachait guère. Les gens faisaient de drôles de choses pendant le Têt.) Tout cela pour dire, même si j'adore le son de ces deux mots, *correspondant de guerre,* c'est que je ne peux jamais y penser sans admettre en même temps à quel point c'est un faux-semblant. Je n'ai jamais eu à rendre compte à un quelconque bureau (ou pire, avoir à l'appeler de Danang à travers le nœud embrouillé des réseaux militaires : « Ne coupez pas, mademoiselle, je dis ne coupez pas, allô !, ne coupez pas... Oh ! imbécile, *ne coupez pas !* ») Je n'ai jamais eu à courir sur l'aéroport de

Danang pour envoyer ma pellicule par la navette de huit heures pour Saigon. Je n'avais pas de bureau, pas de pellicule, mes liens avec New York étaient aussi ténus que ma tâche était vague. Je n'étais pas vraiment un phénomène unique parmi les journalistes, mais un cas particulier extrêmement privilégié. (Le phénomène, c'était quelqu'un comme le photographe John Schneider, celui qui a fixé un drapeau blanc à son guidon et qui est allé à moto du sommet de la Colline 881 Nord jusqu'à la Colline 881 Sud pendant une bataille terrible, ce qu'on a appelé ensuite la Chevauchée de Schneider; ou le caméraman coréen qui avait été quatre ans toréro en Espagne, qui parlait un castillan limpide, exquis, et que nous avions surnommé *El Taikwando;* ou le romancier portugais qui a débarqué à Khe Sanh en vêtements de sport et avec une valise en tissu écossais, croyant qu'on pouvait acheter sur place tout son équipement.)

A Saigon, j'étais tombé sur Bernie Weinraub qui allait au bureau du *New York Times* avec un tas de papiers dans les mains. Il revenait d'un entretien avec un des si « élégants représentants » du JUSPAO et il m'a dit : « En ce moment, je me paie une légère dépression nerveuse. Ça ne se voit pas, mais c'est pourtant vrai. Quand tu seras là depuis un bout de temps, tu t'y mettras aussi », en riant à cause de la parcelle de vérité contenue dans ce qu'il disait et à cause de ce qui était devenu pour nous la plaisanterie standard. Entre la chaleur, la laideur, la pression des dossiers à remplir, la guerre un peu plus loin et les agents de presse du JUSPAO juste à côté, Saigon devenait extrêmement déprimant et Bernie avait souvent l'air d'un possédé, si maigre et si fatigué et si mal nourri que d'un fedayin palestinien il aurait fait éclore une mère juive.

« Allons boire un verre! disais-je.

– Non, non, je ne peux pas. Tu sais comment c'est, nous autres du *Times...* » Il se mettait à rire. « Je veux dire que tous les jours on a nos articles à envoyer. C'est une responsabilité terrible, il y a si peu de temps... J'espère que tu comprends.

– Bien sûr. Excuse-moi, c'est que je n'y avais pas pensé.

– Merci, merci. »

Mais je pouvais bien rire, il allait travailler, il allait écrire un article qui serait publié à New York dans quelques heures et moi j'allais traverser la rue pour boire un verre à la terrasse de l'hôtel Continental, peut-être pour écrire à loisir quelques mots et probablement rien du tout. Beaucoup de choses m'étaient épargnées, et sauf pour la petite poignée de gens qui prenaient leurs responsabilités professionnelles trop au sérieux, personne ne m'en a jamais voulu. Ce qu'ils en venaient à connaître de la guerre était une chose – mais je savais à quel point ils essayaient de le faire passer dans leurs articles, je connaissais la générosité de leur enseignement et l'amertume qui pouvait les gagner.

C'est qu'ils travaillaient dans les média, pour des organisations qui en fin de compte s'inclinaient devant les institutions concernées : Bureau du Président, l'Armée, l'Amérique en guerre et par-dessus tout la technologie creuse qui caractérisait le Vietnam. On ne peut pas se souvenir de ces bons amis sans se rappeler les exigences incroyables que des bureaux, à des milliers de kilomètres de là, faisaient peser sur eux. (Quand les chefs des informations, les vice-présidents de réseaux et les rédacteurs en chef pour l'étranger enfilaient leur costume de guerre de chez Abercrombie & Fitch et venaient chercher des impressions de première main, c'était comme dans un film : *Il neige sous les Tropiques,* et après trois jours de conférences au sommet et de balades en hélicoptère ils rentraient chez eux persuadés que la guerre était finie, que leurs employés sur place étaient de sacrés mecs mais un peu trop près de l'événement.) Quelque part sur les bords de cet enjeu global, le Vietnam, dont les bulletins quotidiens rendaient les journaux trop durs à lire, perdue dans le contexte surréel de la télévision, il y avait une histoire simple, éternelle, des hommes qui en pourchassaient d'autres, une guerre hideuse et toutes sortes de victimes. Mais il y avait aussi un Commandement qui ne ressentait pas la même chose, qui nous envoyait dans des pièges épuisants grâce à des taux de mortalité imaginaires, et une Administration qui croyait le Commandement, fécondation croisée de l'ignorance, et une presse dont la tradition d'objectivité et de loyauté (sans parler de son propre intérêt) veillait à ce que tout ça trouve sa place. Il était inévitable qu'une fois que les média auraient pris les diversions suffisamment au sérieux pour les mentionner, ils en viennent à les légitimer. Les porte-parole employaient des mots qui n'avaient plus cours en tant que mots, des phrases qui ne pouvaient trouver aucun sens dans un monde sensé : beaucoup de tout cela était durement mis en question, mais tout était cité. La presse avait tous les faits (plus ou moins), elle en avait trop. Mais elle n'a jamais trouvé moyen de restituer son sens à la mort, et naturellement il ne s'agissait pas d'autre chose. Les efforts les plus transparents et les plus répugnants vers une sainte innocence au milieu des tueries étaient pris au sérieux par les journaux et par les ondes. Le jargon de la Marche en Avant vous était enfoncé dans la tête comme à coups de fusil, et quand on avait pataugé dans toutes les histoires de Washington, les histoires de Saigon et les histoires de l'Autre Guerre, les histoires de corruption et les histoires sur les progrès rapides et nouveaux de l'efficacité des ARVN, la souffrance n'impressionnait plus guère. Après des années de tout ça, tant d'années qu'il vous semblait que ça durait depuis toujours, on en arrivait à pouvoir rester assis un soir pour écouter quelqu'un vous dire que les pertes américaines par semaine étaient au plus bas depuis six semaines, quatre-vingts GI seulement étaient morts au combat, et on avait l'impression d'avoir fait une bonne affaire

Si vous avez jamais lu des articles écrits par Peter Kann, William Touhy, Tom Buckley, Bernie Weinraub, Peter Arnett, Lee Lescaze, Peter Braestrup, Charles Mohr, Ward Just ou quelques autres, vous savez que la plupart de ce que la Mission voulait dire au public américain n'était qu'un vaudeville psychotique, que la Pacification, par exemple, n'était guère plus qu'un téton gonflé, calculé sur ordinateur, imposé à une population déjà violée, un programme coûteux et sans valeur qui ne marchait que dans les conférences de presse. Pourtant, l'année précédant l'Offensive du Têt (« 1967 – l'Année du Progrès », c'était le titre d'un rapport officiel de fin d'année), il y a eu plus d'articles sur la Pacification que sur les combats – en première page, c'était la réalité, en vedette.

Tout cela faisait part d'un processus que tous ceux que je connaissais finissaient à contrecœur par admettre comme une routine, et je n'y étais pas tenu. Quelle chierie incroyable de courir à l'aéroport pour voir le maire de Los Angeles embrasser Cua, le maire de Saigon. (L.A. avait choisi Saigon pour ville jumelle, vous pigez, et Yorty était venu relever ses compteurs. Si les journaux et la TV n'avaient pas existé, Cua et Yorty ne se seraient jamais rencontrés.) Je n'ai jamais dû assister à des déjeuners en l'honneur des membres du Groupe d'action civique des Philippines, ni dû me forcer à rire aux plaisanteries du délégué polonais à la Commission internationale de Contrôle. Je n'ai jamais eu à suivre le Commandement sur le terrain pour un de ces interminables rassemblements avec les troupes. (« D'où viens-tu, fils ? – De Macon, en Georgie, général. – Très bien. Tu reçois ton courrier *okay,* plein de repas chauds ? – Oui, général. – C'est bien, d'où es-tu, fils ? – Oh ! je sais pas, mon Dieu, je sais pas, je sais *pas !* – C'est bien, c'est très bien, d'où es-tu, fils ? ») Je n'ai jamais eu à me familiariser avec le labyrinthe des directions et sous-directions du gouvernement, je n'ai jamais eu affaire aux barbouzes. (Ceux-là venaient de la véritable Direction, la CIA. Il y avait au Vietnam un jeu interminable que jouaient les soldats et les barbouzes, et les soldats perdaient à chaque fois.) Sauf pour prendre mon courrier et renouveler mon accréditation, je ne fréquentais les JUSPAO que si j'en avais envie. (On avait créé ce bureau pour s'occuper des rapports avec la presse et de la guerre psychologique, et je n'ai jamais rencontré quelqu'un qui semble trouver la moindre différence entre les deux.) Je pouvais sauter les conférences quotidiennes, je n'avais pas à cultiver des sources. En fait, j'étais si peu concerné que je demandais aux autres correspondants ce qu'ils pouvaient bien trouver à poser comme questions à Westmoreland, Bunker[1], Komer[1] et Zorthian. (Barry Zorthian était le chef du JUSPAO, pendant plus de cinq ans l'Information c'était *lui*.) Qui pouvait s'attendre à ce que ces gens disent jamais quoi que ce soit ? Aussi haut placés qu'ils fussent, c'étaient toujours des officiels, leurs vues étaient bien établies, bien connues, célèbres. Il aurait plu des grenouilles sur Tan Son Nhut que ça ne leur aurait rien fait, la baie de Cam Ranh aurait pu être engloutie au sud de la mer de Chine qu'ils auraient trouvé moyen de dire que c'était un bien pour nous, la division Bo Doi (celle de Ho) aurait pu défiler devant l'ambassade américaine qu'ils auraient appelé ça un geste « désespéré » – et même, qu'est-ce que les journalistes les plus proches du Conseil de Mission pouvaient bien trouver à écrire quand ils avaient terminé leurs interviews ? (Mon propre entretien avec le général Westmoreland avait été d'une maladresse désespérante. Il avait remarqué que j'étais envoyé par *Esquire* et m'avait demandé si je pensais écrire des articles « humoristiques ». Après quoi il ne s'est vraiment pas dit grand-chose. J'en suis sorti avec la sensation d'avoir conversé avec un homme qui touchait une chaise et disait : « Ceci est une chaise », désignait un bureau et disait : « Ceci est un bureau. » Je ne pouvais rien trouver à lui demander – l'entretien n'a pas eu lieu.) J'avais cherché honnêtement à connaître la forme convenable d'une telle interview, mais certains des journalistes à qui je l'avais demandé étaient devenus très officiels, disant quelque chose comme « l'état actuel du Commandement » et me regardant comme si j'étais devenu fou. Probablement le même genre de regard que j'ai eu en réponse à l'un d'eux quand il m'a demandé de quoi je pouvais bien parler tout ce temps avec

1. Ambassadeurs US au Sud-Vietnam.

les troufions, s'attendant, je crois, à ce que je lui confesse que je les trouvais aussi ennuyeux qu'il le pensait.

Et juste-comme-dans-les-films, il y avait beaucoup de correspondants qui faisaient leur travail, restaient dans les délais, s'acquittaient des missions les plus absurdes du mieux qu'ils pouvaient, puis se retiraient pour regarder la guerre et ses secrets infects. Ils gagnaient leur cynisme à la dure et changeaient en rire le mépris qu'ils avaient d'eux-mêmes. Si New York voulait savoir comment les troupes réagissaient à l'assassinat de Robert Kennedy, ils allaient le demander. (« Auriez-vous voté pour lui ? – Ouais, c'était vraiment un homme bien, un homme vraiment bien. Il était, euh, jeune. – Pour qui voterez-vous maintenant ? – Wallace, je pense. ») Ils recueillaient même les réactions des soldats sur le choix de Paris comme lieu des négociations de paix. (« Paris ? J'sais pas, bien sûr, pourquoi pas ? Je veux dire, ils vont pas faire ça à Hanoï, ils vont vraiment pas ? ») Mais ils savaient quelle dérision c'était, quel gâchis, quelle injure. Ils savaient que ce qu'ils feraient de mieux, et malgré toute l'honnêteté qu'ils y mettraient, se perdrait d'une manière ou d'une autre dans la marée journalistique, tous les faits et toutes les histoires du Vietnam. Un journalisme traditionnel ne pouvait pas montrer cette guerre, de même qu'une puissance de feu traditionnelle ne pouvait pas la gagner, tout ce que ça pouvait faire c'était de s'emparer de l'événement le plus important pour l'Amérique pendant cette décennie et d'en faire un pudding de la communication, prendre l'histoire la plus évidente, la plus indéniable, pour la transformer en histoire secrète. Et les meilleurs de tous les correspondants en savaient même plus.

Il y a eu un air des *Mothers of Invention* appelé *Trouble Comin' Every Day*[1] qui est devenu une sorte d'indicatif pour un groupe d'une vingtaine de jeunes journalistes. On le jouait souvent à Saigon au cours de ces longues réunions nocturnes, les cendriers qui débordaient, les seaux à glace pleins d'eau tiède, l'herbe

1. *Des ennuis tous les jours.*

entièrement fumée, les paroles qui se dévidaient. « Tu sais que je regarde cette foutue boîte[1] jusqu'au mal de tête, pour vérifier comment les journaleux disent trouver leur merde » (des sourires grinçants dans la pièce), « et si une autre femme au volant se fait mitrailler sur son siège, ils enverront un malin avec un Brownie et on verra tous les détails » (lèvres mordues, trémoussements, rires nerveux). « Et si on nous fait sauter la baraque, on sera les premiers à le dire, parc'qu'on a des gars en ville qui bossent dur et font leur beurre... » Ça ne parlait pas vraiment de *nous,* non, nous étions *tellement* dans le coup, mais nous avions chaque fois un rire crispé en l'écoutant. Tous, photographes d'agence et grands reporters des stations TV ou radio et types spéciaux comme moi, nous faisions tous la même grimace, car nous savions tous que derrière chaque page imprimée sur le Vietnam il y avait une tête de mort qui riait, sanglante, qu'elle se cachait dans les journaux et les magazines, qu'elle restait collée la nuit à l'écran de la télé plusieurs heures après qu'elle fût éteinte, une image persistante qui voulait seulement vous dire enfin ce qui n'avait pu être dit.

Un après-midi peu avant le Nouvel An, quelques semaines avant le Têt, il y a eu à Saigon une conférence spéciale pour annoncer les dernières statistiques sur les hameaux du programme de Pacification, le profil en A-B-C-D de la sécurité du pays et, conséquence obligatoire, celui du soutien populaire « dans les campagnes », ce qui voulait dire n'importe où hors de Saigon, là où sont les culs-terreux. Beaucoup de correspondants y sont allés, la plupart y étaient obligés, et je suis resté dans un bar de Tu Do avec deux photographes pour bavarder avec des soldats de la 1re Division d'Infanterie qui étaient venus de Lai Khe, leur quartier général, passer un jour à Saigon. Un d'entre eux disait que les Américains traitaient les Vietnamiens comme des animaux.

« Comment ça ? a demandé un autre.

1. La télévision.

– Eh bien, tu sais ce qu'on fait aux animaux... On les tue, on leur fait mal et on les bat pour les dresser. Merde, on fait pas autrement avec les *nyaqs.* »

Nous savions qu'il disait vrai. Il suffisait de le regarder pour voir qu'il savait vraiment ce dont il parlait. Il ne portait pas de jugement, je ne crois même pas qu'il en était particulièrement bouleversé, c'était juste une observation qu'il avait faite. Nous l'avons rapportée plus tard à des gens qui revenaient de la conférence sur la Pacification, un type du *Times* et un de l'AP, et ils ont dit tous les deux que ce gosse de la Grande Rouge[1] en avait dit plus long sur le programme *Le Cœur et l'Esprit* qu'une heure de statistiques. Mais leurs agences n'avaient que faire de son histoire, elles voulaient celles de Komer, l'ambassadeur. Et elles l'ont eue et vous l'avez eue.

Je pourrais vous laisser croire que nous étions tous braves et pleins d'esprit, beaux et vaguement tragiques, comme une sorte de commando hors de pair, l'escadron de la merde fraîche, les Redoutables Chi, amoureux du danger, à la fois tendres et sages. Cela me conviendrait, le film serait plus agréable pour moi, mais je préfère tirer au clair cette façon de dire « nous ».

Au plus fort de l'Offensive du Têt, il y avait de six à sept cents correspondants accrédités à l'Etat-Major de l'Aide militaire au Vietnam. Qui étaient-ils et où ils allaient, c'était pour moi comme pour les journalistes que je connaissais un mystère, de même que pour le sergent artilleur des Marines à la tête de taureau et aux manières calmes, affecté au bureau du JUSPAO, qui distribuait ces petites cartes plastifiées du MACV. Il les donnait, notait les chiffres sur un petit tableau noir au mur et regardait le total avec une sorte d'étonnement amusé en vous disant que pour lui tout ça n'était qu'un foutu cirque. (C'est le même qui a dit à une vedette de la télévision : « Restez un peu le cul sur la chaise. Vous

1. La 1re Division d'Infanterie.

ne me faites plus peur, vous autres de l'électronique. » Cette carte n'avait rien d'exclusif, non plus que son homologue opérationnel, le certificat de *Bao Chi* de la République du Sud-Vietnam on a dû en distribuer des milliers au cours des années. Elle vous admettait simplement dans le corps des journalistes au Vietnam et vous disait que vous pouviez aller couvrir la guerre si vous en aviez vraiment envie. Toutes sortes de gens en ont eu à un moment ou à un autre : des écrivains envoyés par des organismes religieux ou des revues sur les armes à feu, les étudiants d'un journal universitaire en vacances d'été (un de ces journaux en a envoyé deux, un Faucon et une Colombe, et nous l'avons dénoncé pour n'avoir pas envoyé aussi un Modéré), des personnages littéraires de seconde zone qui écrivaient pour dire qu'ils haïssaient la guerre plus que vous et moi ne la haïrions jamais, de grands journalistes envoyés par les agences qui étaient les hôtes de Westmoreland ou de Bunker et couvraient les opérations en présence de l'Etat-Major, privilèges qui leur ont permis de décrire en long et en large notre grande victoire du Têt et de publier pendant des années, des années et des années les preuves qu'on avait brisé les reins du Vietcong et anéanti la volonté de Hanoï. Il n'y a pas eu de nation si misérable, de journal local si humble qui n'ait envoyé son homme tâter le terrain, au moins une fois. Ceux-là étaient plutôt le genre de vieux gratte-papier que la plupart des jeunes journalistes de ma connaissance craignaient de devenir. On tombait sur eux quelquefois au bar du centre de presse de Danang, des hommes de près de cinquante ans qui n'avaient pas eu l'occasion de mettre un uniforme depuis le jour de la Victoire, épuisés et désorientés par toutes ces conférences et visites éclair, alourdis par la masse de faits qu'on leur avait jetée dessus, leurs magnétophones en panne, leurs stylos volés par les gosses des rues, leur séjour bientôt achevé. Ils avaient vu la baie de Cam Ranh et un peu de paysage (en jargon de Mission – autrement dit on les avait emmenés voir un hameau modèle, « Vie Nouvelle »), une division de choc de l'ARVN (où ?), même quelques-uns de nos gosses sur le front (où ?), et beaucoup de gens du Bureau d'Information militaire. Ils semblaient trop écrasés par l'importance de toute cette histoire pour être très clairs, ils étaient trop timides pour se faire des amis, ils restaient seuls et muets, sauf pour dire : « Eh bien, quand je suis arrivé je pensais que c'était plutôt désespéré, mais, je dois le reconnaître, on dirait que nous contrôlons assez bien la situation ! Je dois dire que j'ai été terriblement impressionné... » Il y avait beaucoup de plumitifs qui notaient religieusement ce que les généraux et les officiels leur disaient d'écrire, et beaucoup pour qui le Vietnam n'était qu'une étape importante dans leur carrière. Il y en avait qui ne tenaient pas le coup et repartaient au bout de quelques jours, d'autres qui ne tenaient pas le coup d'une autre manière et qui restaient des années et des années en essayant de rapprocher la haine très réelle qu'ils avaient pour cette guerre et l'amour très réel aussi qu'ils lui portaient – réconciliation brutale que beaucoup d'entre nous devions regarder en face. Quelques-uns basculaient vers l'ignoble et se laissaient aller à la moindre occasion, comme celui qui m'a dit qu'il ne voyait pas pourquoi on faisait tant d'histoires, son M-16 *à lui* ne s'était jamais enrayé. Il y avait des Français qui avaient été parachutés à Dien Bien Phu lors de ce qu'ils aimaient beaucoup appeler « La Première Guerre d'Indochine »; des Anglais sortis tout droit de *Scoop*[1] (célèbre dans la presse pour sa devise : Si ce n'est pas dans les journaux, cela n'a pas existé); des Italiens n'ayant jamais fait que des photos de mode; des Coréens qui transformaient leur accès au PX en petites fortunes; des Japonais qui traînaient tellement de fils derrière eux qu'on les appelait forcément des transistors; des Vietnamiens qui venaient photographier les combats pour éviter l'armée; des Américains qui passaient leurs journées à Saigon au bar du restaurant L'Amiral à boire avec des pilotes d'*Air America*. Certains n'écrivaient jamais que sur les gens venus de leur propre village, certains faisaient la chronique

1. Roman anglais d'Evelyn Waugh.

mondaine de la colonie américaine, certains n'allaient sur le terrain que parce qu'ils ne pouvaient pas se payer l'hôtel, certains ne quittaient jamais l'hôtel. Tous ensemble, ils arrivaient presque au total affiché sur le tableau noir de Gunny, et cela laissait un certain nombre de personnes, peut-être cinquante, des gens doués ou honnêtes ou particulièrement gentils qui ont fait au journalisme une meilleure réputation qu'il n'a mérité, surtout au Vietnam. Finalement le corps des journalistes était aussi diffus, avait aussi peu de visage que n'importe quel régiment de cette guerre, la différence principale était pourtant que la plupart d'entre nous ne prenaient d'ordres que d'eux-mêmes.

Beaucoup d'Américains au Vietnam n'avaient aucune idée, en général, du moment où ils passaient les bornes, et quelques correspondants sont tombés dans ce travers en écrivant leurs articles d'après les comptes rendus quotidiens et les résumés officiels, en les truffant des expressions de joie délirante venues du Bureau d'Information du MACV, des trucs comme des « rafales minimum » (un jour, une de celles-ci a déchiqueté un grand-père et deux enfants alors qu'ils couraient le long d'une rizière, en tout cas d'après le rapport fait ensuite par le pilote de l'hélico), des « pertes amies » (ni amicales, ni drôles), des « contacts de rencontre » (embuscades), concluant finalement par 17 ou 117 ou 317 ennemis tués et des pertes américaines « décrites comme légères ». Il y avait des journalistes ayant la même sensibilité envers les morts que l'Etat-Major : Eh bien, dans une guerre il faut s'attendre à recevoir un peu de boue sur la moquette! On a pris un œil au beurre noir mais on a donné une sacrée danse à Charlie, nous considérons que c'est un très bon taux de mortalité, très bon... Il y avait un célèbre correspondant des trois guerres qui se promenait autour du centre de presse de Danang avec un livre de comptes relié en vert. Il s'asseyait pour bavarder et se mettait à écrire tout ce que vous disiez, à faire des entrées, pour ainsi dire. Les Marines se sont arrangés pour qu'un hélicoptère spécial (« ils se sont bricolé un hélico », comme on disait) lui fasse visiter Khe Sanh un après-midi, plusieurs semaines après que le calme fut rétabli. Il est revenu très content de notre grande victoire là-bas. J'étais assis avec Lengle et nous lui avons rappelé qu'au grand minimum deux cents soldats s'étaient fait crever à la base et autour, et environ mille blessés. Il a levé les yeux de son livre et a dit : « Oh ! deux cents, ce n'est rien. On en perdait plus que ça en une heure à Guadalcanal. » Nous ne voulions rien avoir à faire avec ça et nous avons changé de table, mais on entendait ce genre de phrases sans arrêt, comme si cela pouvait invalider les morts de Khe Sanh, les rendre en un sens moins morts que les morts de Guadalcanal, comme si des pertes légères n'étaient pas tout aussi immobiles que des pertes modérées ou lourdes. Et c'étaient des morts américains dont ils parlaient, vous auriez dû les entendre quand il s'agissait de morts vietnamiens.

Donc nous étions tous là, pas de vrais salauds et très peu de héros, beaucoup d'aventuriers et autant de gratte-papier, beaucoup de fous admirables et beaucoup de types normaux, venus rendre compte de ce qui était au fond une guerre de normaux, et je ne sais comment dans tout cela bon nombre d'entre nous ont pu se trouver et se reconnaître les uns les autres. On pouvait faire le dur, nier qu'une quelconque fraternité soit à l'œuvre, mais comment appeler ça autrement ? Ce n'était pas qu'une bande de copains en temps de guerre, nous étions trop nombreux pour ça, y compris des membres d'au moins une douzaine d'autres cliques dont certaines se recouvraient si bien qu'on ne pouvait plus les distinguer, tandis que d'autres restaient dans un mépris hostile – et nous n'étions pas assez nombreux, de loin, pour représenter le corps amorphe et bouffi de la presse au Vietnam. Ses exigences étaient tacites, puisqu'il n'y en avait aucune, hors la sensibilité et le style. Partout ailleurs cela aurait été une scène de plus, une bande de plus, mais la guerre apportait son urgence, lui donnait une résonance, à tel point que nous n'avions même plus besoin de nous aimer pour en faire partie. Bien des choses n'ont pas été dites à l'époque, mais même si nous en parlions peu, cela ne signifiait pas que nous n'en avions pas une conscience aiguë, ni que dans ce lieu terrible et sans abri nous n'en étions pas reconnaissants les uns envers les autres.

Cela faisait de la place pour les correspondants qui faisaient eux-mêmes partie de l'*establishment* américain de Saigon, ce qui comprenait les jeunes mariés, toutes sortes de journalistes femmes, beaucoup d'Européens, les super-universitaires en Asie, le groupe de Danang, les Freaks et les bourgeois, les caves et les malins, les vétérans (dont beaucoup étaient très jeunes) et même des touristes, de ces gens qui vont traîner un bout de temps là ou ailleurs et qui par hasard avaient choisi la guerre. Il n'y avait aucun moyen de penser à « qui nous étions » – nous étions trop différents – mais là où nous étions semblables nous l'étions réellement. Il valait mieux sortir souvent en opération ou alors bien connaître son métier, mais ce n'était pas indispensable tant que vous saviez un peu de quoi il s'agissait dans cette guerre (le contraire de ce que vous disaient la Mission et le MACV), et tant que cela ne vous rendait pas snob. Nous faisions tous un travail extrêmement dérangeant, souvent très dangereux, et nous étions les seuls à pouvoir dire, entre nous, si ce travail valait quelque chose ou non. Les applaudissements reçus en Amérique n'étaient rien à côté du mot aimable d'un collègue. (Un reporter adorait appeler ses supérieurs de New York « ces enculés de rampants », empruntant à l'aviation le mot pour désigner ceux qui ne sont pas qualifiés pour sauter – vous comprendrez si vous saisissez pourquoi ce *Lurp* de la 4e Division s'appelait lui-même le « Baptiste » bien qu'il fût épiscopalien.) Nous faisions tous les mêmes études, et celui qui se faisait tuer n'avait pas son diplôme.

Ce que nous faisions dans ce pays, nous le prenions au sérieux, mais en même temps nous en étions ravis (même le plus simple des bidasses venu de sa ferme ne va pas traverser une guerre sans lui trouver un usage quelconque), et même quand on était fatigués, qu'on n'en pouvait plus, qu'on se sentait vieux dès l'après-midi, il y avait moyen de récupérer tout ça dans le style que nous cherchions tous à maintenir. Il fallait que les choses aillent vraiment mal avant de voir la guerre aussi clairement que la plupart des soldats, mais cela n'arrivait que rarement et nous (ces mecs dingues...) étions incorrigibles. Presque tous, à certains moments, nous avons juré de ne plus jamais y revenir si on avait la chance pour cette fois d'en sortir – qui n'a pas fait ce genre de marché ? – mais quelques jours à Danang ou à Saigon, ou alors à Hong Kong ou à Bangkok nous permettaient d'oublier tandis que le choix d'y retourner était toujours là, un choix inestimable, propriété exclusive des journalistes.

Les amitiés se nouaient directement, sans rien de ces embarras qui paraissaient jadis indispensables, et une fois qu'elles existaient elles dépréciaient toutes les autres, sauf les plus anciennes et les plus chères. Peu importe ce que vous étiez avant de venir au Vietnam, personne ne voulait rien en savoir, et on devait souvent ressembler à ces Bérets Verts encerclés dans leurs avant-postes, des groupes de huit à douze Américains à la tête de centaines de mercenaires locaux qui pouvaient être aussi hostiles que des Cong, qui *étaient* souvent des Cong, vivant ensemble plusieurs mois de suite sans jamais se dire leurs prénoms ni la ville d'où ils venaient. On pouvait se faire d'autres amis, un capitaine des Forces spéciales du Delta, un soldat à Phu Bai, quelques employés de la Section politique de l'Ambassade, décents, spirituels (et habituellement déchirés). Mais que ce soit avec eux ou entre journalistes, on ne parlait jamais que de la guerre – au bout d'un temps on aurait pu croire qu'il s'agissait de deux guerres très dissemblables. Qui d'autre qu'un journaliste pouvait décrire le genre de guerre mythique dont vous vouliez entendre parler ? (Il suffisait d'entendre Flynn prononcer le mot « Vietnam », la tendresse et le respect qu'il y mettait, pour vous en dire plus sur l'horreur et la beauté de ce pays que tout ce qu'auraient pu vous raconter les spécialistes de l'apologie ou de l'explication.) Avec qui discuter politique, sinon avec un collègue ? (Nous avions tous à peu près la même position sur cette guerre : nous étions dedans, c'était ça notre position.) Où aller chercher à vraiment comprendre le passé de cette guerre ? Toutes sortes de gens connaissaient l'arrière-plan, les faits, les détails les plus minutieux, mais seul un correspondant pouvait vous indiquer l'ambiance exacte des principales périodes : la terreur animale qui régnait à Ia Drang, l'effroyable défaite de la première grande opération des Marines, *Lumière des Etoiles* en code, là où les hommes mouraient à un rythme incroyable, tellement plus vite que les prévisions de l'Etat-Major qu'un soldat s'est fait mettre en sac et jeter sur un tas de cadavres de KIA alors qu'il était encore vivant. C'est là-haut qu'il a repris conscience, il a poussé dans tous les sens jusqu'à faire rouler son sac par terre où des soldats l'ont trouvé et secouru. Le Triangle et Bong Son étaient aussi lointains que le Réservoir ou Chickamauga, il fallait que l'histoire vous soit racontée par quelqu'un en qui vous aviez confiance, et à qui d'autre se fier ? Et quand vous aviez noté sur un casque un graffiti qui semblait tout dire en deux mots, vous n'alliez pas faire passer ces mots à un colonel ou à un officier de la guerre psy. « Né pour tuer » posé en toute innocence à côté du signe pacifiste, ou « Une putain de blessure à la gorge, c'est la Nature qui vous dit que vous sortez d'un combat », c'était trop beau pour le partager sauf avec un vrai collectionneur et, à de rares exceptions près, c'étaient tous des journalistes.

Nous avions beaucoup de choses en commun : l'équipement, l'herbe, le whisky, les filles (cette histoire des Hommes Sans Femmes était de plus en plus démodée), les sources, les informations, les pressentiments, les pourboires, le prestige (les premiers jours que j'étais là, les chefs du bureau de *Life* et de CBS m'ont emmené partout pour me présenter à tout le monde, et il y avait toujours quelqu'un pour rendre ce service aux nouveaux arrivants), on partageait même nos chances quand la nôtre semblait tarie. Je n'étais pas plus superstitieux que n'importe qui d'autre au Vietnam, mais je l'étais beaucoup – il y avait toujours les gens qui semblaient de toute évidence protégés par un charme, et rien ne pouvait faire que je les imagine morts par terre devant moi. Etre avec un de ceux-là lors d'une opération, ça pouvait sembler plus important que de penser à ce qui pouvait vous attendre sur le terrain. Je doute qu'un autre sentiment puisse s'incruster de manière si intime, en parasite.

Et grâce à une équation si merveilleuse que je n'ai jamais pris la peine de résoudre, les meilleurs correspondants, les plus courageux, étaient habituellement ceux qui avaient le plus de compassion, qui sentaient le mieux ce qu'ils faisaient. Greenway était comme ça, et aussi Jack Laurence et Keith Kay, qui travaillaient en équipe, reporter et photographe, depuis presque deux ans pour la CBS. Et il y avait Larry Burrows, qui photographiait la guerre pour *Life* depuis 1962, un Anglais d'environ quarante ans, grand, l'air décidé, avec, de tous les correspondants une des meilleures réputations. Nous étions tous les deux sur une des pistes construites pour l'opération censée dégager Khe Sanh, et Burrows avait couru prendre des photos d'un Chinook qui allait atterrir. Le vent était assez fort pour envoyer voler à quinze mètres sur la piste des plaques de tarmac et il a traversé tout ça pour son travail, pour photographier l'équipage, les soldats qui descendaient la côte pour embarquer dans l'hélico, les jeunes gens qui jetaient par terre les sacs de courrier, les caisses de rations et de munitions, pour prendre les trois blessés qu'on hissait à bord avec précaution, se retourner pour les six cadavres enfermés dans leurs sacs, puis le décollage de l'appareil (maintenant le vent était assez fort pour vous arracher des papiers des mains), photographier ensuite l'herbe aplatie par le souffle et les débris tourbillonnants, et enfin trois clichés de l'hélicoptère, quand il se soulève, qu'il se stabilise et qu'il s'en va. Quand ce fut fini, il m'a regardé avec un air de détresse profonde. « Quelquefois, on a vraiment l'impression d'être un salaud », a-t-il dit.

Et c'était encore cela que nous avions en commun. Nous n'avions pas de secrets là-dessus, sur l'état où ça pouvait nous mettre. Parfois nous en parlions, certains en parlaient trop, quelques-uns semblaient ne jamais parler d'autre chose. C'était lourd mais ça faisait partie de la famille, on n'y faisait attention que lorsque ça venait d'ailleurs. Toutes sortes de voleurs et d'assassins arrivaient à se donner bonne conscience sur notre dos : des commandants, des hommes d'affaires, même des troufions, jusqu'à ce qu'ils comprennent que très peu d'entre nous gagnaient vraiment de l'argent avec ça. On ne peut pas l'éviter, celui qui photographie un Marine mort au visage couvert d'un poncho et se fait payer pour ça, celui-là est un *genre* de parasite. Et celui qui relève d'abord le poncho pour faire une meilleure photo, et qui le fait devant les amis du mort ? Un autre genre de parasite, je suppose. Et vous, si vous notez la scène pour vous en souvenir plus tard en cas de besoin ? Il y avait des variations infinies, on essayait de les dénombrer et ce n'était pourtant qu'une faible part de ce qu'on nous mettait sur le dos. On nous accusait d'être des pervers, de courir après la mort, de renifler les blessures, d'aimer la guerre, de glorifier les héros, on nous traitait de pédés honteux, de drogués, d'alcooliques de bas étage, de vampires, de communistes, de subversifs, tant d'insanités que j'en oublie. Il y avait chez les militaires des gens qui ne pardonnaient pas au général Westmoreland de ne pas nous avoir tenus en lisière quand il en avait eu l'occasion, au tout début. Il y avait des officiers et de nombreux soldats apparemment naïfs qui pensaient que la guerre serait déjà finie si nous n'étions pas là, et je n'ai jamais vraiment pu en discuter avec eux. Beaucoup de troufions avaient un peu de cette méfiance provinciale et sournoise envers la presse, mais en tout cas il n'y a eu personne au-dessous du grade de capitaine pour me demander de quel côté j'étais, me dire de pousser à la roue, de m'enrôler avec les copains, de courir vers la Victoire. Parfois ce n'était que par stupidité, parfois cela venait de ce qu'ils aimaient trop leurs soldats, mais nous avons tous entendu un jour ou l'autre une version quelconque de « Mes Marines sont en train de gagner cette guerre, et vous êtes en train de la perdre dans les journaux », dite souvent sur un ton presque amical mais avec un sourire qui cachait des dents serrées. Ça donnait la chair de poule d'être ainsi méprisé de façon si banale, si désinvolte. Et il y avait des tas de gens qui croyaient que nous n'étions rien de plus que des profiteurs de guerre glorifiés. C'était peut-être vrai, pour ceux d'entre nous qui n'ont pas été tués ou blessés ou baisés d'une manière ou d'une autre.

Il était dans la nature des choses que beaucoup de journalistes frôlent la mort de près. Se faire égratigner n'était qu'un exemple, ça ne voulait pas dire qu'on était passé très près, ça aurait pu l'être bien plus sans même qu'on le sache, comme cette fois où je suis allé me promener au petit matin, allant du camp des Forces spéciales en haut d'une colline où j'avais passé la nuit jusqu'à une baraque en bas de la pente où je voulais boire un café. J'ai quitté le chemin pour prendre un sentier que j'ai suivi jusqu'à voir la baraque et un groupe de huit mercenaires vietnamiens, des Montagnards en train de glousser, les yeux écarquillés, qui m'ont sauté dessus dès que je suis arrivé en bas. On m'a expliqué tout de suite que je venais de prendre une piste que les Forces spéciales avaient piégée avec plus d'une vingtaine de mines et que n'importe laquelle aurait pu me tuer. (Ce N'Importe Laquelle a fait écho dans ma tête pendant des jours et des jours.) Quand on sortait souvent, il était inévitable de rencontrer une situation où l'étiquette de la survie vous obligeait à prendre une arme (« Tu sais comment ça marche, ce machin ? » Un jeune sergent a dû me demander ça une fois et j'ai dû hocher la tête quand il me l'a lancé dans les mains en disant : « Alors va en descendre ! », *banzaï* en américain), et on risquait forcément de se faire tuer. On s'attendait à ce qu'il arrive quelque chose comme ça, mais pas vraiment ça, pas avant que les événements ne rendent la perspective évidente. L'échapper belle, c'était comme perdre le statut de non-combattant : on n'en était pas spécialement fier, on le racontait à un ami et on n'en parlait plus, sachant très bien que l'histoire allait se répandre et que, de toute façon, il n'y avait rien à en dire. Mais cela n'empêchait pas qu'on y pensait beaucoup, qu'on se faisait des scénarios horribles, créant autour de ça une sorte de métaphysique de poche, jusqu'à ce qu'on se retrouve à calculer ce qui, en fait, avait été le plus risqué : descendre cette colline, ou l'avion manqué à deux minutes près qui avait sauté une heure après sur la piste de Khe Sanh à soixante-dix kilomètres de là, ou la rafale d'un tireur isolé qui avait caressé le dos de votre vareuse alors que vous étiez en train de passer le muret d'un jardin à Hué. Et puis vos phantasmes genre *La Patrouille de l'aube* devenaient de plus en plus horribles, ce n'était jamais ce que vous aviez prévu qui revenait sans cesse, et vous compreniez que rien n'approchait tant de la mort que la mort d'un ami.

Dans la première semaine du mois de mai 1968, le Vietcong a lancé une attaque contre Saigon, brève et féroce, prenant et tenant des points précis sur les lisières de Cholon, tenant aussi une partie du terrain environnant qui ne pouvait être repris qu'à partir du pont Y, du champ de courses, de la Route de la Plantation et du grand cimetière français qui se terminait au bout de plusieurs centaines de mètres par un bosquet d'arbres et un nid d'abris vietcong. Cette offensive, à part son effet de terreur révolutionnaire (effet toujours incalculable, malgré notre équipement superbe), a été plus ou moins ce qu'en a dit le MACV, un échec presque complet, coûteux pour le VC. Coûteux aussi pour les Alliés (cette semaine-là, avec Saigon et A Shau, fut celle où le plus d'Américains ont été tués dans cette guerre, beaucoup de dégâts sur le pourtour de la ville et encore des maisons bombardées. Les journaux ont appelé ça l'Offensive de Mai, la Mini-Offensive (croyez bien que je ne l'ai pas inventé), ou la Seconde Vague; c'était enfin cette Bataille d'Alger à Saigon attendue depuis si longtemps et prédite avec un acharnement maniaque par les Américains chaque semaine depuis la fin de l'Offensive du Têt. Dès les premières heures, cinq journalistes ont pris une jeep, traversé Cholon, croisé les premières files de réfugiés (dont beaucoup leur ont dit de faire demi-tour), et sont tombés dans une embuscade vietcong. L'un d'eux en a réchappé (ce qu'il a raconté) en faisant le mort et en courant ensuite comme une bête vers les foules de Cholon. Il dit qu'ils ont tous crié plusieurs fois : « *Bao Chi !* » mais qu'on les avait quand même mitraillés.

C'était plus une mésaventure fatale qu'autre chose, mais peu importe, et un seul des quatre morts était un étranger pour moi. Deux étaient des gens que je connaissais bien et le quatrième était un ami. Il s'appelait John Cantwell, c'était un Australien qui travaillait pour *Time,* un des premiers amis que je m'étais faits au Vietnam, un type gentil, sympathique, qui aimait jouer les imbéciles et dont la conversation consistait le plus souvent à décrire des débauches d'une complexité incroyable, de fantastiques monuments d'architecture érotique. Il avait une femme chinoise et deux enfants à Hong Kong (il parlait couramment le chinois et parfois il nous promenait dans les bars de Cholon), et c'était une des rares personnes de ma connaissance qui haïssaient vraiment le Vietnam et la guerre dans ses moindres recoins. Il voulait rester juste assez pour gagner de quoi payer ses dettes et partir pour de bon. C'était un homme plein de bonté, de douceur et de gaieté, et aujourd'hui encore je ne peux pas m'empêcher de penser qu'il n'était pas *fait* pour être tué au Vietnam; se faire tuer à la guerre n'était pas son genre, il ne laissait aucune place à ça, au contraire de certains autres. Beaucoup de gens que j'avais bien aimés, des GI et même des journalistes, s'étaient déjà fait tuer, mais quand Cantwell est mort il y a eu un choc, il y a eu la tristesse et plus encore. Comme c'était un ami, sa mort a renversé les chances.

Pendant une brève période, moins de quinze jours, la guerre s'est faite à nos mesures, des mesures horribles, mais les nôtres. On sautait dans une jeep ou une *mini-moke* à neuf ou dix heures, on faisait quelques kilomètres jusqu'aux lieux des combats, on s'y promenait pendant quelques heures, on revenait assez tôt s'installer à la terrasse du Continental pour saluer ceux qui rentraient, on se défonçait vite et on se couchait tard, pas question de se lever à cinq heures trente. Cela faisait des mois que nous étions dispersés sur tout le Vietnam, ne voyant nos amis que rarement, et là tout le monde était rassemblé, juste au moment où c'était le plus nécessaire. Le lendemain du jour où John et les autres sont morts, un gosse étrange et déjà touché par la mort, un photographe de l'UPI nommé Charlie Eggleston, s'est fait tuer au cimetière en répondant aux tirs d'une position vietcong – d'après le rapport. (Il a laissé tout ce qu'il avait à des œuvres vietnamiennes.) Plus tard, le même jour, un photographe japonais a été tué, un Brésilien a perdu une jambe le lendemain et un autre correspondant s'est fait tuer quelque part par là – mais personne ne les comptait plus, tout le monde cherchait à se protéger. Encore au cimetière, une balle a déchiré la main de Co Rentmeister et s'est logée sous l'œil d'un autre photographe, Art Greenspahn. Un Français appelé Simon Piétri (surnommé *Frenchy* par ses amis les plus tordus de cinéma) a reçu au-dessus de l'œil un éclat du même obus qui a rendu infirme le général Loan, une blessure pas trop grave mais une de trop, jamais il n'y avait eu tant de journalistes blessés en si peu de temps. Au cinquième jour, huit étaient morts et plus d'une douzaine étaient blessés. On roulait vers le champ de courses quand un MP nous a barré le passage pour demander nos papiers.

« Ecoutez, a-t-il dit, j'ai vu ces quatre mecs et je n'ai pas envie de revoir ça. Vous les connaissiez ? Alors pourquoi foutre vous voulez aller là-bas ? Vous n'apprenez jamais rien ? Je vous dis que je les ai *vus*, ces mecs, croyez-moi, ça ne vaut pas le coup. »

Il a essayé fermement de nous empêcher de passer, mais nous avons insisté et il a finalement abandonné.

« Bon, je ne peux pas vous en empêcher. Vous le *savez*, que je ne peux pas. Mais si je pouvais, je le ferais. Vous n'iriez pas vous flanquer dans la merde comme ces quatre mecs. »

Au petit matin, nous faisions exactement comme faisaient les journalistes dans les histoires infectes qui circulaient en 1964 et 1965 : nous étions sur le toit de l'hôtel Caravelle en train de boire et de regarder les bombardements de l'autre côté du fleuve, si près qu'un bon télé-objectif aurait pu lire les inscriptions sur les avions. Nous étions plusieurs douzaines là-haut, comme des aristocrates contemplant Borodino du haut des collines et aussi peu concernés – bien que tant d'entre nous se fassent emporter par la tourmente de temps à autre. Il y avait beaucoup de femmes, quelques-unes journalistes (comme Cathy Leroy, la photographe française, et Jurati Kazikas, une femme très belle, comme un mannequin), la plupart étant les épouses ou les amies des journalistes. Certains tenaient à croire que Saigon était une ville comme les autres, ils maintenaient la routine sociale de la civilisation, allaient essayer des restaurants, donnaient des rendez-vous et des soirées, avaient des histoires d'amour. Beaucoup avaient même fait venir leurs épouses, mais le plus souvent cela se passait mal. Très peu de ces femmes aimaient vraiment Saigon, et elles se sont mises à ressembler à la femme blanche en Asie : ennuyée, distraite, effrayée, malheureuse, et, si cela dure trop longtemps, d'une violence frénétique. Et c'était la deuxième fois en trois mois que Saigon n'était plus en sécurité. Des roquettes tombaient à cent mètres des meilleurs hôtels, les Souris Blanches (la police de Saigon) livraient des batailles éclair, hystériques, contre des ombres, vous pouviez les entendre tirer en vous mettant au lit – Saigon ne se contentait plus d'être seulement une ville étrangère puante, corrompue, épuisante.

La nuit, les chambres du Continental se remplissaient de correspondants qui entraient et sortaient fumer ou boire un verre avant de se coucher, bavarder ou écouter un peu de musique, les *Rolling Stones* chantaient : *It's so very lonely, You're two thousand light years from home,* ou *Please come see me in your Citadel*[1], un mot qui jetait un froid dans la pièce.

1. *C'est une telle solitude, A deux mille années-lumière de chez toi, Venez donc me voir dans votre citadelle.*

Quand l'un de nous revenait de R & R, il rapportait des disques, la musique était aussi précieuse que l'eau : Hendrix, *Airplane, Frank Zappa and the Mothers,* tout ce qui n'était pas encore sorti quand nous avions quitté les Etats-Unis. Wilson Pickett, Junior Walker, *John Wesley Harding,* un disque si usé qu'il a dû être remplacé au bout d'un mois, les *Grateful Dead* (le titre suffisait), les *Doors* et leur sonorité glacée, distante. Une musique hivernale, on pouvait poser son front contre la fenêtre à l'endroit où l'air conditionné refroidissait la vitre, fermer les yeux et sentir la chaleur vous attaquer de l'extérieur. Des fusées éclairantes cherchaient des cibles à trois pâtés de maisons, des jeeps armées et de lourds convois descendaient Tu Do toute la nuit vers le fleuve.

Quand nous n'étions plus que six ou sept, le dernier carré, on se mettait à parler avec lassitude, comme des défoncés, en imitant les commandants qui sortaient toujours des trucs comme ça : « Bon, Charlie s'est bien creusé son trou, mais quand on pourra le faire sortir et qu'on le verra on pourra le tuer convenablement, on est sûrement mieux armés que Charlie, la seule chose c'est qu'on ne peut pas le tuer quand on ne le voit pas, parce que Charlie est toujours en train de cavaler. Allez, on vous aura et on vous descendra. » On parlait d'une discothèque que nous allions ouvrir à Saigon, La Troisième Vague, avec un sol en acier inoxydable, des murs couverts par les agrandissements des meilleures photos de guerre, un groupe de rock appelé « Westy et les KIA ». (Nos plaisanteries étaient d'aussi bon goût que la guerre elle-même.) Et on parlait de la Piste *Loon,* cet endroit mythique où la nuit tombait si vite que lorsqu'on avait compris qu'il n'y aurait pas d'hélico avant le matin on avait déjà trouvé un endroit pour dormir. *Loon* était l'ultime décor de film, l'endroit du Vietnam où venaient tous les colonels fous et tous les soldats habités par la mort que nous avions connus, où ils disaient des mots terribles, à vous briser le cœur, parlant comme toujours avec une telle nonchalance de l'horreur et de la peur que nous ne serions jamais comme eux, nous le savions, si longtemps que nous puissions rester. On ne savait pas, honnêtement, s'il fallait rire ou pleurer. Rares étaient ceux qui pleuraient plus d'une fois, et après il n'y avait plus qu'à rire – les plus jeunes étaient si violents, innocents, si brutaux et si doux, des tueurs magnifiques.

Un matin, près de vingt-cinq correspondants travaillaient près du pont Y quand est passée une camionnette avec sur son plateau un ARVN mourant. Le camion s'est arrêté devant un barrage de barbelés et nous sommes tous allés voir. Il avait dix-neuf ou vingt ans, il avait reçu trois balles dans la poitrine. Tous les photographes se sont penchés pour prendre une photo, il y avait même une caméra de télévision. Nous l'avons vu, nous avons échangé quelques regards, nous avons continué à le regarder. Il a ouvert les yeux à plusieurs reprises, quelques instants, pour nous regarder à son tour. La première fois, il a essayé de sourire (les Vietnamiens sourient quand ils sont gênés par des étrangers qui s'approchent de trop près), puis le sourire a disparu. A la fin, je suis sûr qu'il ne nous voyait plus, mais, tous, nous savions ce qu'il avait dû voir en dernier.

Il y a aussi la semaine où Page est revenu au Vietnam. *Un Risque-tout au Front,* par Tim Page; *Tim Page,* par Charles Dickens. Il est revenu quelques jours avant que cela ne commence, et ceux qui savaient qu'il était un porte-guigne disaient en plaisantant que tout était de sa faute. Il y avait beaucoup plus de jeunes radicaux apolitiques, des dingues échevelés qui cavalaient dans tout le Vietnam, qu'on ne le croyait. Entre tous les troufions qui arrivaient et qui se débranchaient de la guerre et le bon nombre de correspondants qui faisaient pareil, ça faisait une véritable sous-culture. Il y en avait plus qu'assez chez les journalistes pour résister à une certaine pression des conformistes. Flynn en était l'exemple le plus sophistiqué, mais Page était le plus extravagant. J'en avais entendu parler avant même d'arriver au Vietnam (« Essaie de le voir. S'il est encore vivant »), et on m'a tellement parlé de lui entre mon arrivée et son départ en mai que j'aurais pu avoir l'impression de le connaître si beaucoup de gens ne m'avaient prévenu : « Il n'y a vraiment pas moyen de le décrire. Vraiment pas.

– Page ? Facile. Page est un môme.

– Non, mec, c'est juste un dingue.

– Page est un môme dingue. »

On racontait sur lui toutes sortes d'histoires, ce qui provoquait parfois un moment de colère à propos de ce qu'il avait pu faire des années avant, des moments où il avait un peu déconné, où il était devenu violent, mais ils se radoucissaient vite, ils faisaient marche arrière et prononçaient son nom avec beaucoup d'affection. « Page. Ce putain de Page. »

C'était un orphelin né à Londres, marié à dix-sept ans et divorcé un an plus tard. Il avait traversé l'Europe en travaillant comme cuisinier dans des hôtels, avait dérivé vers l'est à travers les Indes, le Laos (où il prétend avoir fricoté avec les barbouzes, un peu d'espionnage adolescent), pour arriver au Vietnam à vingt ans. Une des choses que tout le monde disait de lui c'est que, à cette époque, ce n'était pas un bon photographe (il prenait un appareil comme on prend un ticket de métro), mais qu'il allait prendre ses photos là où très peu de gens osaient aller. On parlait de lui comme d'un fou et d'un ambitieux, le Kid des années 60, un tordu drogué jusqu'à l'os dans un pays où la folie escaladait les collines et s'enfonçait dans la jungle, où l'essentiel de ce qu'il faut pour connaître l'Asie, la guerre, les drogues, toute l'aventure, était à portée de la main.

La première fois qu'il a été blessé, il a reçu des éclats d'obus dans les jambes et dans l'estomac. C'était à Chu Lai, en 1965. Ensuite, ce fut pendant les émeutes bouddhistes du Mouvement de 1966, à Danang : la tête, le dos et les bras, encore un obus. (Une photographie de *Paris-Match* montre Flynn et un photographe français qui le transportent sur une porte, le visage à moitié couvert de pansements : « *Tim Page, blessé à la tête.* ») Ses amis commencent à lui dire de quitter le Vietnam :

« Hé ! Page, il y a un bombardement qui te cherche. » Et il y en a un qui l'a rattrapé alors qu'il s'était égaré sur une vedette au sud de la mer de Chine, le prenant pour un bateau vietcong. Tout l'équipage a été tué sauf trois hommes, Page a eu plus de deux cents blessures et il est resté plusieurs heures dans l'eau avant d'être repêché.

Chaque fois c'était pire et Page a fini par abandonner. Il a quitté le Vietnam, prétendument pour de bon, et il est resté quelque temps avec Flynn à Paris. De là il est allé aux Etats-Unis, a fait quelques photos pour *Time-Life*, s'est fait boucler avec les Doors à New Haven, a traversé le pays à ses frais (il lui restait un peu d'argent) en faisant un roman-photo qu'il voulait appeler *L'Hiver en Amérique*. Peu après l'Offensive du Têt, Flynn est retourné au Vietnam et quand Page l'a su, ce ne fut plus qu'une question de temps. En mai, quand il est arrivé, ses papiers n'étaient pas en règle et les Vietnamiens l'ont gardé deux jours à Tan Son Nhut où ses amis sont venus le voir et lui apporter des cadeaux. La première fois que je l'ai vu, il riait et il imitait deux agents vietnamiens de l'immigration se disputant sur la somme qu'ils allaient lui prendre pour le relâcher : « Minh phung, auk nyong bgnyang gluke poo phuc merde à cul, je veux dire vous auriez dû *entendre* ces affreux mecs. Où est-ce que je vais dormir, Qui prêterait une couchette à Page ? Les *nyaqs* n'ont pas arrêté de trimbaler Page, Page est un petit garçon *très* fatigué. »

Il avait vingt-trois ans quand je l'ai rencontré, et je me souviens que j'ai souhaité l'avoir connu quand il était encore jeune. Il était courbé, bosselé, balafré, il était fou de toutes les manières dont on me l'avait décrit, sauf qu'on voyait qu'il ne se laisserait plus jamais aller à être vraiment méchant, même s'il pouvait dérailler un jour. Il était fauché, ses amis lui ont trouvé un endroit où dormir, lui ont passé des piastres, des cigarettes, de l'alcool et de l'herbe. Puis il a gagné deux mille dollars avec quelques bonnes photos de l'Offensive et il nous a tout rendu, deux fois ce qu'on lui avait donné. Pour Page, le monde était comme ça : quand il n'avait rien on s'occupait de lui, autrement c'est lui qui s'occupait de vous. Au-delà de l'économie.

« Dis donc, est-ce que Ellsworth Bunker aimerait les *Mothers of Invention ?* » disait-il. (Il voulait installer des haut-parleurs autour de la Chambre Basse et dans le parc en face pour jouer la musique la plus dingue aussi fort que possible avec une sono.)

« Tu déconnes, Page.

– Non. Je vous le demande, est-ce que William C. Westmoreland aimerait les *Mothers* ou non ? »

Il parlait sans cesse par référence, mêlant des images de la guerre, de l'histoire, du rock, des religions orientales, de ses voyages, de la littérature (il avait beaucoup lu et en était fier), mais on finissait par voir qu'il ne parlait jamais que de la même chose : Page. Il parlait de lui-même à la troisième personne plus souvent que n'importe qui, mais avec une telle candeur que ce n'était jamais déplaisant. Il pouvait être très mauvaise langue, bêtement, paraître horriblement snob (il croyait dur comme fer à la Nouvelle Aristocratie), il pouvait parler des gens et des choses d'une façon presque monstrueuse, et puis tourner bride, devenir drôle et souvent très tendre. Il avait sur lui toutes sortes de bouts de papier, des photos de lui, des articles sur les fois où il s'était fait blesser, un exemplaire d'une nouvelle que Tom Mayer avait écrite et où il se faisait tuer pendant une opération avec les Marines coréens. Cette histoire le rendait particulièrement vaniteux, il en était très fier et en même temps complètement hanté. La première semaine après son retour, il a voulu revenir au point où il serait possible de se souvenir de la réalité, se souvenir qu'on pouvait se faire tuer ici comme ça lui était presque arrivé les autres fois – comme dans la nouvelle.

« *Regardez*-vous, disait-il en entrant, la nuit, dans la chambre. Vous êtes tous *défoncés.* Regardez ça, qu'est-ce que vous faites là, sinon rouler un joint ? Souris, Flynn, sourire c'est souffrir. La came, c'est l'espoir. Au secours ! Donnez-nous un peu de ça, voulez-vous ? Je ne fais rien de mal, donnez-m'en juste un peu. Ahhhhh ouiche! Ça ne peut pas être mon tour de changer le disque, je viens d'arriver. Il y a des nanas qui doivent passer? Où sont Mimsy et Popsy? (Les noms qu'il donnait à deux Australiennes qui venaient certains soirs.) C'est bien les femmes, c'est nécessaire les femmes, c'est certainement très bon pour les affaires, les femmes. Ouiche.

– Fume pas ça, Page. Tu as déjà le cerveau comme une quiche lorraine pleine de flotte.

– Absurde, parfaitement absurde. Roulez donc un joint à cinq trous pendant que je prépare un bateau pour cette horrible saleté de cafard. » Il pointait son index gauche tout tordu pour souligner les mots clefs, tirait la conversation là où ses caprices de vieil enfant menaient ses pensées, lançait des projets qui allaient d'une opération de guérilla en plein New York jusqu'à repeindre la façade de l'hôtel en couleurs fluorescentes, sûr que les Vietnamiens aimeraient ça. « De toute façon, ils sont tous défoncés tout le temps », disait-il. Si des filles se montraient, il leur racontait des histoires de guerre atroces, leur parlait du Moyen-Orient (lui et Flynn avaient vu les deux derniers jours de la guerre de Juin[1], ils y étaient allés de Paris en avion), des maladies vénériennes qu'il avait eues, de la même manière qu'il parlait à n'importe qui. Il n'avait qu'une seule façon de parler, qu'il s'adresse à la reine ou à moi c'était pareil. (« Que veux-tu dire, *bien sûr* j'adore la reine. C'est une chouette nana, la reine. ») Quand il était trop absorbé pour parler, il se mettait en face d'un grand miroir et dansait pendant une heure en écoutant les *Doors,* complètement plongé dedans.

Pendant la troisième semaine de mai, quand Saigon a retrouvé le calme, il semblait que la guerre était finie. Il ne se passait plus rien nulle part et j'ai compris qu'après sept mois sans interruption j'avais besoin de m'arrêter un peu. Saigon était l'endroit où on voyait à quel point ses amis avaient l'air fatigué – pour ça il faut que l'endroit ait du caractère. A Saigon, on pouvait

1. Guerre des Six Jours.

un jour avoir l'air en pleine forme, être au plus bas le lendemain, et les amis vous le faisaient remarquer. Alors, tandis que Flynn partait pour un mois avec les *Lurps* de la 4e Division, faisant d'incroyables patrouilles de nuit à quatre dans les Montagnes (il en est revenu avec trois rouleaux de photos), je suis parti un mois pour Hong Kong, suivi pratiquement par tous les gens que je connaissais. C'était comme si j'avais déplacé mon entourage, sans rien changer dans un paysage plus agréable – un entracte. Page est venu acheter quelques jouets de luxe : des appareils en plus, un objectif *fish-eye,* un Halliburton. Il est resté une semaine en répétant sans arrêt que Hong Kong était sinistre, tellement moins bien que Singapour. Au début de juillet, quand je suis revenu au Vietnam, lui et moi avons passé dix jours dans le Delta avec les Forces spéciales avant d'aller rejoindre Flynn à Danang. (Page appelait Danang « *Danger* », avec un G dur. Dans une guerre où les gens parlaient sérieusement de Hong Kong comme *Hongers* et disaient qu'ils allaient en vitesse à *Pnompers* interviewer *Sukie,* un correspondant anglais nommé Don Wise avait décrit un itinéraire au Vietnam : *Canters, Saigers, Nharters, Quinners, Pleikers, Quangers, Dangers et Hyoo-du-bord-de-Mer.)*

Le casque de Page était maintenant décoré par les mots : AU SECOURS, JE SUIS UN ROCKER ! (encore pris à une chanson de Zappa) et avec un petit insigne de Mao, mais il n'a pas eu l'occasion de le porter souvent. Tout était tranquille un peu partout, *fini la guerre,* je voulais partir en septembre et c'était déjà le mois d'août. Nous sommes sortis en opérations, mais toujours sans contact avec l'ennemi. Très bien pour moi, je n'en voulais pas (pourquoi foutre ?), ce mois à Hong Kong m'avait fait du bien de plusieurs façons, entre autres à cause du temps que cela m'avait donné pour me souvenir précisément à quel point le Vietnam pouvait être terrible. Quand on était loin, ce n'était plus le même endroit. Nous avons passé presque tout le mois d'août sur China Beach à faire de la voile et à lézarder, à bavarder avec les Marines qui venaient en R & R, et en fin d'après-midi on rentrait au centre de presse au bord du Danang. C'était parfaitement paisible, mieux que n'importe quelles vacances, mais je savais que j'allais rentrer chez moi, j'étais presque au bout de mon séjour et une sorte de crainte rétrospective me suivait partout.

Au bar du centre de presse se retrouvaient des Marines et des membres des Activités auxiliaires de la Marine, tous des spécialistes de l'information, qui venaient boire quelques verres après une longue journée dans les Bureaux d'Information, jusqu'à ce qu'il fasse assez sombre pour le cinéma en plein air. C'était surtout des officiers (le bar était interdit à quiconque était en dessous du rang E-6, y compris beaucoup de soldats venus du front que plusieurs d'entre nous, depuis un an, avaient voulu inviter à boire), et il y avait une méfiance permanente entre nous. Les Marines du Bureau d'Information sur les Combats avaient l'air d'aimer les journalistes civils autant qu'ils aimaient les Vietcong, peut-être un peu moins, et nous nous sommes fatigués des tentatives répétées qu'ils faisaient pour nous imposer le mode de vie des Marines. L'hiver, quand on arrivait au centre de presse en venant d'endroits trop terribles pour le croire, avec une bonne part de nos affaires abîmées par le transport, on nous cherchait stupidement querelle quand on venait en tee-shirt ou en sabots dans la salle à manger ou quand on entrait au bar avec un casque. Maintenant qu'on rentrait de China Beach, ils nous regardaient tous, nous faisaient des signes en riant et nous demandaient des nouvelles de la guerre.

« On gagne », disait Flynn de manière énigmatique avec un charmant sourire, à quoi ils répondaient par un sourire mal assuré.

« Regarde comment Page les rend nerveux, disait Flynn. Il rend vraiment nerveux les Marines.

– Bidon, disait Page.

– Non, honnêtement, je te jure, regarde, dès qu'ils passent la porte ils font un écart comme des poulains, ils se serrent un peu les uns contre les autres. Ils n'aiment pas tes cheveux, Page, et tu es un étranger, et tu es dingue, vraiment tu leur flanques une trouille bleue. Ils ne sont peut-être pas très sûrs de ce qu'ils pensent de la guerre, il y en a peut-être même qui croient que ce n'est pas bien, il y en a peut-être qui ne détestent pas trop Oncle Ho, il y a beaucoup de choses dont ils ne sont pas sûrs, mais sur toi, Page, aucun doute. C'est toi l'ennemi. " Tuez Page ! " Attends un peu, mec. Attends donc. »

Juste avant que je rentre à Saigon préparer mon retour, nous sommes allés tous les trois à un endroit qui s'appelle Tam Ky, près de l'embouchure de la Rivière des Parfums, où Page a essayé son *fish-eye* sur les bateaux pneumatiques qui venaient d'être ramenés au Vietnam après leur échec au début de la guerre. Nous avons passé une journée à nous promener dessus, puis nous avons descendu le fleuve jusqu'à Hué où nous avons retrouvé Peery Dean Young, un journaliste de l'UPI, originaire de Caroline du Nord. (Flynn l'appelait « la plus belle fleur d'un Sud dégénéré », mais pour ce qui est d'être dégénérés nous ne sommes jamais allés plus loin que des blagues sur les affreux fumeurs de came que nous étions. Nous étions probablement moins partis que les buveurs autour de nous et nos foies tenaient le coup.) Perry avait un frère, Dave, à la tête du petit détachement de la Marine qui avait été coincé pendant la bataille juste en face du mur sud de la Citadelle. Cela faisait des mois que Flynn et moi vivions chacun par procuration les histoires de guerre arrivées à l'autre, ses histoires de Ia Drang et mes histoires de Hué, alors le frère de Perry a trouvé un camion de la Marine et nous a fait faire le tour de la ville pendant que je faisais un commentaire qui aurait été plein d'autorité si seulement j'avais pu en connaître la moindre parcelle. Nous étions assis sur des chaises pliantes à l'arrière du camion qui nous secouait dans la chaleur et la poussière. Devant le jardin qui bordait le fleuve, nous avons dépassé des douzaines de merveilleuses jeunes filles à bicyclette, et Page se penchait pour les lorgner en disant : « Bonjour, petite écolière, moi aussi je suis un écolier. »

La fois où j'étais venu là, on ne pouvait pas rester au

bord du fleuve sans que des mitrailleuses vous tirent dessus à partir de l'autre rive, on ne pouvait rester nulle part sans que la mort d'un autre se précipite dans vos veines, le pont principal était coupé par le milieu, il faisait froid et humide, on aurait dit que la ville n'était faite que de ruines et de débris. Cette fois le temps était clair, il faisait très chaud, on pouvait boire un verre près du Cercle Sportif, le pont était réparé et le mur écroulé, on avait enlevé tous les gravats.

« Ça ne pouvait pas être à ce point-là », a dit Page. Flynn et moi nous sommes mis à rire.

« Tu es vexé parce que tu as tout raté, a dit Flynn.

— C'est de toi que tu parles, pas de Page. »

Et j'ai compris pour la première fois que cela avait été follement dangereux, je l'ai vu comme je ne l'avais pas vu en février.

« Non, a dit Page. C'est très exagéré, Hué. Je sais que cela n'a pas pu être aussi dur. Il n'y a qu'à regarder, je veux dire, j'ai vu pire. Bien, bien pire. »

J'ai voulu lui demander où, mais j'étais déjà à New York quand j'y ai pensé.

3

De nouveau dans le monde, et beaucoup d'entre nous n'y arrivent pas. L'histoire a vieilli ou nous avons vieilli, beaucoup plus en tout cas que quand nous avions été pris dans cette histoire, et beaucoup de choses ont été liquidées. Ou bien c'est ce qu'il nous a semblé quand après un an ou deux ou cinq nous avons compris que nous étions tout simplement fatigués. Nous en étions venus à craindre quelque chose de plus compliqué que la mort, un anéantissement moins définitif mais plus complet, et nous étions partis. Parce que nous savions tous (encore la tradition) que celui qui restait trop longtemps devenait un de ces pauvres types qui ont toujours besoin d'une guerre, et où ça peut-il mener ? Nous sommes partis et nous sommes devenus comme tous ceux qui ont traversé une guerre : changés, grandis et (il y a des choses qui coûtent cher à dire) incomplets. Nous sommes rentrés ou bien nous avons continué à bouger en gardant le contact avec New York ou San Francisco, Paris ou Londres, l'Afrique ou le Moyen-Orient; quelques-uns sont retombés dans des bureaux à Chicago, à Hong Kong ou à Bangkok, en venant (certains) à regretter cette vie de façon si aiguë que nous comprenions l'épreuve des amputés qui sentent encore les mouvements de leurs doigts ou de leurs orteils ou de leurs membres perdus des mois plus tôt. Quelques cas extrêmes pensaient que cela avait été une expérience glorieuse, la plupart d'entre nous trouvaient simplement que c'était merveilleux. Je crois que le Vietnam est ce que nous avons eu à la place d'une enfance heureuse.

Pendant le premier mois qui a suivi mon retour, je me suis réveillé une nuit, persuadé que mon salon était plein de cadavres de Marines. Cela s'est répété trois ou quatre fois, toujours après un rêve (le genre de rêve qu'on ne faisait jamais au Vietnam), mais cette nuit-là il ne s'agissait pas seulement de la terreur laissée par ce rêve, je *savais* qu'ils étaient là, et après avoir allumé la lampe près de mon lit et fumé une cigarette, je suis resté allongé quelque temps avec l'idée qu'il me faudrait bientôt me lever pour les couvrir. Je ne veux en tirer aucun argument et je ne veux pas attirer la pitié – c'est bien moi qui ai voulu aller là-bas, j'aurais pu en partir n'importe quand, et tout bien pesé, cela ne m'a pas coûté cher, presque rien. Certains, quand ils reviennent, voient leur cauchemar envahir les rues en plein jour, d'autres sont possédés et ne peuvent plus s'en débarrasser, toutes sortes de choses peuvent vous suivre à la trace – et de plus, pour moi, au bout d'un temps, tout a presque entièrement disparu, le rêve aussi. Je connais un type qui a été médecin au front dans les Montagnes du Centre, et qui deux ans plus tard dormait encore la lumière allumée. Un après-midi, nous étions en train de traverser la 57e Rue et nous avons croisé un aveugle avec une pancarte : MES JOURS SONT PLUS

NOIRS QUE VOS NUITS. « Ne parie pas là-dessus, mec », a dit l'ex-médecin.

Bien sûr, rentrer c'était redescendre. Après un trip pareil, qu'est-ce qui pouvait encore vous exciter, tenir la comparaison, vous faire aller jusqu'au bout ? Tout était un peu morne, menacé de lourdeur, on mettait un peu partout autour de soi des petites reliques pour garder le contact, pour maintenir une réalité, on écoutait la musique qui vous avait suivi à Hué et à Khe Sanh et pendant l'Offensive de Mai, en voulant croire qu'on pouvait conserver la liberté et la simplicité de cette époque dans ce qu'on appelait en riant des « circonstances normales ». On lisait les journaux, on regardait la télévision, mais on connaissait d'avance toutes ces histoires et on n'arrivait qu'à se mettre en colère. L'endroit vous manquait, les soldats, la surexcitation, les émotions ressenties là où il n'était besoin d'inventer aucun drame, jamais. On essayait d'aller aussi haut ici que là-bas mais rien ne marchait vraiment très bien. On se demandait si tout cela n'allait pas s'éloigner avec le temps et devenir comme tout le reste, mais on en doutait, et à juste titre. Les amitiés duraient, certaines même se resserraient, mais nos rencontres étaient chaque fois hantées par le vide et la nostalgie, comme un rappel insistant de *La Nuit du légionnaire*. Fumer de l'herbe, écouter les *Mothers* et Jimi Hendrix, être contraints de se souvenir, raconter des histoires de guerre. Après tout, il n'y a rien de mal à ça. Les récits de guerre ne sont en fait rien d'autre que les histoires des gens.

En avril, j'ai appris par un coup de fil que Page était de nouveau blessé et qu'il ne vivrait probablement pas. Il traînait quelque part vers Cu Thi, en train d'admirer les jouets géants, quand l'hélicoptère où il était a reçu l'ordre de se poser pour embarquer des blessés. Page et un sergent sont descendus donner un coup de main, le sergent a marché sur une mine qui lui a arraché les jambes et a envoyé un éclat de cinq centimètres dans la tête de Page, au-dessus de l'œil droit, qui s'est enfoncé à la base du cerveau. Il est resté conscient pendant tout le trajet jusqu'à l'hôpital de Long Binh. Flynn et Perry Young étaient en R & R à Vientane quand on les a prévenus, ils ont immédiatement pris l'avion pour Saigon. Pendant quinze jours des amis de *Time-Life* m'ont transmis par téléphone les dépêches quotidiennes. Page a été transféré dans un hôpital japonais où ils ont dit qu'il en réchapperait probablement. Il a été transporté à l'hôpital militaire Walter Reed (il a fallu tirer des ficelles, pour un civil et un citoyen britannique), où ils ont dit qu'il vivrait mais qu'il resterait paralysé du côté gauche. Je lui ai téléphoné là-bas, il avait l'air d'aller bien, il m'a dit qu'il partageait sa chambre avec un colonel très croyant qui ne cessait de s'excuser envers lui parce qu'il n'était là que pour un *check-up*, il n'était pas blessé ni rien d'aussi fantastique. Page avait peur de le choquer un peu. Puis on l'a mené à l'Institut de Rééducation de New York où, alors que personne ne pouvait vraiment l'expliquer médicalement, il a semblé qu'il retrouvait l'usage de son bras et de sa jambe gauches. La première fois que je suis allé le voir, je suis passé près de son lit sans le reconnaître, bien qu'il n'y eût que trois autres patients et que ce soit lui que j'ai vu en premier. Il avait son sourire tordu, dissymétrique, les yeux humides, et il a levé un instant la main droite pour me montrer du doigt. Il avait la tête rasée qui lui faisait un peu comme un casque à l'endroit du front où on l'avait ouvert (« qu'est-ce qu'ils ont trouvé dedans, Page ? lui ai-je demandé. – Ils ont trouvé la quiche lorraine ? », avec un creux à droite là où ils avaient enlevé un peu d'os. Il était maigre, il avait vieilli, mais il gardait un sourire de fierté pendant que j'approchais de son lit, comme pour dire : « Eh bien, j'ai marché en plein dedans ce coup-ci ? » comme si cinq centimètres d'acier dans le crâne étaient vraiment la blague la plus dingue, le moment sublime de l'histoire de Tim Page où notre héros revient de la mort en titubant et en clignant de l'œil, frère jumeau de son propre fantôme.

Voilà, dit-il, *fini Vietnam*, il ne lui restait plus de chance en réserve, il était prévenu. Et maintenant il avait une fille, une Anglaise merveilleuse appelée Linda Webb qu'il avait rencontrée à Saigon. Elle était restée avec lui à l'hôpital de Long Binh bien que le choc et la terreur de le voir ainsi l'eussent fait s'évanouir quinze fois le premier soir. « Je serais vraiment un crétin, maintenant, de lâcher celle-là, non ? » disait-il, et nous avons tous répondu : « Oui, mec, tu serais vraiment un crétin. »

Pour ses vingt-cinq ans, il y a eu une grande fête dans l'appartement que Linda et lui avaient trouvé près de l'hôpital. Page voulait que viennent tous les gens qui d'après lui avaient parié longtemps avant à Saigon qu'il ne dépasserait jamais les vingt-trois ans. Il portait un survêtement bleu avec sur la manche un insigne de pirate en tissu noir, un crâne et des tibias. On aurait pu se défoncer rien qu'en respirant l'air de la pièce et Page était si heureux d'être là, en vie et avec des amis, que même ceux qui ne le connaissaient pas en étaient touchés. « Le Mal est en marche », disait-il sans cesse en riant et en poursuivant les gens dans son fauteuil roulant. « Ne fais pas le Mal, ne pense pas le Mal, ne fume pas le Mal... Ouiche. »

Un mois a passé, il faisait des progrès fantastiques, il a échangé son fauteuil contre une canne avec une armature pour soulager son bras gauche.

« J'ai un nouveau truc pour les médecins, splendide », a-t-il dit un jour, et il a sorti son bras gauche de son armature pour, avec effort, le lancer au-dessus de sa tête et agiter un peu la main. Quelquefois, il se mettait devant un miroir en pied dans leur appartement pour examiner les ruines, il riait jusqu'à faire venir les larmes en secouant la tête et en disant : « Ohhhh, foutre ! Je veux dire, regardez-moi ça, voulez-vous ? Page est un foutu hémiplégique. » Il brandissait sa canne et s'écroulait dans son fauteuil en riant de plus belle.

Il a installé un autel avec tous ses bouddhas et disposé des cierges dans les cartouches vides d'une bande de mitrailleuse de 50. Il a branché une stéréo, il a passé son temps à ranger ses diapos dans des casiers, il a parlé d'installer des Claymores la nuit pour écarter les « indésirables », il a construit des modèles réduits d'avions (« Très bonne thérapie, ça »), accroché des hélicoptères jouets au plafond, affiché des posters de Frank Zappa et de *Cream* et des posters fluorescents que Linda avait faits avec des moines, des tanks et des frères d'armes en train de fumer des joints dans les plaines du Vietnam. Il s'est mis de plus en plus à parler de la guerre, et souvent il pleurait presque en se souvenant du bonheur que nous avions connu là-bas, lui et nous.

Un jour, il est arrivé une lettre d'un éditeur anglais qui lui demandait d'écrire un livre avec pour titre provisoire *Fini la Guerre* et pour but d'ôter une fois pour toutes « tout prestige à la guerre ». Page n'en revenait pas.

« Ôter tout prestige à la guerre ! » Je veux dire, comment bordel ! est-ce qu'on peut faire *ça ?* Allez donc faire disparaître l'attrait d'un Huey, le prestige d'un Sheridan... Tu peux, toi, effacer le charme d'un Cobra ou d'une défonce sur China Beach ? C'est comme de prendre son prestige à une M-79, d'enlever son charme à Flynn. » Il a montré du doigt une photo qu'il avait prise, Flynn en train de rire comme un fou (« On gagne », disait-il) avec un air de triomphe. « Il n'y a rien de mal à *ça,* mon gars, n'est-ce pas ? Vous laisseriez votre fille épouser ce garçon ? Ohhhh, la guerre vous fait du *bien*, on ne peut pas enlever tout attrait à ça. C'est comme de vouloir enlever son attrait au sexe, ou aux *Rolling Stones.* » Il en restait sans voix, et agitait les mains dans tous les sens pour souligner la pure démence de ce qu'on lui demandait.

« Je veux dire, tu le sais bien, on ne *peut pas faire ça !* » Nous avons tous les deux haussé les épaules en riant, et Page est resté un instant pensif. « Quelle *idée !* a-t-il dit, Ohhh, que c'est drôle ! Enlever son foutu *charme* à une foutue *guerre !* »

EXPIRATIONS

Je rentre chez moi. J'ai beaucoup vu du Vietnam en dix-huit mois. Que le Seigneur aide ce pays! DEROS *10 septembre 1968.*

Mendoza est venu là. 12 septembre 1968. Texas.

Coloriez-moi parti. (Mendoza est mon copain.)

GRAFFITI du départ sur les murs de l'aéroport de Tan Son Nhut, là où Flynn, se montrant presque sérieux pour une seconde, m'a donné une sorte de bénédiction (« Ne va pas tout noyer dans les cocktails »), tandis que Page m'a donné une petite boule d'opium pour la manger pendant le vol de retour. J'ai plané en rêvant par-dessus Wake, Honolulu, San Francisco, New York, chez moi, une hallucination. Espace de l'opium, un grand O tout rond, un temps en dehors du temps, un voyage de quelques secondes par-dessus les années – la durée de l'Asie, l'espace américain, ne plus savoir si le Vietnam était à l'est ou à l'ouest ou au centre, derrière moi ou en un sens encore en face de moi. « En ce qui me concerne, tout ça c'est fini du jour où je suis rentré », nous avait dit un soldat quelques semaines plus tôt, en août 1968. Nous étions assis en rond après une opération et nous parlions de la fin de la guerre : « Ne compte pas là-dessus », avait dit Dana.

Retour : vingt-huit ans, l'impression d'être Rip Van Winkle avec le cœur comme ces boulettes de papier qu'on fait en Chine, on les met dans l'eau et elles s'ouvrent pour faire un tigre, une fleur ou une pagode. La mienne s'est ouverte dans la guerre et dans la perte. Il n'était rien arrivé là-bas qui n'existât déjà ici dans le Monde, replié, en attente. Je n'étais allé nulle part. J'avais fait la moitié d'un acte; la guerre n'avait qu'une seule façon de venir abréger vos souffrances.

Il semblait maintenant que tout le monde connaissait quelqu'un qui était allé au Vietnam et ne voulait pas en parler. Peut-être était-ce juste qu'ils ne savaient pas comment. Les gens que je rencontrais supposaient d'avance que je pouvais en parler, ils me demandaient si cela ne me dérangeait pas. Mais le plus souvent ils posaient des questions politiques, naïves, innocentes, ils savaient déjà ce qu'ils voulaient entendre, j'avais pratiquement oublié leur langage. Certaines gens trouvaient déplaisant ou dérangeant que je leur raconte, en plus du reste, combien j'avais aimé ça. Et s'ils me disaient seulement : « Qu'est-ce que vous avez vécu là-bas ? », je ne savais non plus que dire – alors je disais que j'essayais d'écrire là-dessus et que je ne voulais pas me disperser. Mais avant de pouvoir le disperser, il fallait le repérer. Planter d'abord, creuser plus tard : l'information gravée sur la rétine, accumulée dans le cerveau, codée sur la peau et transmise par le sang, ce qu'ils voulaient dire peut-être par « l'avoir dans le sang ». Puis transmise sans arrêt, sans relâche, sur des fréquences de plus en plus hautes, jusqu'à ce qu'on la reçoive enfin ou qu'on la bloque une dernière fois, l'information de la Mort de Mille Blessures, chaque entaille si précise et subtile qu'on ne les sent même pas s'accumuler, simplement un matin on se lève et on a le cul qui tombe par terre.

Il y avait un soldat noir de la 9e Division qui s'appelait lui-même le Comique. Quand je lui ai demandé pourquoi, il a dit : « Parce que je *rock* et je *roll* », et il a fait jouer le levier de son M-16, d'automatique à manuel, plusieurs fois, il a fait quelques pas le corps presque coupé en deux comme si son cul courait après sa tête, faisant voler son collier d'identité. Il a pivoté sur les talons et a continué à reculons quelques mètres, puis il s'est arrêté net en levant le bras au-dessus de sa tête. En le rabaissant il a fait tomber comme une averse. « Je suis là depuis si longtemps que je n'ai qu'à les sonner pour qu'ils viennent ces enculés. » Il faisait son numéro avec beaucoup de soin et d'énergie, ce qui en avait fait la vedette de son unité, mais ce n'était pas un de ces Noirs qui la ramènent en faisant des claquettes. Je n'ai pas ri quand il m'a dit qu'il voyait des fantômes chaque fois qu'il était en patrouille de nuit, et je crois que j'ai trouillé un peu quand il m'a dit qu'il se mettait à les voir partout. « Nonnnn, c'est *cool,* c'est *cool*, c't'enculé était *derrière* moi, a-t-il dit. C'est quand il bouge et qu'il vient devant qu'on vit dans un monde de souffrance. » J'ai voulu dire qu'il avait probablement vu la phosphorescence qui s'accumule sur les souches pourries et qui envoie des lueurs flotter sur le sol d'une tache à l'autre. « Dingue », a-t-il dit, et « Plus tard ».

Ils passaient au bulldozer un carrefour sur la Route 22 près de Tay Ninh et de l'ancien Triangle de Fer, quand les lames ont découvert une sorte de cimetière VC. Les ossements se sont mis à jaillir du sol et à se mettre en tas le long des sillons, comme un de ces films des camps de concentration passé à l'envers. Instamatic City, les types couraient comme des fous avec leurs appareils, prenaient des photos, emportaient des os comme souvenirs. J'aurais peut-être dû en prendre un moi aussi – revenu à Saigon trois heures après je ne savais plus si j'avais vraiment vu ça ou non. Tant qu'on était là et que la guerre restait séparée de ce que nous pensions être la vraie vie et les circonstances normales, qu'elle restait une aberration, nous avions tous un mauvais moment tôt ou tard, plus d'un en général, comme un vieux retour d'acide, une réaction psychotique résiduelle. Parfois, on entendait le *rock and roll* accompagné de rafales et de hurlements. Un jour à Saigon, assis devant un steak, j'ai associé durement sur la viande, la pourriture et le brûlé de l'hiver précédent à Hué. Pire que tout, on voyait se promener des gens qu'on avait vus mourir dans des postes sanitaires ou des hélicos. Le garçon avec le cou proéminent et les lunettes cerclées d'acier assis seul à une table de la terrasse du Continental était bien plus détendu quand il était un Marine mort quinze jours plus tôt au bagne de Khe Sanh. Maintenant il avait l'insigne rouge de la 1re Division et il essayait de commander un coke au serveur pendant que deux lézards margouilla se couraient après sur la colonne blanche derrière son dos. Un instant, quand je l'ai vu, j'ai cru m'évanouir. J'ai jeté un deuxième coup d'œil et j'ai vu que ce n'était pas un fantôme ni même un double, qu'en fait il n'y avait pas grande ressemblance, mais j'avais quand même une boule dans la gorge, j'étais pâle et glacé, je tremblais sans m'arrêter. « Pas de quoi s'inquiéter, mon gars, a dit Page. Ce n'est que ta dix-neuvième dépression nerveuse. »

On était toujours à vous dire qu'il ne fallait pas oublier les morts, toujours à vous dire qu'il ne fallait pas trop y penser. On ne pouvait pas rester efficace comme soldat ni comme journaliste si on restait obsédé par les morts, si on retombait sans cesse dans une sensibilité morbide ou si on restait dans un deuil perpétuel. « Vous vous habituerez », disaient les gens, mais je n'ai jamais pu, en fait c'est devenu personnel, c'est allé en sens inverse.

Dana faisait des choses insensées, il prenait des photos de nous sous les balles et nous en faisait cadeau. Il y en a une de moi sur la rampe d'un Chinook à Cam Lo, avec juste le flou de mon pied gauche pour montrer que je ne suis pas complètement paralysé, vingt-sept ans, l'air d'en avoir cinquante, une main vers la protection illusoire de mon casque. Derrière moi dans l'hélico, le mitrailleur de porte avec un casque énorme et noir, un cadavre allongé sur le siège, devant moi un Marine noir qui se penche et regarde avec une terreur folle les obus qui viennent sur nous – tous les quatre pris là pendant que Dana était accroupi derrière son appareil en riant. « Sale pute », ai-je dit quand il m'a donné la photo, et il m'a répondu : « Je crois qu'il vaut mieux que tu saches de quoi tu as l'air. »

Je n'ai aucune photo de Dana, mais il y a peu de chances pour que j'oublie ce visage de première ligne, il n'a jamais rien mis sur pellicule sans l'inscrire sur son visage; au bout de trois ans il était devenu la chose qu'il était venu photographier. J'ai des photos de Flynn mais aucune prise par lui; il était tellement pris par l'action qu'à partir d'un moment il ne prenait presque plus la peine d'en prendre. Sorti définitivement des média, Flynn : déjà une guerre derrière lui où il avait confronté et nettoyé cette aura dévorante de star qui avait consumé son père. Pour ce que Sean avait joué, c'était un grand acteur. Il disait que le cinéma ne faisait que vous bouffer, alors il l'a fait sur le terrain et le terrain l'a bouffé (jamais personne ne l'aurait apprécié comme toi, Flynn) : lui et Dana ont disparu ensemble en avril 1970, partis à moto au Cambodge, « supposés prisonniers », des rumeurs et un long silence, MIA[1] pour ne pas dire plus.

C'est ça, disaient les soldats, comme ceci : assis au bord d'une route avec des fantassins quand un deux-tonnes cinq est passé avec quatre cadavres à l'arrière. La ridelle était à moitié baissée comme une plate-forme où reposaient les jambes et les bottes qui avaient l'air de peser 100 kilos chacune. Nous sommes tous restés immobiles, le camion est passé dans un mauvais trou, les jambes ont sauté en l'air et sont retombées violemment sur la tôle. « Et cette merde alors », dit quelqu'un, et « Tout à fait c't'enculé », et « C'est ça ». Le Vietnam à l'état pur, sans une trace de pas, on pouvait en faire des visions, des tresses dc crânes lumineux et grimaçants, on pouvait dire que c'était un sac de plus avec un mort dedans, que la faucheuse nous avait coupé en deux ou que ça vous prenait par en dessous comme un amant; rien n'en atténuait le goût, ce moment initiati

1. *Missing In Action.* (Disparus au combat.)

que où on se baisse pour mordre la langue d'un cadavre. « Bon pour tes articles », aurait dit Flynn.

Ceux qui se souviennent du passé sont condamnés à le répéter, petite plaisanterie de l'histoire. Emmenez-le avec vous, diluez vos souvenirs : un pantalon de treillis qui a pris sa forme une semaine avant mon départ, un cendrier du Continental, une pile de photos, comme celle de moi en haut d'une colline appelée Nui Kto, une des Sept Sœurs du Delta, debout avec quelques mercenaires cambodgiens (des bandits en fait, chaque équipe avait des pinces pour arracher les dents en or), nous avons tous l'air de passer un bon moment en attendant que les hélicos viennent nous chercher, tous les chemins étaient coupés – nous tenions entièrement la base et le sommet mais l'entre-deux grouillait de Viet-cong. Une carte de l'Indochine du *National Geographic* avec une centaine de marques au crayon, tous les endroits où je suis allé, des points et des croix et même des grandes croix quand j'étais allé dans des combats ou tout près et que ma vanité me disait que je m'en étais sorti, « sain et sauf », attaché à toutes ces marques, à l'ensemble de visages, de voix et de gestes liés à chacune d'entre elles. Endroits réels, dont la réalité s'éloignait de moi, visages et lieux peu à peu disloqués – les trous et les jeux de la mémoire. Quand la carte s'est déchirée le long des plis, elle a gardé son esprit intact, il est tombé dans des mains sûres mais tremblantes et une marque suffisait, celle de la piste *Loon*.

Au soir, ils clôturaient l'enceinte, doublaient les sentinelles et envoyaient en patrouille la moitié de la compagnie – une piste des Marines toute neuve, sans nom, au cœur du territoire indien. J'ai dormi comme un morphinomane cette nuit-là, sans savoir qui dormait ou qui veillait, observant le triangle noir à l'entrée de la tente à mesure qu'il devenait bleu sombre, blanc brumeux puis éclatant de soleil, ça semblait le bon moment pour se lever. Juste avant que je reparte pour Danang ils l'ont baptisé piste *Loon* et Flynn a dit : « C'est comme ça qu'ils devraient appeler tout le pays », un nom plus approprié que Vietnam pour décrire l'espace de mort et la forme de vie qu'on y trouvait. Le jour où nous avons reconstruit *Loon* à China Beach, nous avons tellement ri que nous ne tenions plus debout.

J'adorais la porte, je l'adorais quand l'appareil tournait un peu et se penchait vers la terre, 30 mètres plus bas. Beaucoup de gens croyaient qu'elle vous exposait à une sorte de danger spécial, comme si les tirs venus d'en bas allaient vous arroser au lieu de simplement couper le système hydraulique ou de faire sauter la croix de Malte qui tenait le rotor. Un ami à moi disait qu'il ne supportait pas, que ça le mettait au bord du vertige, il avait peur d'ôter la boucle de sa ceinture et de se laisser flotter dehors. Mais j'avais peur de toute façon, encore plus quand j'étais enfermé, mieux valait voir, je ne traversais pas tout ça pour ne rien voir.

A minuit au-dessus de Vinh Long, les appareils de combat ont fait sept ou huit passages en rase-mottes sur une compagnie vietcong au bord de la ville, à l'est. Au début, les balles traçantes s'enfonçaient dans la nuit, se perdaient en étincelles ou ricochaient une ou deux fois sur le sol. Puis des fusées ont montré un grand nombre d'hommes qui couraient à découvert et les lueurs des balles se sont mises brutalement à s'éteindre. Les vapeurs du phosphore blanc brillaient d'un tel éclat sur fond de nuit qu'il fallait cligner des yeux pour y voir. A quatre heures, la moitié de la ville était en flammes. Les appareils de combat étaient interdits aux journalistes, mais c'était la seconde nuit de l'Offensive du Têt, l'hystérie totale, plus de règles. Jamais je n'y suis remonté.

On arrivait à Hué avec un hélico de combat de chaque côté, escortant un Chinook où était suspendue une charge de munitions. Nous avons suivi le fleuve et nous sommes allés vers la Citadelle en suivant une faille étroite entre un cimetière à gauche et des arbres touffus sur la droite. A trente mètres, on nous a tiré dessus. Réflexe devant les tirs, serrer les fesses et se soulever de quelques centimètres sur son siège. Serre ta gueule, enculé – tu les ignorais, ces muscles-là.

Une fois, j'étais dans un hélico qui a été touché et qui est tombé sur à peu près cent mètres jusqu'à ce que le pilote donne des coups de pédale pour mettre le rotor en roue libre, ce qui nous a rendu l'air et la vie. En nous traînant jusqu'au camp de base, nous sommes passés près de trois appareils abattus tout près les uns des autres, deux d'entre eux complètement écrasés, le troisième presque intact, entouré par les corps de l'équipage et du commandant de la brigade, tous tués après avoir atteint le sol.

Plus tard, ce même jour, je suis parti en balade sur un *Loach* avec l'as des pilotes de la *Cav*. On a volé vite et près du sol, en suivant la surface, même pas un mètre entre les roues et la terre, les arbres, les toits des paillotes. On est arrivés à l'endroit où le fleuve plonge dans une gorge tortueuse, les versants à pic, presque un canyon, et il a remonté le cours du fleuve en prenant les virages à l'aveuglette comme un maître. Quand nous avons dépassé le ravin, il est allé droit vers la jungle et il a plongé alors que j'étais sûr qu'il allait remonter, j'ai senti l'instant glacé, aigu, de la mort inévitable. En plein sous les feuillages, un virage en épingle à cheveux dans la jungle, dingue à faire trembler l'appareil; je ne pouvais même pas sourire quand on en est sortis, pas bouger, tout me semblait comme les images d'un flash avec les ombres dures et noires. « Ce gonze peut les conduire jusque dans son cul », a dit quelqu'un de retour à la piste, et le pilote est venu me dire : « Dommage qu'on ne nous ait pas tiré dessus. J'aurais voulu te montrer mon esquive. »

Dans le camp A des Forces spéciales de Me Phuc Tay, il y avait une pancarte qui disait : Si vous tuez pour de l'argent, vous êtes un mercenaire. Si vous tuez pour le plaisir, vous êtes un sadique. Si vous tuez pour les deux, vous êtes un Béret Vert. » Sacrée musique à Me Phuc Tay, le commandant aimait les *Stones.* A An Hoa, nous avons entendu *Hungry for those good things, baby, Hungry through and through*[1], à la radio pendant que nous essayions de parler avec un vrai héros, un Marine qui venait juste de ramener toute son escouade d'un truc sérieusement dur, mais il pleurait si fort qu'il ne pouvait plus parler. *Galveston oh Galveston I'm so afraid of dying*[2], à la piste Stud, deux gosses des Sépultures qui se disputaient. « Il se fout en boule parce qu'on veut pas qu'il colle des insignes de la *Cav* sur les sacs », disait l'un, et l'autre, l'air dégoûté, qui disait : « Va te faire foutre. Ouais, mec, va te faire foutre. Je trouve que ça fait vraiment bien. » A Hué, une seule chanson, *We gotta get out of this place if it's the last thing we ever do*[3] – un ami journaliste totalement anéanti parce qu'il s'est réveillé un matin en entendant deux Marines couchés près de lui qui faisaient l'amour. *Black is black I want my baby black*[4], à China Beach avec IGOR VENU DU NORD, dans son jeu il n'avait que des as de pique. Il portait un sombrero et un serape et son visage était aussi expressif qu'un rocher quand un nuage passe. Il vivait pratiquement sur la plage; chaque fois qu'il faisait une entaille de plus, ils le récompensaient en l'envoyant là. Il disait deux phrases à l'heure dans un langage à lui, inquiétant, haché, comme des rafales au ralenti; finalement il s'est levé, il a dit : « Faut qu'j'aille à Dong Ha en tuer plus » et il est parti. *I said shot-gun, shoot 'em' fore they run now*[5] à Nha Trang, en parlant avec un mec qui entamait son deuxième séjour. « Quand je rentre chez moi, je vois combien tous vous aviez peur. Je veux dire que ce n'était pas une foutue situation de combat ni rien de ce genre, mais croyez-moi, vous avez peur. Je l'ai vu ici et je l'ai

1. *Faim de ces bonnes choses, baby, vraiment vraiment faim.*
2. *... j'ai si peur de mourir.*
3. *Il faut qu'on sorte de là même si on ne fait jamais rien d'autre.*
4. *Noir, c'est noir, je veux ma chérie noire.*
5. *J'ai dit tire-les, descends-les avant qu'ils se taillent.*

vu là-bas, alors quoi foutre? Je suis revenu. » Pas un son sur la route pour sortir de Can Tho, nous sommes vingt sur un seul rang qui se gonfle soudain dans une grande courbe qui passe au large d'un Vietnamien debout immobile sans un mot qui nous tend son bébé mort. On s'est taillés en faisant de la poussière derrière nous, j'ai juré devant Dieu que je partais tout de suite, il ne m'a fallu que huit mois de plus.

Dehors, dans la rue, je ne pouvais pas distinguer les anciens du Vietnam des anciens du *rock and roll.* Les années 60 avaient fait tant de victimes, leur guerre et leur musique avaient tiré l'énergie du même circuit si longtemps qu'il n'a même pas eu besoin de fondre. La guerre vous préparait à des années infirmes tandis que le *rock and roll* devenait plus féroce et dangereux que la corrida, les stars du rock se mettaient à tomber comme des sous-lieutenants – l'extase et la mort et (naturellement bien sûr) la vie, mais alors on n'aurait pas cru. Ce que je croyais être deux obsessions n'en était qu'une seule, je ne sais pas comment vous dire à quel point ma vie en a été compliquée. Geler, brûler, descendre encore une fois dans la boue gluante de la culture, se cramponner et avancer vraiment très lentement.

En décembre, j'ai reçu une carte d'un Marine que j'ai connu à Hué, une sorte de Snoopy psychotique en uniforme de combat dépenaillé, une cigarette entre les dents serrées, qui tire des rafales de M-16. « Paix sur Terre, Bonne Volonté envers les Hommes », était-il écrit, et « Meilleurs Vœux pour un Heureux Mille Neuf Cent Soixante-Neuf ».

C'était peut-être classique, c'était peut-être mes vingt ans qui me manquaient, pas les années 60, mais j'ai commencé à regretter les deux avant qu'elles ne soient vraiment terminées. L'année a été si chaude, je crois qu'elle a court-circuité la décennie tout entière, ensuite il s'est agi d'une mutation, une sorte d'horrible 1969-X. Ce n'était pas seulement que je veillissais, le temps fuyait de moi, comme si j'avais reçu un de ces fragments de bombes antipersonnels si petits qu'ils peuvent tuer un homme sans se voir aux rayons X. Un jour, Hemingway a décrit la vision qu'il a eue de son âme après avoir été blessé, elle avait l'air d'un beau mouchoir blanc qui sortait de son corps et planait au loin avant d'y retourner. Ce qui sortait de moi ressemblait plutôt à un énorme parachute gris, et je suis resté un long moment suspendu en attendant qu'il s'ouvre. Ou non. Ma vie et ma mort se sont mélangées à leurs vies, leurs morts, j'ai joué entre les deux le Pile ou Face du Survivant, soupesant les deux faces sans grand désir pour l'une ou pour l'autre. A un moment j'en ai eu si mal à la tête que j'ai pensé que les morts avaient évité des souffrances plus grandes.

Mon rapport est fait de rêves, des amis qui viennent par l'autre côté voir si je vis encore. Parfois, ils ont l'air d'avoir cinq cents ans; parfois, ils sont exactement comme je les avais connus, mais baignés d'une lumière étrange, une lumière qui raconte l'histoire, une histoire qui ne finit pas comme toutes les histoires de guerre auxquelles j'aie jamais pensé. Si on ne découvre pas son courage dans la guerre, il faut quand même continuer à chercher, et pas dans une autre guerre, mais là où tout est vieux, encombré au point que les rochers se mettent à tourner – peu d'air et de lumière, longtemps sans rien voir. Une autre fréquence, une autre information que la mort ne dissuade pas d'entendre. La guerre a fini, puis elle a vraiment fini, les villes sont « tombées », j'ai vu les hélicos que j'aimais tant tomber dans le sud de la mer de Chine, les pilotes vietnamiens sautant un peu avant, et un dernier hélicoptère a démarré, il a décollé et il est sorti de ma poitrine.

J'ai vu la photo d'un soldat nord-vietnamien assis au bord du Danang à l'endroit même où était le centre de presse, là où nous restions à fumer, à blaguer et à crier « C'est trop! », « Quel truc! » et « Oh! mon Dieu ça devient trop dingue par ici! ». Il avait l'air incroyablement paisible, je savais que, quelque part, cette nuit comme toutes les nuits, il y aurait des gens assis en rond par là qui parleraient des mauvais jours de la fête passée et que l'un d'eux se souviendrait et dirait : « Oui, peu importe, il y en avait aussi des bons. » Et il ne me reste plus rien à faire qu'à écrire quelques derniers mots et à demander la dispersion; Vietnam Vietnam Vietnam, nous y sommes tous allés.

L'Auteur et les Editeurs tiennent à mentionner et à remercier les Editions musicales détentrices des droits de certaines chansons reproduites sous forme de courts extraits dans le présent ouvrage :

Essex Music International Ltd : onze mots de *2000 Light Years From Home* de Mick Jagger et Keith Richard (p. 256).

Essex Music International Ltd : sept mots de *Citadel* de Mick Jagger et Keith Richard (p. 256).

Anchor Music Ltd : deux lignes traduites de *San Francisco (Be Sure And Wear Some Flowers in Your Hair)* de John Phillips (p. 140).

Jewel & Co Ltd (Chappell & Co Ltd) : dix mots traduits de *Good Morning, Little Schoolgirl* de Sonny Boy Williamson (p. 265).

Northern Songs Ltd : vingt mots de *Magical Mystery Tour* de John Lennon et Paul McCartney (p. 125).

Warner Bros (Music) Ltd : sept mots de *Tighten Up* de Archie Bell & The Drells (p. 19).

Campbell Connelly : sept lignes traduites de *For What It's Worth* de David Crosby (p. 154).

Big Ben (Margaret Brace & Co Ltd) : deux lignes traduites de *Visions of Johanna* de Bob Dylan (p. 231).

Carlin Music Corporation : six lignes traduites de *Trouble Comin' Every Day* de Frank Zappa et the Mothers of Invention (p. 240).

Glad Music Ltd : vingt mots de *Lil' Red Riding Hood* de Ronald Blackwell (p. 34).

Jobete Music (UK) Ltd : huit mots de *Galveston* de Jimmy Webb (p. 283).

Jobete Music (UK) Ltd : dix mots de *Shotgun* de Autry Dewalt (p. 283).

Shapiro, Bernstein Ltd : deux lignes de *Ring of Fire* de June Carter et Merle Kilgore (p. 24).

Robert Mellin Ltd : huit mots de *Black is Black* de A. Hayes, S. Wadey et M. Grainger (p. 283).

Screen Gems/EMI Music Ltd : quinze mots de *We Gotta Get Out of This Place*, paroles et musique de Barry Mann et Cynthia Weil (p. 283).

Screen Gems/EMI Music Ltd : dix mots de *Hungry*, paroles et musique de Barry Mann et Cynthia Weil (p. 283).

Aaron Schroeder Ltd : une ligne de *Foxy Lady* de Jimi Hendrix (p. 201).

« Composition réalisée en ordinateur par IOTA »

IMPRIMÉ EN FRANCE PAR BRODARD ET TAUPIN
7, bd Romain-Rolland - Montrouge - Usine de La Flèche.
LIBRAIRIE GÉNÉRALE FRANÇAISE - 12, rue François Ier - Paris.

ISBN : 2 - 253 - 02730 - 8 30/5540/7